本书由以下项目资助：
国家社会科学基金一般项目：
“国家治理视角下全面预算绩效管理的审计评价与问责机制研究”（批准号：20BGL080）
国家社会科学基金一般项目：
基于长尾农户线下社会资本线上化的银行网贷制度信任机制研究（19BGL155）
河南省软科学研究计划项目：
ESG信息披露质量对资源配置效率的影响研究（252400412042）

融合信任观下数字普惠金融模式创新与实践

Innovation and Practice of Digital Inclusive Finance Model Under the View of Integrated Trust

任乐　席龙胜◎著

中国经济出版社
CHINA ECONOMIC PUBLISHING HOUSE
北京

图书在版编目（CIP）数据

融合信任观下数字普惠金融模式创新与实践 / 任乐，席龙胜著．-- 北京：中国经济出版社，2025. 4.
ISBN 978-7-5136-8149-0

Ⅰ. F832-39

中国国家版本馆 CIP 数据核字第 2025X7G525 号

责任编辑　罗　茜
责任印制　李　伟
封面设计　久品轩

出版发行　中国经济出版社
印 刷 者　北京艾普海德印刷有限公司
经 销 者　各地新华书店
开　　本　710mm×1000mm　1/16
印　　张　15
字　　数　242 千字
版　　次　2025 年 4 月第 1 版
印　　次　2025 年 4 月第 1 次
定　　价　88. 00 元
广告经营许可证　京西工商广字第 8179 号

中国经济出版社　**网址** http://epc. sinopec. com/epc/　**社址** 北京市东城区安定门外大街 58 号　**邮编** 100011
本版图书如存在印装质量问题，请与本社销售中心联系调换（联系电话：010-57512564）

前言

乡村振兴是我国的基本国策，要全面推进乡村振兴，农村金融市场的健康发展至关重要。近年来，普惠金融政策的提出对促进我国农村金融市场的健康发展起到关键性的推动作用，尤其是随着数字技术的发展，数字普惠金融以其强地域穿透性、便捷性和可触达性等优势，成为“打通最后一公里”，促进农村金融市场快速发展的主要手段。农户作为乡村振兴的主力军，是普惠金融服务的主要群体，如何有效满足农户信贷需求、增加信贷可得成为检验普惠金融服务成效、促进乡村振兴战略目标实现的关键。

无论农村金融还是城市金融，借贷交易的关键在于信任。在农村金融服务中，信任是连接金融机构与农户之间的桥梁，是确保金融服务有效传递和顺利实施的基础。而随着社会信任谱系的演化，农户借贷经历了关系信任、制度信任和数字信任三个阶段。那么，在不同信任观演化背景下，农户借贷信任观如何演变？数字信息技术的运用又会促使农户借贷信任逻辑产生怎样的理论变革？如何构建信任机制以促进信任以致信贷交易的实现？这些问题的思考有助于我们深层次解读农村借贷信任理论，为解决农村金融市场信息不对称问题，进而促进农户借贷模式创新提供理论支撑和底层逻辑。

农户借贷交易中，决定银行是否发放贷款的主要依据是农户的还款能力和还款意愿，两者是建立借贷双方信任关系的关键要素，往往通过对农户信贷特征进行评价确定，而农户的经济资本特征和社会资本特征是农户主要信贷特征。随着农业现代化进程的推进，农户群体呈现出不断分化的趋势，由于农户类型不同，其所表现出的经济和社会资本信贷特征也必然存在差异。这些特征在不同类型农户获得信贷支持中发挥怎样的作用？其影响机制是什么？这些问题对进一步验证农户借贷信任理论，深层次剖析普惠金融工作成效，进而推动农户借贷模式的创新和实践具有重要的理论价值和实践意义。

数字经济时代，数字技术的应用加持传统关系和制度信任，以数字信任为基础的数字普惠金融得到飞速发展，并促使普惠金融的信贷服务模式产生变革。如何基于数字信任底层逻辑，探寻数字技术影响下农户借贷模式创新与实践成为当前的主流趋势。但社会信任体系的演化并不是摒弃之前的信任模式，而是在原有信任基础上的继承和拓展。因此，农户借贷信任不仅是关系信任、制度信任和数字信任三个阶段的顺序演化，更是三者互相融合，交互影响的融合信任系统。因此，需要打破传统信任观下农户借贷模式的束缚，建立新的信任理论并开展农户借贷模式创新与实践探索。如何基于“关系信任+制度信任+数字信任”三位一体的融合信任观，探索适合不同场景，符合不同类型农户实际，贴近不同类型农户需求的农户借贷创新模式，进而推广数字普惠金融的成功经验和实践做法是普惠金融实现突破、全面推进乡村振兴战略目标实现的重要方式和手段。

鉴于此，本书基于传统普惠金融与数字普惠金融发展的现实背景，按照理论构建、现实检验、模式创新和案例实践的逻辑思路展开。理论构建层面，遵循社会信任谱系顺序演化的规律，归纳不同阶段信任机制的演变逻辑以及对应农户经济和社会资本特征表现，并总结农户借贷模式的演变规律，解析农户借贷关系信任、制度信任和数字信任重构的三重维度及其内在逻辑关系，提出“关系信任+制度信任+数字信任”三位一体的融合信任观并构建融资信任机制，重构农户借贷信任的底层逻辑。现实检验层面，基于关系和制度信任的底层逻辑，研究纯农户（普通农户、新型农户）和兼业农户的信贷可得性以及不同经济资本和社会资本特征的中介效应和作用机理，检验普惠金融服务不同类型农户信贷可得的成效。模式创新和案例实践层面，基于数字信任逻辑，探讨数据资本特征下“区块链+农业供应链金融”模式创新及其实践应用。基于融合信任逻辑，探讨农户线下经济和社会资本特征线上化的银行网贷交易模式创新及其实践应用，以及银政结合的数治化普惠金融模式创新及其实践应用，探索农户借贷模式的创新与实践经验。最后基于以上研究结论，提出相应对策和建议。

具体研究内容及结论如下：

首先，本书对农户借贷信任理论进行系统性研究，为农户借贷效率验证、模式创新和数字普惠金融实践应用提供理论基础和底层逻辑支撑。在对基于经济和社会资本特征的农户借贷信任逻辑分析的基础上，构建提升农户借贷效率的融合信任观并建立融资信任机制。主要研究内容：①遵循社会信任谱系中关系信任、制度信任和数字信任演化发展的规律，归纳不同阶段农户借贷信任模式的经济和社会资本信号特征并总结演变规律，提出“关系信任+制度信任+数字信任”三位一体的融合信任观，实现制度从外在控制保障信任的稳定可靠，关系从内在约束维持信任的和谐，技术通过数据和算法保证信任依据的真实无疑，最终从“相信”“可靠”和“真实”三个维度形成了一个完整的农户借贷信任系统。②构建融资信任机制，在强化单一信任的同时增信其他维度的信任，实现农户借贷融资信任。第一，数字信任机制的构建强调了数字技术在建立融资信任中的技术支撑。通过区块链分布式记账与共识机制、区块链智能合约机制、大数据身份认证机制和物联网溯源追踪机制增信制度信任和关系信任。第二，制度信任机制的构建增强了制度的约束力和强制性，通过权限设置机制、激励与约束机制、风险管控机制和容错与熔断机制效能的发挥增信数字信任和关系信任。第三，关系信任机制的构架探讨了通过关系增信机制和关系协调机制发挥情感、协调和沟通作用以帮助建立、维护和加强制度信任和数字信任。最终通过三类信任机制的融合强化农户借贷融资信任。

其次，基于农户借贷信任的逻辑和农户分化的现状，对不同类型农户借贷状况进行实证检验。即在对纯农户（普通农户、新型农户）和兼业农户类型分析的基础上，依据关系信任和制度信任的底层逻辑，选择不同类型农户的社会资本与经济资本特征，深入探讨不同情形下，这些特征在缓解农户信贷约束及提升信贷可得性方面的中介作用。主要研究内容：第一，纯农户信贷可得的理论和实证分析。通过对纯农户（普通农户和新型农户）风险处置能力和违约成本差异的比较分析，明晰不同类型纯农户的信贷可得性，并依据关系和制度信任逻辑，选择反映关系信任的社会资本特征信号——信誉和反映制度信任的经济资本特征信号——农业收入作为中介变量，检验其在影响普通农户和新型农户信贷可得中的中介效应及其差异性。研究结果表明：①风险处置、违约成本对普通农户和新型农户信贷可得具有显著正向影响，且对新型农户的影响更加明显。农业收入和信誉特征分别在风险处置、违约成本影响不同农户信贷可得中具有中介效应，并且相较于普通农户，新型农户表现更为显著。②普通农户和新型农户风险预防和转移能力存在差异，新型农户的风险预防与转移能力对农业收入的影响显著高于普通农户。③普通农户和新型农户违约成本存在显著差异，新型农户违约成本对信誉的影响显著高于普通农户。第二，兼业农户信贷可得的理论和实证分析。通过对数字普惠金融的特性以及兼业农户信贷特征的分析，明晰数字普惠金融影响兼业农户信贷可得的作用机制，并依据关系和制度信任理论，选择反映关系信任的社会资本特征信号——社会互动和反映制度信任的经济资本特征信号——多样化收入作为中介变量，检验其在数字普惠金融影响兼业农户信贷可得中的中介效应。研究结果表明：①数字普惠金融显著促进兼业农户的信贷可得；②多样化收入和社会互动在数字普惠金融促进兼业农户信贷可得中具有中介效应；③数字普惠金融促进兼业农户信贷可得存在地区异质性和兼业程度异质性，对中西部地区和二兼农户的促进作用最为显著。研究结论为金融机构辨别不同类型农户经济和社会资本信贷特征，政府部门强化农村信用体系建设，促使普通农户向新型农户、兼业农户转化，促进乡村振兴提供经验证据和数据支撑。

再次，本书基于数字信任视角，探讨数据资本特征下“区块链+农业供应链金融”模式创新，并解析山东曹县区块链赋能肉牛供应链金融模式的实践与应用；基于融合信任观视角，提出农户经济和社会资本特征下农户线下信息线上化的银行网贷交易创新模式，并提炼河南兰考普惠金融“一平台四体系”模式的实践与应用；提出金融机构和基层乡村治理相结合的数治化普惠金融服务创新模式，并结合浙江兰溪马涧镇数字乡村银政服务模式的实践与应用，为农户借贷模式创新和数字普惠金融工作开展提供经验和实践借鉴。

最后，基于以上理论、实证和案例研究结论，从政府、金融机构、农户、金融科技公司等不同主体视角，提出相应对策和建议。

本书系统分析了农村普惠金融实践中农户借贷信任观、农户信贷可得、农户借贷模式创新以及实践应用，形成有关农村普惠金融的现实反映、理论思考和实践探索，建立有关农户借贷问题的系统性理论分析框架。研究结论有助于拓展农村信贷市场融资信任理论的研究范畴，了解农村金融市场上不同类型农户信贷状况，厘清不同情形下普通农户、新型农户和兼业农户的信贷可得以及不同经济和社会资本特征的中介作用，有助于促进金融机构与农户间的信任与合作，有利于金融机构优化农户信用评价标准，创新农户借贷信任理论和融资信任机制，探索不同场景下农户借贷模式创新，进而促进农村数字普惠金融的改革与实践，为全面服务乡村振兴战略提供理论借鉴、数据支撑、路径选择和实践经验。

目录

第一章

绪　论

一、研究背景

当前，我国经济已由高速增长转为高质量发展阶段，经济发展的衡量标准也由单纯追求经济增长速度转向更加关注经济发展效率和质量，对社会共享公平提出了更高要求，实现共同富裕成为影响经济高质量发展的关键。乡村振兴是实现共同富裕的必经之路。2020 年，我国取得了脱贫攻坚战的全面胜利，乡村振兴政策已见成效。然而，党的二十大报告明确指出："全面建设社会主义现代化国家，最艰巨最繁重的任务仍然在农村。"报告强调要"加快建设农业强国，发展乡村特色产业，拓宽农民增收致富渠道"，"完善农业支持保护制度，健全农村金融服务体系"，进而"全面推进乡村振兴"。因此，要实现乡村振兴的国家战略目标，农村金融市场的健康发展依然至关重要。

近年来，普惠金融政策的提出对促进我国农村金融市场的发展起到了关键性的推动作用。"普惠金融"一词最早由联合国在 2005 年宣传"国际小额信贷年"时提出。我国在 2006 年引入"普惠金融"的概念，并受到政府和学者的高度重视。2013 年 11 月，中国共产党第十八届三中全会通过《中共中央关于全面深化改革若干重大问题的决定》，正式提出要"发展普惠金融，鼓励金融创新，丰富金融市场层次和产品"，将普惠金融发展提升至国家战略层面。2015 年国务院发布的《推进普惠金融发展规划（2016—2020 年）》，将普惠金融定义为"立足机会平等要求和商业可持续原则，以可负担的成本为有金融服务需求的社会各阶层和群体提供适当、有效的金融服务"。并明确指出普惠金融体系的服务对象主要是农民、小微企业、城镇低收入人群、贫困人群、残疾人和老年人等特殊群体和弱势群体。普惠金融将广大农户群体涵盖其中，在缓解农户信贷配给问题，促进农村经济增长中扮演重要的角色。随着大、智、移、云、物、区等信息技术的发展，数字化和智能化成为普惠金融发展的大趋势。2016 年召开的 G20 峰会首次提出数字普惠金融的概念，即一切通过使用数字金融服务以促进普惠金融的活动，具体包括运用数字技术以负责任的、成本可负担的方式为无法获得金融服务或者缺乏金融服务的群体提供一系列可持续的正规金融服务，以满足他们的融资需求。与传统的普惠金融相比，数字普惠金融覆盖广、成本低、更加便捷有效，能够为广大用户提供跨地域、跨空间的金融产品和服务，促使数字普惠金融向县域、村镇和偏远山区的渗透和推进，进而“打通最后一公里”，实现金融普惠效应的最大化。2023 年 10 月，国务院发布了《关于推进普惠金融高质量发展的实施意见》，明确提出推进普惠金融发展的总体思路，指出要提高对农户、返乡入乡群体、新型农业经营主体的金融服务水平，有效满足农村不同类型农户群体的金融服务需求，充分发挥普惠金融助推共同富裕的重要作用。

综上所述，普惠金融与数字普惠金融成为促进农村金融市场发展，实现乡村振兴的主要手段。不管农村金融还是城市金融，交易的关键在于信任。在农村金融服务中，信任是连接金融机构与农户之间的桥梁，是确保金融服务有效传递和顺利实施的关键。随着社会信任谱系的演化，农户借贷信任主要经历了关系信任、制度信任和数字信任三个阶段。基于关系信任的传统农户借贷阶段，主要依据借款人道德人品高低、情感关系远近和名声信誉好坏等社会资本特征在亲朋好友间进行小规模关系型借贷；基于制度信任的农户小额贷款阶段，金融机构依据农户的农业收入、多样化收入等经济资本特征对农户进行授信评级，并和农户签订具有刚性、强制性和约束性的信贷合约和担保借款合同等制度合约进行信用贷和担保贷款；基于数字信任的农户数字信贷阶段，借助线上大数据信息和区块链技术的运用，真实准确地记录贷款人经济和社会资本特征、行为和交易数据，实现“陌生人信任”，并促使平台贷、网贷以及基于区块链技术的农业供应链金融快速发展。社会信任体系的发展和演化并不是摒弃之前的信任模式，而是在原有信任基础上的继承和拓展，因此，影响农户借贷的信任模式不仅是三个阶段的顺序演化，更是关系信任、制度信任和数字信任三种模式之间互相融合、交互影响的结果。因此，如何基于不同信任观的内在关联性，创新融资信任理论是明晰现阶段农户借贷的内在信任逻辑，有效促进融资信任，最终推动农户借贷模式创新与实践的重要研究内容。

农村金融市场的主要服务群体为广大农户，因此，建立农户和金融机构的信任关系，才能有效减少金融机构对农村信贷风险的担忧，增加金融机构对农户信贷资金的支持，有效缓解农村信贷配给问题。农户借贷交易中，决定金融机构是否发放贷款的主要依据是农户的还款能力和还款意愿，两者是建立借贷双方信任关系的关键要素，往往通过对农户信贷特征进行评价确定，而农户的经济资本特征和社会资本特征是农户主要信贷特征。随着农村经济发展，农户群体也呈现出不断分化的趋势，表现为不同的农户类型。由于农户类型不同，其经济和社会资本特征也必然会存在差异。首先，有些农户通过自身努力和政策扶持，逐渐实现了规模化、现代化的农业生产，成为新型农户。该类农户多为年轻群体，在农业生产活动中乐于接受新知识、擅于运用新技术，能采取现代化农业管理方式更好地协调生产和销售。其次，有些农户通过创新创业、自主经营和外出务工等方式到工、农、商等多个行业中发展，获得多样化的收入，成为兼业农户。这类农户能够通过多种经营分散农业生产活动的经营风险，并通过多种增收渠道提高家庭收入水平。最后，仍有一小部分农户由于自身条件、资源限制等因素，是以家庭务农为主的普通农户。该类农户普遍受教育程度低，农业生产规模小，生产手段单一，生产目的是自给自足。由此可见，农户类型不同，经济和社会资本特征也会存在差异，并进一步作用于不同类型农户的信贷可得。因此，在普惠金融发展过程中，不同类型农户如何根据不同的经济和社会资本特征来建立与金融机构之间的信任关系？这些特征在不同情形下对农户信贷可得的影响发挥的作用机制是什么？这些问题的解答对深层次剖析影响农户借贷的基本要素，研究其背后的信任机制和实施原理具有重要的价值和意义。

随着数字信息技术的蓬勃发展，数字普惠金融以其强地域穿透性、便捷性和可触达性等优势，成为“打通最后一公里”，促进农村金融市场快速发展的主要手段，并促使农户借贷的底层逻辑由传统的关系信任和制度信任向数字信任转变。基于“区块链”的农业供应链金融通过区块链技术加持，成为数字普惠金融创新模式。山东曹县模式借助于区块链技术在供应链金融领域的应用，形成链上数据资本实现对农业供应链上农户的跨层授信，以链带面促进农村产业和农村信贷的快速发展。但农户借贷信任不是关系、制度和数字信任的顺序演化，而是三种信任互相融合，彼此影响的融合信任系统。如何基于“关系信任+制度信任+数字信任”三位一体的融合信任观，探索适合不同场景、符合不同类型农户实际、贴近不同类型农户需求的农户借贷创新模式，进而推广数字普惠金融的成功经验和实践做法是普惠金融实现突破，全面推进乡村振兴战略目标实现的重要方式和手段。

二、问题的提出

基于以上研究背景的分析，本书提出拟研究和解决的主要问题。

（一）理论层面：融合信任理论与融资信任机制如何构建

农户借贷问题归根结底是借贷双方的信任问题。要增加农户信贷可得，首先要解决好融资信任问题。社会信任谱系随着时代的发展不断演变，由最初基于人际圈层社会资本的关系信任、基于合约和规则的制度信任发展到基于数字资本的数字信任，进而对农户借贷融资信任产生影响。在不同信任演化背景下，农户借贷信任观及其背后的信任逻辑如何演变和发展？数字技术的运用又会促使农户借贷信任逻辑产生怎样的变革？农户借贷如何基于既有信任观来构建新的信任机制进而实现融资信任？这些问题的思考有助于我们深层次解读农村借贷信任理论，对如何解决农村金融市场信息不对称问题，进而促进农户借贷模式创新提供理论依据和支撑。

（二）实证层面：影响农户信贷可得的经济和社会资本特征及作用机制是什么

基于农户借贷信任的底层逻辑，传统信任观（关系信任和制度信任）下农户借贷问题能否得到有效解决？随着农业现代化进程的不断推进，纯农户中新型农户所占比例不断增加，普通农户所占比例不断缩小，不同类型农户的信贷可得状况怎样？随着新型职业农民和农业经营主体不断涌现，新型农户在风险处置能力和违约成本上与普通农户有何不同？不同类型农户经济资本特征（农业收入）和社会资本特征（信誉）对其信贷可得的影响作用是否存在差异？近年来，随着数字技术和农村经济的发展，农户又出现非农化趋势，兼业化程度不断加深，数字普惠金融发展对兼业农户的影响更加明显，那么，在农村金融市场上，数字普惠金融发展状况是否有利于增加兼业农户信贷可得，如何通过其经济资本特征（多样化收入）和社会资本特征（社会互动）影响兼业农户的信贷可得？其作用机制是什么？这些问题的回答有助于掌握不同类型农户的经济和社会资本信贷特征及其效用，把握农村金融市场农户借贷现状以及存在的真实问题，为更深刻地理解农村借贷信任理论提供现实检验。

（三）实践层面：农户借贷模式如何创新与实践应用

数字经济时代，普惠金融必须要打破传统农户借贷模式的束缚，开展数字化借贷模式创新与实践探索。数字信任观下，“区块链+农户供应链金融”模式通过农户信贷特征信息上链和链上交易信息形成数据资本建立借贷双方数字信任，成为数字技术提升农户信贷可得的新方法和新路径。农户借贷的信任逻辑是融合的信任逻辑，如何基于融合信任观探索符合不同场景、适合不同类型农户实际、贴近不同类型农户需求的借贷模式创新，推广数字普惠金融的成功经验和实践做法是普惠金融实现突破、全面推进乡村振兴的重要方式和手段。

三、研究目的

本书基于传统普惠金融模式与数字普惠金融模式发展的现实背景，从理论构建、现实检验、模式创新和案例实践层面构建农户借贷信任理论、现实检验及应用创新的理论分析框架。理论构建层面，遵循社会信任谱系顺序演化的逻辑，从关系信任、制度信任和数字信任三个维度分析农户借贷模式的演变，提出提升农户借贷信任的融合信任观，并构建融资信任机制。现实检验层面，基于以上农户借贷关系信任和制度信任的底层逻辑，研究具有不同社会资本特征（表征关系信任）和经济资本特征（表征制度信任）的纯农户（普通农户和新型农户）和兼业农户信贷可得，实证检验普惠金融服务农户信贷成效。模式创新和案例实践层面，基于数字信任的底层逻辑，探索数字资本特征下基于区块链的农业供应链金融模式创新与山东曹县区块链赋能肉牛供应链金融模式案例实践；基于融合信任的底层逻辑，探索农户线下信息线上化的银行网贷交易模式和河南兰考普惠金融“一平台四体系”模式案例实践，银政结合的数治化普惠金融模式创新和浙江兰溪马涧镇数字乡村银政服务模式案例实践。研究结论对厘清农户借贷信任理论和融资信任机制，了解农村金融市场上不同类型农户信贷可得性，创新农户借贷模式，进而促进农村数字普惠金融改革与实践具有重要的理论意义和现实意义，为全面服务乡村振兴战略提供理论借鉴、数据支撑、路径选择和实践经验。

研究目标具体可分为以下三个方面。

（一）提出融合信任观并构建融资信任机制

遵循社会信任谱系演化发展的规律，归纳不同阶段农户借贷信任机制的演变逻辑和借贷模式的演变规律，解析农户借贷关系信任、制度信任和数字信任重构的三重维度，提出融合信任观，并基于融合信任观构建融资信任机制，建立农户融资信任的理论分析框架。

（二）检验农户经济和社会资本特征提升农户信贷可得的作用机制

在对纯农户（普通农户、新型农户）和兼业农户特征分析的基础上，选择反映关系和制度信任的不同类型农户的社会资本与经济资本特征，深入探讨这些特征在缓解农户信贷约束及提升信贷可得性方面的中介作用机制。具体表现为：通过对风险处置能力和违约成本对纯农户信贷可得影响的理论和实证量化分析，揭示表征经济和社会资本特征的农业收入和信誉作为中介对纯农户信贷可得的影响及内在作用机理；通过对数字普惠金融影响兼业农户信贷可得的理论和实证量化分析，揭示表征经济和社会资本特征的多样化收入和社会互动作为中介对兼业农户信贷可得的影响及内在作用机理，对农户借贷状况进行现实检验。

（三）探讨数字普惠金融服务模式创新与实践

基于数字信任观，探讨数字资本特征下“区块链+农业供应链金融”模式创新，并以山东曹县区块链赋能肉牛供应链金融模式为例进行实践应用。基于融合信任观，探讨农户线下信息线上化的银行网贷交易模式创新，并以河南兰考普惠金融“一平台四体系”实践为例进行实践应用，以及银政结合的数治化普惠金融模式创新，并以浙江兰溪马涧镇数字乡村银政服务模式建设为例进行实践应用。通过模式创新和案例推广和应用，为数字普惠金融更好服务农村金融市场提供模式选择和经验借鉴，助推乡村振兴战略目标的实现。

基于研究目标，本书的理论逻辑框架如图 1-1 所示。

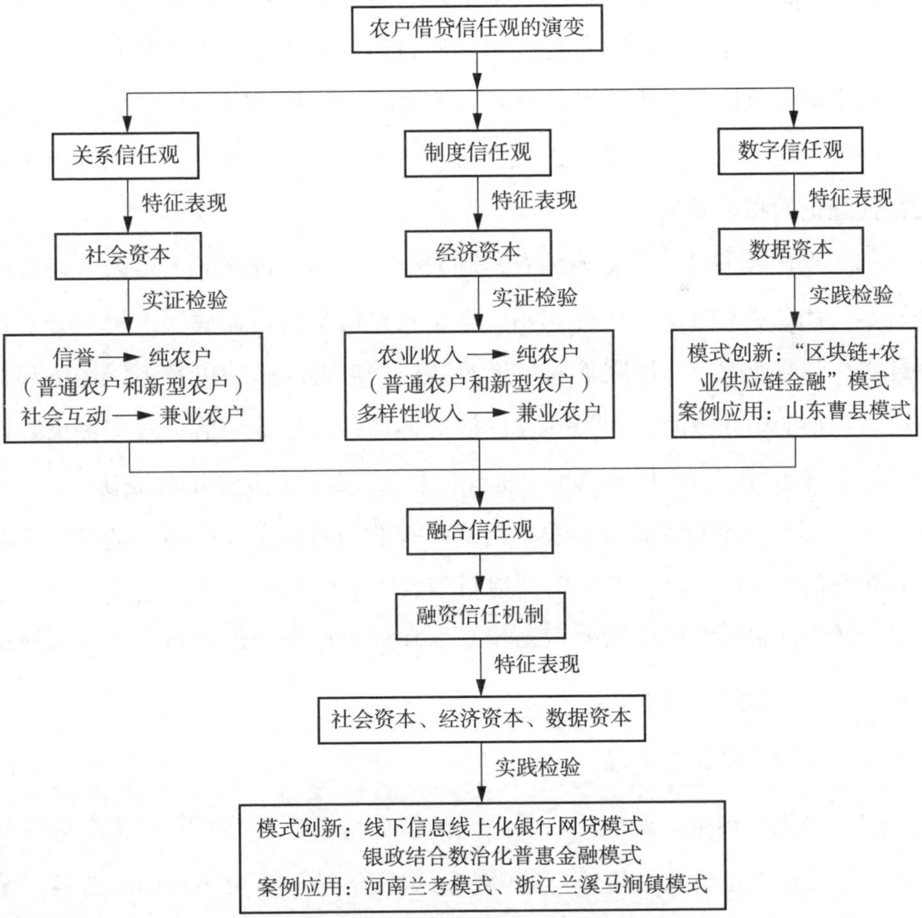

图 1-1 本书的理论逻辑框架

四、研究意义

（一）研究的理论意义

（1）形成对于农村普惠金融中农户借贷问题的系统性思考。通过农户借贷融合信任观和融资信任机制构建、不同类型农户信贷可得和作用机制检验以及农户借贷模式创新和实践应用，形成有关农村普惠金融的理论思考、实证检验、模式创新和实践探索，构建有关农户借贷问题的系统性理论分析框架。

（2）重构农户借贷的融资信任观。随着社会信任谱系的演化，农户借贷背后的信任逻辑是系统性的信任逻辑，通过解析农户借贷关系信任、制度信任和数字信任重构的三重维度，提出“关系信任+制度信任+数字信任”三位一体的融合信任观，并构建促进融合信任的融资信任机制，丰富和发展了融资信任理论的相关研究。

（3）明晰不同情境下影响纯农户和兼业农户信贷可得的主要因素以及经济资本与社会资本特征的中介作用。基于农户借贷信任的底层逻辑，分别选择纯农户和兼业农户，研究不同情形对其信贷可得的影响以及不同经济和社会资本特征的中介效应，为提升农户信贷可得和普惠金融信贷效率提供数据支撑，丰富农村信贷市场信息不对称理论和信贷配给理论等的相关研究。

（4）提出数字技术背景下农户借贷模式的创新和实践应用。基于数字信任和融合信任底层逻辑，通过不同视角下农户借贷模式创新与数字普惠金融服务实践，创新金融机构与农户合作共赢的信贷模式，丰富和完善金融共生理论和协同理论的研究范畴。

（二）研究的现实意义

（1）有助于促进金融机构与农户间的信任与合作，提升普惠金融服务效能。本书通过构建“关系信任+制度信任+数字信任”三位一体的融合信任系统，促进金融机构与农户间的信任与合作，有利于降低不同类型农户和金融机构之间的信息不对称程度，促进农村普惠金融工作的有效推进。

（2）有利于金融机构优化农户信用评价标准，对不同类型农户采集不同的经济和社会资本特征信号，进而识别不同类型农户的收入状况、信誉与社会互动特征，选择优质借款人。同时，根据实际情况合理调整信贷结构，更好发挥金融助农的作用，协助农户实现农业产业升级，增强农村经济发展的可持续性。

（3）有助于拓展数字惠普金融服务辐射的广度，满足更多小微企业和长尾农户的融资需求。通过不同场景下农户借贷模式创新与数字化普惠金融服务实践，有效解决不同农户层次化和规模化的融资需求，进而构建互信共赢的农村金融市场生态体系。

（4）有助于农户注重提升自身信用能力，并转变就业观念，提高创新创业意识，积极投身各类职业技术和专业技能培训，向兼业化、新型化农户方向转变，并充分利用数字普惠金融服务提升自身信贷可得，合理有效地使用信贷资金生产经营、创业增收，加快推进农业产业化和现代化建设。

（5）为相关政府部门制定科技金融政策提供理论支撑和决策参考；进一步引发学界、业界对于农户借贷信任问题和数字化普惠金融服务模式创新与实践的关注和思考。

五、研究内容、方法与技术路线

（一）研究内容

本书以普惠金融发展过程中农户借贷问题为出发点，理论层面基于社会信任谱系演化发展的规律，分析农户借贷信任逻辑，提出“关系信任+制度信任+数字信任”三位一体的融合信任观并构建融资信任机制；实证层面研究不同情形下纯农户和兼业农户的信贷可得性，以及不同类型农户经济资本和社会资本特征的内在作用机理，进一步明晰农户借贷信任逻辑；实践层面创新不同场景下满足不同类型农户信贷需求的农户借贷模式，探索数字普惠金融服务模式的实践与应用，最终实现金融资源的优化配置，助力乡村振兴。

具体研究内容如下：

1. 绪论

本部分为本书第一章。首先，介绍本书的研究背景，明确研究问题、研究目的和研究意义；其次，概括介绍本书的研究内容、方法与技术路线；最后，阐明研究创新之处。

2. 相关概念界定、理论基础与文献综述

本部分为本书第二章。本部分主要针对研究中的核心概念进行界定，对相关理论进行阐述，并围绕研究主题对国内外文献进行综述。具体内容包括：

（1）概念界定。明确普惠金融与数字普惠金融、纯农户与兼业农户、经济资本与社会资本、信任与信任机制等概念的范畴和内涵。

（2）理论基础。对本书研究有支撑作用的相关理论，包括信息不对称理论、信贷配给理论、融资信任理论、金融共生理论、社会网络理论等进行阐释，为后续的理论分析与机制研究奠定理论基础。

（3）文献综述。针对农户借贷信任机制、影响农户信贷可得的社会资本和经济资本、数字技术在农户借贷中的应用等相关研究文献进行分类综述，并进行研究评述，指出研究不足并引出本书的研究内容及贡献。

3. 农户借贷融合信任观与融资信任机制构建

本部分为本书第三章。本部分主要包括三方面内容：首先，遵循社会信任谱系演化发展的规律，归纳不同阶段关系信任、制度信任和数字信任的演变逻辑和农户借贷信任模式的演变规律。其次，阐释三种信任观的内在联系，并在此基础上构建融合三种信任观的“关系信任+制度信任+数字信任”三位一体的融合信任系统。最后，从数字信任机制、制度信任机制和关系信任机制三方构建融资信任机制以促进融合信任，为后续农户借贷模式创新提供理论支撑。

4. 基于经济和社会资本特征中介的纯农户信贷可得研究

本部分为本书第四章。本部分将纯农户分为普通农户和新型农户，比较分析两类农户在风险处置能力和违约成本上的差异，运用河南省农户信贷状况调查数据，通过构建 Logit 模型、Ologit 模型和 KHB 中介检验模型检验两类农户风险处置能力和违约成本对信贷可得的影响，并分析社会资本特征（信誉）（表征关系信任）和经济资本特征（农业收入）（表征制度信任）在二者之间的中介效应及其差异性，最后得出相应的研究结论和启示。

5. 基于经济和社会资本特征中介的兼业农户信贷可得研究

本部分为本书第五章。本部分以兼业农户为研究对象，分析数字普惠金融对兼业农户信贷可得的影响以及社会资本特征（社会互动）（表征关系信任）和经济资本特征（多样化收入）（表征制度信任）在数字普惠金融促进兼业农户信贷可得中的中介作用，利用中国家庭追踪调查数据和北大数字普惠金融指数，通过构建 Logit 模型和中介效应模型进行实证检验，最后得出相关研究结论和启示。

6. 数字信任观下区块链赋能农业供应链金融模式创新与实践

本部分为本书第六章。本部分基于数字信任逻辑，探讨“区块链+农业供应链金融”模式创新与实践应用。该模式通过农业“区块链+供应链”信息服务平台搭建与应用，有效保障初始信息上链真实性、链上交易数据和链下实物交易匹配性和融资合约设置与执行风险可控性，破解农业供应链融资的信息约束、资源配置约束和制度约束。实践应用上，山东曹县模式借助区块链技术在肉牛供应链金融领域的应用，形成数据资本并据此对农业供应链上农户跨层授信，以链带面促进农村产业和农村信贷的快速发展。

7. 融合信任观下农户借贷模式创新与实践

本部分为本书第七章。本部分基于融合信任观，提出农户借贷模式创新与数字普惠金融服务实践。首先，构建农户线下经济和社会资本特征线上化的银行网贷服务模式，并提炼河南兰考普惠金融“一平台四体系”模式的实践与应用；其次，基于融合信任观视角，构建金融机构和基层乡村治理合作共治的数治化普惠金融服务模式，并探讨浙江兰溪马涧镇数字乡村银政服务模式的实践与应用，为农户借贷模式创新和数字普惠金融工作开展提供经验和实践借鉴。

8. 研究结论与政策建议

本部分为本书第八章。本部分首先对本书的理论研究和实证研究结论进行简要的梳理和总结，然后基于以上研究结论，分别从政府部门、金融机构、农户和金融科技公司等多方视角提出政策建议。具体包括：政府层面应进一步加大普惠金融政策的出台力度、完善与农户借贷相关的法律法规，通过政策引导和资金支持，加大农村基础设施投资和农户服务保障。同时，加强对金融科技公司的政策支持，推动数治化金融服务平台建设和区块链技术的广泛应用。金融机构则要根据不同农户的信贷需求，制定差异化的信贷策略。既要充分运用数字技术加快数字化普惠金融建设、加强农户信用体系建设，又要基于融合信任观完善融资信任与借贷机制、创新农户借贷服务模式。农户一方面要注重积累自身经济和社会资本特征，争取更多的金融资源和机会；另一方面要提高农业生产风险管理能力，转变就业观念，提升创新创业意识，确保农业增收及借贷资金的有效利用。金融科技公司应在遵守法律法规的前提下，不断创新农户信用评估模型，建立智能化农户信贷平台，完成对农户的全面评估。同时兼顾金融服务的安全性和可获得性，对农户信贷业务进行全流程监控和管理，及时发现和应对潜在风险，开发出更多适合农村市场的金融科技产品。

（二）研究方法

（1）归纳演绎分析法。梳理社会信任理论和融资信任理论相关内容，并归纳分析影响农户信贷可得的经济资本和社会资本特征，在此基础上，对农户借贷信任及其信任机制、数字信息技术背景下农户借贷模式创新等相关文献进行综述，通过理论归纳和推理，形成本书的理论研究框架和研究视角。

（2）实地调研法。对普通农户、新型农户、兼业农户、金融机构、地方政府、农业核心企业、金融科技公司等主体进行实地调研与深度访谈，针对不同类型农户的经济资本、社会资本特征与信贷需求，金融机构信用评价体系、信贷结构，政府部门的金融政策环境与制度设计，金融科技公司的数字技术底层设计等方面展开调查，发现普惠金融推进过程中存在的问题，寻找促进农户与金融机构主体间信任的制度因素、市场因素和技术因素。

（3）问卷调查法。以农业大省河南省作为样本调查地，通过设计合理的问卷和选择合适的调查样本，收集有关农户基本特征、借贷情况、经济资本和社会资本特征（多样化收入、农业收入、信誉、社会互动等）、风险处置和违约成本等相关信息。此外，还收集了中国家庭追踪调查数据和北大数字普惠金融指数，为后续研究提供实证支持和数据基础。

（4）实证分析法。通过运用计量经济学相关模型进行实证检验，验证本书提出的相关研究假设。通过逻辑回归和中介效应检验模型检验不同情境对纯农户、兼业农户信贷可得的影响以及农业收入、多样化收入、信誉、社会互动等经济和社会资本特征对农户信贷可得影响的中介作用机制，并进行相关稳健性检验和异质性分析。

（5）区块链技术方法。通过运用区块链底层技术发挥数字信任的技术优势，加持制度信任和关系信任。在“区块链+农业供应链”融资平台搭建和管理运行过程中，通过区块链各项功能机制的发挥，解决农业供应链金融的信息约束和技术约束问题，保证交易的初始信任、过程信任和持续信任，促进农业供应链金融服务模式创新。

（6）案例研究法。通过河南兰考普惠金融“一平台四体系”模式实践、浙江兰溪马涧镇数字乡村银政服务模式实践以及山东曹县区块链赋能肉牛供应链金融模式进行实践调研和案例分析，探索适合不同场景和不同类型农户的数字普惠金融服务模式，推动农户借贷创新模式的实践应用和现实探索，提升本书的实践应用和推广价值。

（三）技术路线图

本书的技术路线如图 1-2 所示。

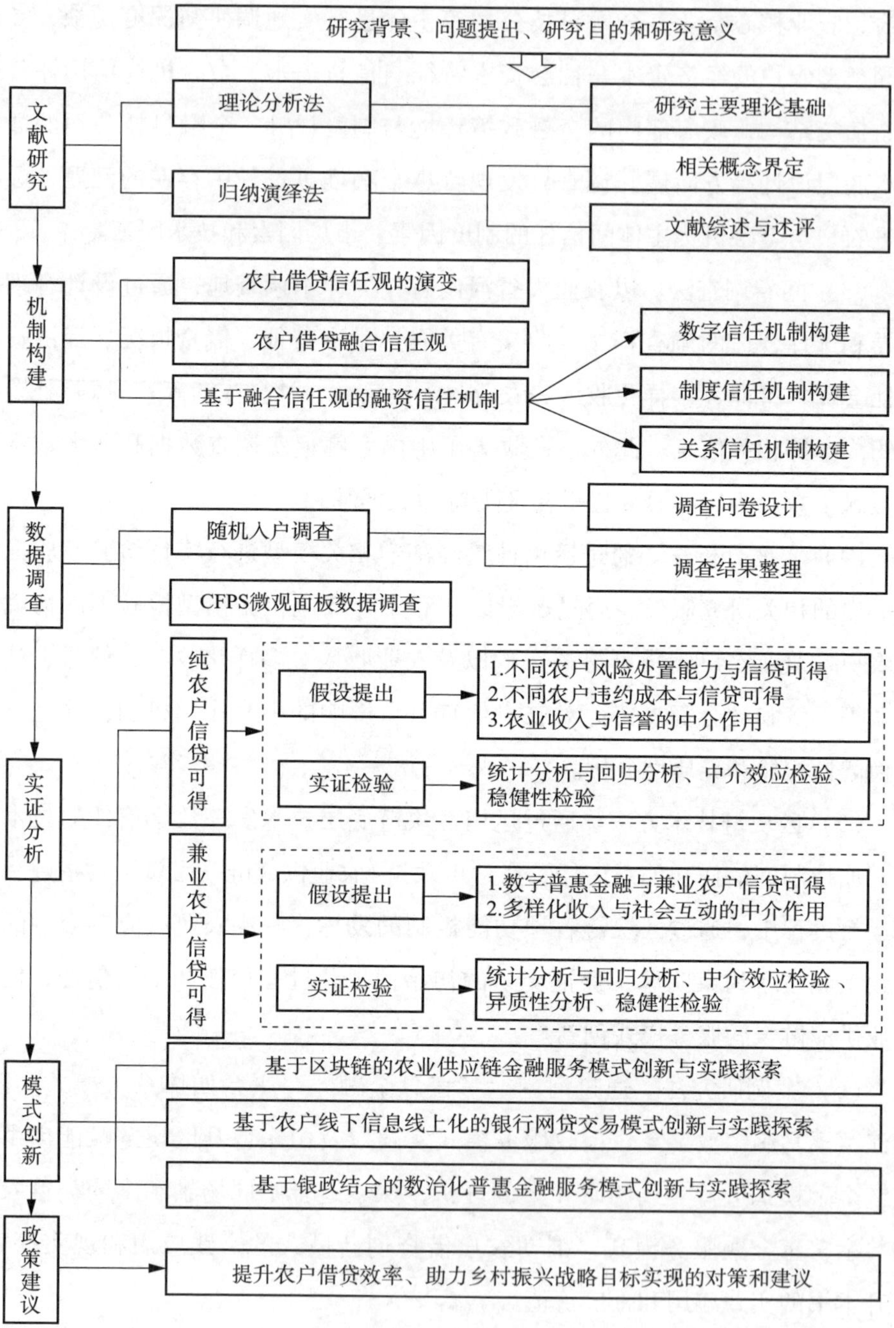
研究背景、问题提出、研究目的和研究意义
文献研究
理论分析法
研究主要理论基础
归纳演绎法
相关概念界定
文献综述与述评
机制构建
农户借贷信任观的演变
农户借贷融合信任观
基于融合信任观的融资信任机制
数字信任机制构建
制度信任机制构建
关系信任机制构建
数据调查
随机入户调查
调查问卷设计
调查结果整理
CFPS微观面板数据调查
实证分析
纯农户信贷可得
假设提出
1.不同农户风险处置能力与信贷可得
2.不同农户违约成本与信贷可得
3.农业收入与信誉的中介作用
实证检验
统计分析与回归分析、中介效应检验、稳健性检验
兼业农户信贷可得
假设提出
1.数字普惠金融与兼业农户信贷可得
2.多样化收入与社会互动的中介作用
实证检验
统计分析与回归分析、中介效应检验、异质性分析、稳健性检验
模式创新
基于区块链的农业供应链金融服务模式创新与实践探索
基于农户线下信息线上化的银行网贷交易模式创新与实践探索
基于银政结合的数治化普惠金融服务模式创新与实践探索
政策建议
提升农户借贷效率、助力乡村振兴战略目标实现的对策和建议

图 1-2　本书的技术路线

六、创新之处

（一）创新点

（1）理论创新：建立了融合信任观和融资信任机制。本书遵循社会信任谱系演化发展的规律，归纳不同阶段信任的演变逻辑和农户借贷模式的演变规律，解析农户借贷关系信任、制度信任和数字信任重构的三重维度，提出“关系信任+制度信任+数字信任”三位一体的融合信任观，并构建融资信任机制，实现三种信任的有机融合和互动增强，构建农户借贷融资信任的理论分析框架。

（2）视角创新：拓宽农村信贷市场的研究视角。虽然已有研究从不同角度对农户的信贷问题进行了深入研究并取得了丰富的研究成果，但在农村信贷市场研究领域，系统性探究不同类型农户信贷可得问题的研究成果较为有限。本书将农户分为纯农户和兼业农户，一方面探索纯农户中普通农户和新型农户在风险处置能力和违约成本上的差异以及对信贷可得的不同影响，并分析农业收入和信誉在普通农户和新型农户风险处置与违约成本影响信贷可得中的中介作用；另一方面探索数字普惠金融发展对兼业农户信贷可得的影响，并分析多样化收入和社会互动特征在数字普惠金融发展影响兼业农户信贷可得中的中介作用。本书通过以上理论分析和数据检验，明晰不同情形下，影响不同类型农户信贷可得的路径和内在作用机理，进一步揭示普惠金融在农村信贷市场上的服务成效，为农村信贷市场的相关研究提供了新的研究思路和经验证据。

（3）模式创新：探索不同场景下，满足不同类型农户信贷需求的农户借贷模式创新与实践。本书基于数字信任观，探讨数据资本特征下区块链赋能农业供应链金融服务模式创新与实践应用。基于融合信任观，探索基于农户线下经济和社会资本特征线上化的银行网贷交易模式创新及实践应用和银政结合的数治化普惠金融服务模式创新及实践应用。研究成果为金融机构开展场景融合、全面的普惠金融服务提供新思路和新方法，助推农村数字化普惠金融改革与创新实践。

（二）拟解决的关键科学问题

（1）针对农户借贷信任理论供给不足的问题，如何基于关系信任、制度信任和数字信任的社会信任演化发展脉络，构建基于三种信任观的融合信任理论分析框架，进而构建融合信任系统与融资信任机制，实现农户融资信任理论的理论创新。

（2）针对不同情形下具有不同经济和社会资本特征农户信贷可得的检验问题，如何系统剖析不同类型农户的经济和社会资本特征，并深入探讨不同情形下，代表性特征（经济资本中的农业收入状况、多样化收入等，社会资本特征中的社会互动与信誉特征等）在缓解信贷约束、提升农户信贷可得性方面的中介作用机制，为普惠金融的实践提供现实检验和数据支撑。

（3）针对数字普惠金融服务乡村振兴模式创新不足问题，如何构建更加符合农村实际、紧密贴合不同场景和不同类型农户切实需求的农户借贷创新模式并探索有关农户借贷的数字普惠金融服务的实践应用，以期更有效地满足农村地区不同类型农户的多元化金融需求，进而推动农村经济的可持续发展和乡村振兴战略目标的实现。

第二章

相关概念界定、理论基础与文献综述

本章首先对核心概念——普惠金融与数字普惠金融、纯农户与兼业农户、经济资本与社会资本、信任与信任机制、数字技术等进行概念界定，明确研究主体的概念和研究范畴。其次，对农户借贷的基础理论进行梳理，主要包括信息不对称理论、信贷配给理论、融资信任理论、金融共生理论、社会网络理论等，并进一步分析各理论对本书研究内容的理论启示和理论支撑作用。最后，围绕本书的研究内容，通过对农户借贷信任机制的研究、影响信贷可得的社会资本和经济资本特征研究、数字技术在农户借贷中的应用研究以及数字普惠金融与农户信贷可得研究等相关文献进行综述和评述，为后续研究奠定理论基础和文献支撑。

一、概念界定

（一）普惠金融与数字普惠金融

1. 普惠金融的概念

普惠金融（Inclusive Finance）又称包容性金融（Financial Inclusion），2005年由联合国在宣传“国际小额信贷年”时提出，指以可负担的成本为有金融服务需求的社会各阶层和群体提供适当、有效的金融服务，并提出其服务对象主要包括小微企业、农民、城镇低收入人群等弱势群体（焦瑾璞，2009）。随后，世界银行也给予相应的定义，普惠金融是指能够为社会所有阶层和群体提供合理、便捷、安全的金融服务的一种金融体系（焦瑾璞等，2015）。

在推广2005年小额信贷年活动时，中国小额信贷联盟在国内首次引入“普惠金融”这一术语。在2006年3月的北京亚洲小额信贷论坛上，时任中国人民银行研究局副局长的焦瑾璞同志正式阐述了这一概念，他强调“普”代表普遍性和普及性，体现了金融服务的平等性；而“惠”则代表金融服务惠及民众，旨在便利广大金融需求者，特别是为小微企业和低收入群体等弱势群体带来金融服务的便利。普惠金融旨在通过正规金融机构，为包括小微企业和低收入者在内的全体社会成员，提供持续、全面、价格合理且差别化的金融服务（焦瑾璞等，2015）。

在2013年11月召开的党的十八届三中全会上，普惠金融理念在《中共中央关于全面深化改革若干重大问题的决定》中正式提出，标志着普惠金融正式上升为国家层面的发展战略。周小川（2015）曾将普惠金融定义为确保每个人在需要时，都能以合理的价格获得及时、尊严、便捷且高质量的金融服务。为了进一步推动普惠金融的发展，国务院于2015年发布《推进普惠金融发展规划（2016—2020年）》，该规划明确强调普惠金融应遵循机会平等和商业可持续原则，旨在以可负担的成本为有金融服务需求的社会各阶层和群体提供适当、有效的金融服务，其重点服务对象为小微企业、农民、城镇低收入人群、贫困人群和残疾人、老年人等特殊群体和弱势群体。2023年10月，国务院发布了《关于推进普惠金融高质量发展的实施意见》，不仅提出了普惠金融发展的总体策略，还强调要提升对农户、返乡入乡群体以及新型农业经营主体的金融服务质量，切实满足农村各类农户群体的金融服务需求，并充分发挥普惠金融在推动共同富裕中的关键作用。

要推动普惠金融的发展，核心是要构建普惠金融服务体系（Inclusive Financial System）。其实质是一个能为社会各阶层群体，尤其是贫困低收入群体提供有效的、全方位服务的金融体系。2006年，世界银行扶贫协商小组在其著作《服务于所有的人——建设普惠性金融体系》中重申这一体系的概念，并阐述了其服务内容和服务框架，其服务内容包括让金融权利、金融服务惠及所有贫困阶层以及支持社会发展目标，此外，该体系构建了一个包含微观、中观和宏观层面的服务框架。具体而言，普惠金融体系致力于通过不同途径，为社会各阶层提供金融服务，特别是被正规金融体系边缘化的贫困、低收入群体。这一普惠金融体系提供的金融服务包括储蓄、保险、信贷、信托等多种形式，旨在让所有人享有平等的金融权利，其内涵可归纳为三个层面：首先，普惠金融体系的构建体现了一种金融公平和平等的理念，旨在确保每个人无论贫富，都应有享受金融服务的权利，促进了金融公平。其次，普惠金融体系的构建是一种创新思维的体现。为了实现金融服务的普及性，需要在制度、机构、产品与服务等多个方面进行创新，特别是对弱势群体，需要开发更为贴近其实际需求的金融产品和服务。最后，普惠金融体系的构建承载的是一种责任和使命。它更侧重关注那些低收入、弱势的“长尾群体”，给他们提供所需要的金融服务。因此，构建普惠金融体系的主要目的是通过金融基础设施的完善和金融科技的运用，以较低的成本和合理的价格将金融服务扩展至贫困、偏远地区，为那些被正规金融机构排斥的低收入、弱势群体提供全面的金融服务，助力他们脱贫致富，进而推动乡村振兴和农村经济高质量发展。

综上所述，普惠金融是一个不断发展的概念，它聚焦增强弱势群体的金融服务可获得性，以信贷为重点改善其金融环境。近年来，随着概念的不断深入，普惠金融逐步展现出“大金融、宽内涵、多维度”等特征，不仅囊括储蓄、信贷、证券、保险等全系列金融产品和服务，还形成了一套涵盖金融基础建设、金融改革发展及结构优化等的系统性发展战略与操作理念。

2. 数字普惠金融的概念及特征

（1）数字普惠金融的概念

数字普惠金融是在普惠金融的基础上发展起来的，其发展历程可追溯到互联网金融兴起的 2013 年。“数字普惠金融”（Digital Financial Inclusion，DFI）这一概念在 2016 年的 G20 杭州峰会上首次被提及。G20 杭州峰会将数字普惠金融定义为通过利用数字金融服务科技和商品，为更多人群带来金融服务的行动。数字普惠金融利用数字技术为无法或者难以获取传统金融服务的人群提供一系列正规金融服务，这些金融服务需要满足他们的需求，以负责任、成本可负担的方式提供，同时确保服务提供商的可持续性。

在《数字普惠金融发展白皮书（2019 年）》中，数字普惠金融的定义得到进一步阐述：“在成本可控、模式可持续的前提下，以各类数字化技术为实现条件，为社会各阶层尤其是现有金融体系覆盖不足的城镇低收入人群、农村人口、偏远地区人口等特殊群体以及小微企业提供平等、有效、全面、方便的金融产品和服务。”

吕家进（2016）认为，数字普惠金融实质上是普惠金融服务的数字化表达。贝多广（2017）认为，数字普惠金融是以数字信息技术为基础，移动通信终端为支撑的一种普惠金融服务模式。有学者认为，数字普惠金融是一种通过数字金融途径推动发展中国家包容性增长的手段。董玉峰等（2018）进一步指出，数字普惠金融是普惠金融的深化发展。梁双陆等（2018）详细分析了数字普惠金融的内涵，并认为在构建包容性金融体系中，数字普惠金融扮演着举足轻重的作用。郭峰等（2019）则将数字普惠金融视作一个多维概念，并提出数字金融技术能够促进普惠金融降低服务成本、扩大服务范围。综上所述，笔者认为，数字普惠金融指借助于大、智、云、移等数字信息技术，扩大普惠金融服务的覆盖广度，增加金融体系覆盖不足的城镇低收入人群、农村人口、偏远地区人口等特殊群体的金融产品和服务，提升普惠金融的可触达性和可得性，从而使普惠金融更具普惠效用和商业可持续发展能力的一种新型金融服务业态。

（2）数字普惠金融的特征

和传统的普惠金融相比，数字普惠金融主要有以下特征：

①广覆盖。传统金融业务主要依靠物理营业网点和分支行机构的铺设来开展业务。金融机构往往会选择人口密度大、经济繁华的地区，而缺乏对位置偏僻、人口分散和贫困落后地区的支持与关注。数字普惠金融借助数字通信、互联网和大数据等信息技术，能够极大限度地突破传统金融机构的物理布局和地域局限，通过线上业务创新与开展，使各项金融业务能够实现利用手机终端和线上 App 进行操作，为广大用户提供跨地域、空间的金融产品和服务，促使数字普惠金融向县域、村镇和偏远山区渗透和推进，从而“打通最后一公里”，实现金融普惠效应。

②成本低。数字普惠金融相比传统普惠金融服务成本更低。主要表现在以下两个方面：一是节省营业机构开支。传统金融机构通过铺设物理网点进

行营业，带来人力、物力和场地租赁费用等成本费用的增加，尤其是在地处偏远、人口密度低的广大农村地区，增开物理网点的边际成本较大。数字普惠金融借助手机业务端取代网点和人工成本投入，利用数字信息技术实现远程金融服务，大大降低营业机构经营成本。二是降低获客成本。传统金融服务为了降低信贷风险会设计复杂的交易流程和安排上门信贷核查，获客成本较高。金融科技的推进有效解决了这些问题，能够有效减少金融机构信息搜寻时间，降低获客成本，实现数字普惠金融的商业可持续发展。

③便捷有效。传统金融服务除常规存取转款业务等可以在ATM机上操作外，其他个性化服务需要到业务网点柜台进行办理，缺乏效率。而数字普惠金融极大提升了金融服务的便捷性和效率。通过App客户端，金融机构可提供各种个性化的信贷服务，提供信贷、投融资等金融服务，满足不同类型客户的金融需求。

（二）纯农户与兼业农户

1. 纯农户

纯农户是指长期居住在农村，从事农业生产劳动的常住户。罗宜轩（2023）在其研究中，进一步将纯农户阐释为以家庭为基本经营单位，占有土地等生产资料，家庭成员长期居住在农村且依然承担农业生产职能的经济组织。据数据统计，目前我国约有2亿户农村家庭，他们是乡村社会最基本的组成单位，并从事农业生产和管理，对农村地区的发展稳定起到了决定性作用。

随着农业现代化步伐的加快和农业“去密化”趋势的推进，农户的生产经营呈现出不同的特征，职业农民和新型的农业经营主体纷纷涌现。其中，一部分农户凭借较强的农业经营能力和资本积累，逐步转型为规模化、专业化的新型农业经营主体；另一部分农户，受限于非农专业技能、教育水平以及非农经营能力，继续从事传统的小农经营。鉴于此，本书结合研究内容，将纯农户划分为普通农户和新型农户。

（1）普通农户

普通农户大多数是散户，以传统农业生产经营为主。在陈豪杰等（2023）的研究中，普通农户被界定为以家庭为基本单位进行农业生产的种植户。本书聚焦家庭这一农业生产的基本单位，将普通农户定义为集生产与消费于一体的农业微观主体。

（2）新型农户

新型农户，即新型农业经营主体，为便于和普通农户对照分析，本书采用新型农户这一概念。张西凤（2023）的研究指出，新型农业经营主体在家庭联产承包责任制的基础上，通过土地流转的方式，将分散的农地集中起来，实现了规模化经营。通过分工合作、互利共赢的原则，新型农业经营主体不仅整合了农业产业链，更构建了集集约化、专业化、组织化和社会化于一体的现代农业经营体系。穆娜娜（2022）进一步强调，新型农业经营主体以家庭经营制度为基础，其经营规模相对较大，与现代农业及市场经济高度契合。新型农户或者说新型农业经营主体是一个相对于传统小农家庭经营模式的组织形式，具有更强的资本运作能力、更强的技术装备、更先进的经营管理理念，从事规模化、专业化的农业生产。

新型农户具体可以分为以下五大类：

①农业大户。农业大户是指在农村地区，通过集聚各种生产要素，如土地、资本、技术和劳动力等，经营较大规模农业生产的农户。他们通常具备较大的生产规模、较高的技术能力和专业化水平。

②家庭农场。家庭农场是将家庭成员作为主要劳动力，从事农业规模化、集约化以及商品化生产经营，并将农业收入作为家庭主要收入来源的新型农业经营主体。

③农业合作组织。农业合作组织是农民自愿组成的，以家庭经营为基础，在农业生产、加工、销售等环节进行合作的经济组织。

④农业龙头企业。农业龙头企业是指以农产品加工或流通为主，通过构建各种利益联结机制与农户建立紧密联系，引领农户融入市场体系，推动农产品生产、加工与销售环节的深度融合，它具有较强的市场竞争力和强大的

带动能力。

⑤农业供应链农户。农业供应链农户是参与农业供应链的农户，这些农户在供应链的各个环节（如农资采购、生产管理、仓储、物流、销售等）中发挥作用。通过参与农业供应链，农户能够更好地融入市场，提高农产品的附加值和市场竞争力，同时也有助于实现农业生产的规模化和集约化。

2. 兼业农户

兼业农户指农户家庭成员既从事农业生产活动，又在非农领域就业以获得收入的农户。兼业是在城乡二元体制与农村基本经营制度背景下表现出的一种“一家两制”的生产与经营模式（刘超计，2024）。对兼业农户兼业程度的划分，不同国家标准不同，部分国家根据农民一年之内外出务工天数来界定，另一些国家则通过非农就业收入在总收入中的占比来衡量。鉴于我国兼业农户本质上反映了劳动力向非农业领域的转移，因此我国通常采用农户从事非农业活动所获工资性收入占其总收入的比重来评估农户的兼业水平。魏后凯等（2017）对农户兼业程度进行了详细划分，将其分为高兼农户和深兼农户两个层次。高兼农户是指非农收入占农户总收入的比例为50%~75%的农户，深兼农户是指非农收入占农户总收入的比例超过75%的农户。本书借鉴孔祥智等（2021）和武舜臣等（2023）关于兼业农户的分类，将家庭收入中20%-80%来自农业的农户定为兼业户，其中包括家庭收入50%-80%来自于农业的农业兼业户（一兼农户，农业为主，非农为辅）和家庭收入20%-50%来自于农业的非农业兼业户（二兼农户，非农为主，农业为辅）。

（三）经济资本与社会资本

1. 经济资本及其表现形式

（1）经济资本的定义

在西方经济学相关理论中，资本是指期望在市场中获得回报的资源投资。这里的“资本”不仅包括物质资本，如机器、设备、建筑物、原材料等，还包括非物质资本，如人力资本和金融资本。在社会学中，资本被赋予更加丰富的意义。著名的社会学家布尔迪厄认为资本形式是多样的，并将资本分为经济资本、社会资本、文化资本以及象征资本（符号资本）四种形式。经济资本指可以用来获得商品或服务的金钱和物质性财富，这种资本可以转化为实物、金钱，也可以是一种产权的形式，比如股份的占有。社会资本是指一个人建立起来的社会关系，它反映了更为复杂的结构和权力关系，是一种较为稳固的关系网络（陈阿龙，2022）。社会资本的符号形式是社会声誉和头衔。由于本书同时探讨经济资本和社会资本特征对农户借贷的影响，因此，采用布尔迪厄对经济资本和社会资本的界定，认为经济资本指由个人或企业拥有的财产、资产或财富，这些资产能够立即并直接转换成金钱，包括现金、房地产、股票、债券等，它们以财产权的形式被制度化。

（2）经济资本的表现形式

根据不同的研究角度，经济资本有不同的表现形式，主要包含现金及存款、房地产资产、股票与债券以及其他投资资产等，本书根据研究对象的特征，选择收入和多样性收入作为主要经济资本表现形式。

①收入。农民收入通常定义为农村居民一年内各方面的收入总和，即减去所花费的成本后的总和。一般研究的农民收入是指农民人均可支配收入，这一指标在农民纯收入的基础上，进一步考虑了地区总人口数的因素，通过平均计算得出。从构成视角分析，农民人均可支配收入主要包括四大类：工资性收入、家庭经营性收入、转移性收入和财产性收入。其中，工资性收入主要源于农民外出务工或参加其他非农活动；家庭经营性收入主要依赖农民从事农业生产活动；转移性收入主要源自政府提供的补贴、救济金和补偿款等；财产性收入尽管占比较小，但涵盖农民获得的一些红利、租金和银行利率等多种形式的收入（董钇含，2023）。

根据研究对象的不同，收入也有不同的分类。本书根据书中的研究对象，将收入划分为农业收入和非农收入。农业收入是指与农业生产活动直接相关的收入，包括农作物种植、畜牧业、渔业以及林业等所获得的收益。非农收入是指除农业生产活动以外的其他经济活动所获得的收入，包括工业、服务业、商业贸易、金融业等多个领域中获得的收益。

②多样性收入。农户多样性收入是指农户通过各种来源和方式获得的收

入，这些来源和方式包括但不限于农业种植、养殖业、乡村旅游业、非农就业、家庭经营等。借鉴以往文献的研究，可以将农户多样化收入界定为由于自然因素、经济因素、社会因素、制度和政策因素的影响，从而使农户在生产、生活过程中通过拓展与农业相关的或与农业无关的经济活动，为其带来更多种类的现金收入或各种粮食物资，并使其生存状态改善或者生存能力进一步得到提升（司亚伟，2018）。

2. 社会资本及其表现形式

（1）社会资本的定义

社会资本一般指个体通过投资社会关系所获取的社会资源。对于农户来讲，则体现为他们在长期农村社会交往中培育出的资源获取能力。这种能力具体表现在农民之间长期生活交往中形成的相互信任、关系网络和共同价值观。社会资本是指社会组织的特征，诸如信任、规范以及网络，它们能够通过促进合作来提高社会的效率（Putnam，1993）。总之，社会资本是一种重要的资源，是个人或团体在社会网络中所拥有的资源和影响力。

（2）社会资本的表现形式

根据不同的研究角度，社会资本有不同的表现形式，主要包括社会网络关系、社会信任、社会规范、社会参与、社会组织、社会支持、信息共享、合作与协调等方面。基于社会信任和社会网络理论，本书选择信誉和社会互动作为社会资本的主要表现形式。

①信誉。“信誉”一词的中文解释为诚实守信的声誉，在英文中的对应单词为“reputation”，也可翻译为声誉。与信誉密切相关的词是“信用”，信誉和信用既有联系又有区别。两者的联系在于信誉是个人信用行为长期积累的结果，只有当交易主体通过大量的信用行为获得社会的广泛认可后才能升华为个人信誉。两者的区别主要为以下三点：第一，信誉反映的是个人品行和诚信状况，是个人特征和形象标识，而信用反映的是权利和义务关系，是指交易行为与约定或承诺的内容一致（马本江，2008）；第二，信誉内生于个人的道德品质，信誉水平的高低取决于社会评价，而信用是互生的，既有投信方，又有受信方，信用水平的高低取决于信用记录和信用交易行为；第三，

信誉是信用的内在思想基础，是个人的无形资产，而信用是信誉的外在行为表现，是一种交换的手段。

②社会互动。社会互动是一种较为复杂的社会现象，指社会上个人与个人、个人与群体、群体与群体之间通过信息的传播而发生的相互依赖的社会交往活动（宋文君，2016），会对个人决策产生影响进而决定行为选择。在经济学中，有学者将社会互动定义为在参与互动的过程中，决策者的偏好、期望与预算约束被其他决策主体影响的过程。Scheinkman（2009）将社会互动定义为“特殊形式的外部性，在这种外部性影响下，个人偏好将受到其参照的群体行为的影响”。还有学者认为社会互动是相互依赖，社会经济参与者的偏好、信念与预算约束会直接受到他人的特征以及选择的影响。在社会学的理论中，社会互动是指人作为社会基本组成单位，需要同他人建立联系并与他人产生相互影响的过程。

（四）信任与信任机制

1. 信任的概念及分类

（1）信任的概念

信任是一种基于过去交易或者交往的事实，对别人或组织未来行为的一种主客观判断，即相信某人的行为或者周围的秩序符合自己的愿望（郑也夫，2001）。Deutsch（1958）将信任定义为对“未来事件的期望”，预期某事件会发生，并根据这一预期做出相应的行动。Worchel（1979）则将信任视为一种心理感受，信任者通常处于被动地位且将承担一定的风险。Schurr 等（1985）认为信任是指交易伙伴的承诺是可依赖的，他将完成其在交易中的义务。Coleman（1990）将信任视为一种完全理性化的交换行为。新制度经济学代表人物 Williamson（1993）支持计算型信任，他认为信任的前提假设是他人会利用机会主义“以诡计谋求自身利益”，每个人都在试图增加以货币回报来衡量的效用函数。Mayer 等（1995）将信任定义为“一方当事人自愿受到另一方行为影响的意愿，这种意愿来源于无论另一方能力如何，都将采取有利于当事人的积极期望”。马本江（2008）认为信任是市场交易中交易一方对另一方的履约行为及能力所持的认可的态度。信任问题发生的实质是交易中的某一方存在机会主义倾向或诱因，对于有双方参与的交易来讲，离开任何一方对另一方的信任，交易都无法进行下去。事实上，信任就是交易一方对另一方信用行为的认可。交易一方失去信用，另一方的信任也会随之消失。综上所述，信任是一种个人的主观意向，是一种对信任客体未来行为的积极愿望。它是理性选择的结果，理性选择与经济学是一脉相承的，其认为在逐利的本性下，行为主体均会进行理性计算，通过比较信任的收益、成本与风险等因素，进而做出对自身最为有利的守信或违信决策。

（2）信任的分类

根据对信任维度研究的不同，信任的分类也有所不同。Zucker（1986）将信任划分为特征信任、过程信任以及制度信任。Sako（1992）从信任性质角度将信任划分为契约信任、能力信任以及善意信任。Lewicki 等（1995）将信任划分为计算信任、了解信任以及认同信任。有学者基于 Sako 等（1998）的研究，将信任划分为能力信任、制度信任、善意信任三个维度。

本书结合相关研究，同时遵循社会信任谱系演化发展的规律，将信任分为关系信任、制度信任和数字信任三重维度。关系信任是信任中最基本的表现形式，也是长期以来我国农村社会特有的关系模式；制度信任是在特定法律制度、社会规范基础上形成的，以制度为基础的信任；数字信任则是以数据和算法为基础的数据和技术信任，是数字空间中个体基于大数据和信息技术等建立的新型信任关系。

2. 信任机制

在社会科学领域，机制主要是指为实现特定目标而建立的一系列规则、程序和制度的总和，与不同的学科结合，机制的内涵有不同的引申与延展。信任机制是为了建立、维护和强化信任关系而设计的一套规则、制度、流程和技术手段。建立信任机制的目的主要是降低主体之间的信任风险，通过明确参与主体的权利和义务，规范其交易流程或行为，从而减少不确定性，最后促成信任要实现的结果。因此，信任机制的本质是对信任关系进行维护和管理的一系列方法和手段，它有利于建立交易双方之间的信任关系，减少交易间的信息不对称，使合作的风险大大降低。在农村信贷市场，信任机制起到非常重要的作用，它直接影响信贷市场的运行及效率。信任机制的构建，能够有效减少借贷双方的信息不对称，使金融机构能更准确地评估农户的还款意愿和还款能力，引导资金流向信用良好、有发展潜力的借款者，提升信贷资源配置效率。

（五）数字技术

1. 数字技术的含义

近年来，数字技术快速发展。从狭义层面上看，数字技术通常指诸如通信技术以及网络技术等某一特定类别的技术。而从广义层面上看，数字技术涵盖了大、智、云、移等一系列前沿技术。需要注意的是，本书中的数字技术概念，特指其广义层面。

2. 数字技术的特征

（1）数字化

数字技术的首要特征是数字化，即采用数字化的形式应用文字、图片等载体。这一技术的发展极大地提升了分析数字信息的效率，人们获得信息数据的方式更便利。数字化在于对大数据的理解与应用，大数据在多个领域起着重要的作用。

（2）网络化

数字技术的网络化在于通过信息物理系统实现实时沟通。互联网作为计算机技术的拓展，它利用先进的信息技术手段将不同的物体与网络相连，丰富了人们的信息获取途径，进而实现万物互联。

（3）智能化

数字技术的智能化，本质上体现其品质属性。其显著特点在于仿人化，即追求与人类相似的感知与决策能力。实现这一智能化的关键路径，在于推动新一代人工智能技术的发展，如大数据智能、群体智能等（李斯婕，2022）。

3. 数字技术的主要表现形式

数字技术的表现形式主要包括大数据、物联网、区块链等。

（1）大数据

大数据作为一种数据规模庞大、类型多样化、处理高效且价值密度相对较低的数据集合，已成为一种新型的数据处理和分析工具。大数据的应用非常广泛，覆盖了金融、医疗、零售、制造、物流等多个行业。

大数据的特征包括以下几个方面：首先是规模具有庞大性。大数据的数据量通常能够达到 TB、PB、EB 等海量级别，远远超过了传统数据处理技术的极限。其次是类型具有多样性。大数据不仅涵盖了结构化和半结构化数据，还包括文本、图像、音频、视频等非结构化数据。再次是处理速度快。大数据需要在极短的时间内完成数据的采集、存储、处理和分析，以确保数据的时效性和准确性。最后是价值密度相对较低。虽然大数据包含海量信息，但其中往往夹杂着大量的无用信息。因此，需要通过数据挖掘和分析等技术来筛选有价值的信息（吴楠，2024）。

（2）物联网

“物联网”的概念最初是由麻省理工学院 Auto-ID 实验室提出的，他们认为物联网就是将所有物品通过信息传感设备连接至互联网的网络。随着互联网和信息技术的发展，物联网的发展更为成熟，被认为是一种利用射频识别、红外感应器、全球定位系统等信息传感设备将各类物体无缝接入网络，进而实现物体间的信息互通和通信，这样的网络赋予物体智能化识别、精准定位、实时跟踪、高效监控、智能管理等多重功能。

物联网的核心特征有三个：首先是互联网特征，物联网是基于互联网的传统电信网等信息承载体，实现了物体间的互联互通；其次是识别与通信特征，物联网中的物体具备自动识别和物物通信的功能，从而支持信息交换和通信；最后是智能化特征，物联网系统通过自动化、自我反馈与智能控制，实现了对物体的智能化识别与管理。

（3）区块链

区块链起源于比特币，最初由中本聪在 2008 年提出，作为比特币的底层技术。随着技术的发展，区块链逐渐演化为一项全球性技术，并在金融、供应链、医疗、不动产等领域得到广泛应用。区块链技术依托分布式节点网络实现数据的存储、印证、转存、交换。区块链技术本质上是采用块链式存储的分布式账本，具有不可篡改性。它的工作原理结合了分布式存储和共识机制等多种方法，通过记录交易详情保障数据的安全性与透明度。

区块链的主要特征包括：①去中心化。区块链的运行不依赖任何中央机构或第三方中介，每个网络参与者均享有对交易数据和信息管理与记录的权利。②不可篡改性。区块链中的数据是以区块为单位相互连接在一起的，每个新区块都包含前一个区块的哈希值，确保了区块链上的数据难以被篡改。③安全性。区块链技术采用密码学手段来保护数据的访问权限和机密性，每个交易数据均经过验证和加密处理，参与者需使用特定的密钥进行身份验证和授权。④透明性。区块链上的所有交易数据和相关信息均对公众开放，实现了信息的透明化，有助于建立和维护信任。⑤智能合约功能。智能合约允许在区块链上自动执行预设的合约条款，这些合约条款包括一系列条件和代码，增强了区块链的可编程性和应用广泛性。⑥高应用性。区块链数据能够在多个节点上存储，即使个别节点出现故障，整个系统仍能保持正常运行，确保了系统的高可用性和稳定性。

二、理论基础

（一）信息不对称理论

在市场交易中，获取信息是需要成本的，买卖双方掌握的信息也有所不同，不对称的信息会造成市场效率低下等一系列问题。在亚当·斯密倡导的自由市场经济理念中，市场被认为能够自动调节市场供求关系，实现资源的优化配置。然而，随着信息经济学的发展，人们开始认识到在现实中，信息传递可能存在不足，这限制了市场达到资源最优配置的能力，信息不对称理论由此诞生。

信息不对称理论是指在市场经济活动中，参与活动的双方对相关信息的认识不相同，对相关信息认识更充分的一方，处于相对有利的位置，而另一方由于对相关信息认识不足处在相对不利的位置。这一理论是由美国经济学家斯蒂格利茨、阿克尔洛夫和斯彭斯共同提出并发展的。1970年，阿克尔洛夫在其著名的《柠檬市场》论文中，强调了信息的价值，并指出开放的市场并非万能，不能解决一切问题。随后，斯彭斯提出了信号传递理论，他论证了信息优势方通过向信息劣势方传递有效信息助力市场达到均衡，从而在一定程度上弥补信息不对称带来的问题。1981年，斯蒂格利茨等人发表了《不完全信息市场中的信贷配给》，将信息不对称理论应用于金融市场的分析。斯蒂格利茨在文中分析了非对称信息市场的特性，以及信息不对称对信贷市场的影响，并提出了逆向选择和道德风险等理论，为理解金融信贷市场中的信息不对称现象提供了有力的分析工具。逆向选择模型侧重金融机构在事前无法知道借款人风险类型的情况，而道德风险模型则关注金融机构无法观察到借款人获取贷款后的行为，逆向选择理论和道德风险理论成为研究金融市场信息不对称问题的开创性理论。

农村金融市场是一个典型的信息不对称的市场。由于农户的生产经营活动具有较强的地域性和季节性，金融机构难以全面获取其经营状况、收入情况、资产状况等信息，导致金融机构在评估农户贷款申请时，难以准确判断其信用状况和还款能力，增加了贷款成本与贷款风险。本书通过对农户借贷信任理论以及经济和社会资本等信贷特征的研究，降低金融机构和农户之间的信息不对称程度，增加农户信贷可得。因此，信息不对称理论是本书要解决问题的理论出发点之一。

（二）信贷配给理论

信贷配给理论是指在信贷市场环境中，在多种因素作用下，如信息不对称性、风险评估及资金供需失衡等，当银行或金融机构面对过量的贷款需求时，所展现出的无法或不愿全面满足所有借款人需求的现象，这一现象导致信贷资源的有限分配。信贷配给的表现形式既可能包括对借款额度的限制，也可能涉及对借款利率的调控。因此，信贷配给实质上揭示了即使借款人表达了愿意满足信贷合约中的所有条件（包括价格和非价格因素），其信贷需求也可能无法完全得到满足的现实情况（Baltensperger，1978）。

在20世纪60年代之前，多数经济学家基于完全信息的假设来阐述信贷配给现象。然而，霍奇曼在《经济学季刊》上发表的《信贷风险和信贷配给》一文，开创性地引入违约风险作为信贷配给的考量因素。他提出的以最大化逐利为导向的贷方信贷配给理论，不仅突破传统粘性假设理论的束缚，而且为信贷配给理论提供了全新的解读。传统信贷理论通常认为，在利率调节作用下，信贷市场的供求会达到平衡，信贷配给仅仅是一种外部冲击导致的短暂失衡。信贷市场的失衡分为短暂失衡和长期失衡，前者多是由信贷市场中经济体受到外部冲击而引发的，后者往往源于政府的过度管制（朱红莲，2019）。

为了保持市场均衡，通常通过变动利率来调整信贷资金的实际供给量与市场需求量。在信贷资金供应超过市场需求的情况下，可采取的策略包括降低利率刺激市场需求增长，或削减资金供给量，以此促进供求关系恢复平衡并形成新的市场均衡价格。随着信息经济学的进一步发展，新凯恩斯学派的经济学家从隐性合同和信息不对称两个角度对信贷配给现象进行讨论，他们认为信贷配给主要在于信息不对称和银行厌恶风险。

农村金融市场普遍存在信贷配给现象。农村金融市场缺乏有效的抵押品和担保机制，与城市相比，农村地区的资产流动性较差，缺乏易于评估和变现的抵押品。同时，农村地区的金融机构数量有限，竞争不充分，金融机构在提供贷款时拥有更大的议价权，更容易出现信贷配给现象。因此，如何通过信贷特征选择和信任机制构建来缓解农村金融市场信贷配给问题一直是农村普惠金融要解决的根本问题。

（三）融资信任理论

融资信任理论作为金融市场中信任机制的理论，它认为信任是促成交易与合作的关键因素。该理论强调，在融资过程中信任发挥着无可替代的作用，它能够通过减少信息不对称、降低交易成本，进而提升市场的整体效率。融资信任理论进一步指出，信任能够有效降低借款人的违约风险，从而激发贷款人的出借意愿，促进资金的流通与高效配置。在信任的基础上，当贷款人信任借款人时，他们更倾向于提供贷款支持，借款人也会因这份信任更加积极履行还款义务，从而构建一个良性的信贷环境。除此之外，融资信任理论还进一步强调了制度、法律与文化等多重因素在信任建立与维护中的重要性。具体而言，健全的法律制度与有效的监管机制能够切实保护贷款人的权益，减少欺诈与违约行为，从而增强市场的整体信任度。同时，一个积极向上的文化环境也有助于培养公众的诚信意识，推动信任的建立与传播。综上所述，融资信任理论不仅突出了信任在金融市场中的重要地位，还分析了制度、法律与文化等在信任构建中的重要作用。

信贷中的融资信任主要指在信贷市场中借款方和贷款方建立起的一种信任关系。这种信任关系基于双方对彼此信誉、收入和关系的认可，是确保信贷市场健康运行和作用发挥的关键因素。在农村信贷市场，由于信息不对称问题表现比较突出，融资信任更是核心要素，它是信贷交易达成的基础，并且直接影响信贷市场的运行效率。因此，如何根据融资信任理论，构建适合农户借贷的信任理论和信任机制，是促进农村金融市场发展的关键。

（四）金融共生理论

“共生”一词源于希腊语，而共生理论最早是由德国的生物学家德贝里提出的，他认为出于生存的需要，生物体之间必然按照某种方式互相依存、相互作用，形成共同生存、协同进化的共生关系（丁焕强，2006）。20 世纪五六十年代以后，共生理论的思想被学者广泛应用，共生理论逐步拓展到人类学、社会学、管理学、经济学等领域。在金融学领域，共生理论得到了较大的发展。金融共生是指不同规模和性质各异的金融组织之间、金融组织与各种企业之间以及金融组织与区域经济之间在同一共生环境中通过交互式作用实现和谐发展，达到包括金融组织在内的整个经济区域的可持续发展（袁纯清，1998）。金融共生体间出于共生关系而形成多元化、相关性和整体性的共生系统，这个系统所产生的能量远比非共生条件下共生单元所产生的能量要多，具体表现为经济共生体内各参与者自我发展能力的提升，抵御风险能力的增强和净利润的增加。

金融共生系统包括金融共生单元、金融共生模式和金融共生环境三个要素。首先，金融共生单元是金融共生系统的参与主体，是共生能量产生和交换的基础单位。金融共生单元具有多元化的特征，既包括资金供给者（银行和非银行金融机构），也包括资金的需求者（企业、自然人等），甚至还包括各种中介机构。不同性质金融共生单元之间交互作用，形成协同发展的共生关系。其次，金融共生模式是共生单元相互作用的方式。共生模式分为两种：一种体现共生系统内部组织程度，被称为共生组织模式；另一种则体现行为方式的不同，被称为共生行为模式。这两类模式如果有效地结合，将使金融共生体处于稳定的状态，并能促进其整体发展。共生模式从行为和组织两个方面相结合可划分为16种共生模式，金融共生模式最终应向一体化的对称性互惠共生方向优化。最后，金融共生单元以外所有因素的总和构成的生态环境即金融共生环境，包括经济环境、法律环境、社会文化环境、基础设施状况等。金融共生环境为共生单元之间共生模式的进化提供必要的共生支持。共生环境为共生单元提供良好的生存环境，共生单元为共生环境的改善和发展提供目标、方向和能量，两者之间如能相互促进、协调发展，就能很好地促进共生模式的优化和共生体整体的发展。

金融共生理论强调不同金融主体之间的相互依存与共同发展。在农村信贷市场，金融参与主体不仅仅表现为农户与银行之间的共生关系，还有人民银行、金融办等金融机构，农业供应链主体，乡村基层治理机构，金融科技公司，保险及担保公司等多主体的共同参与，通过各自的角色参与和职能发挥，共同促进和协调发展，形成和谐共生的金融生态系统。因此，金融共生理论有利于指导金融生态参与主体的关系和利益协调，进而创新普惠金融模式，促进普惠金融工作的有效开展。

（五）社会网络理论

社会网络理论，作为成熟于20世纪70年代的社会学研究范式，其起源可追溯至20世纪30年代。此理论的核心在于研究社会行动者（涵盖个体、群体及组织）间错综复杂的关系网络，并将这些网络视为一个整体解释社会行为背后的逻辑。依据社会网络理论，社会情境下的人由于彼此间错综复杂的纽带关系，往往以相似的方式思考并行动。这些社会网络不仅将原本没有纽带关系的行动者联系起来，而且能够将他们划分到各自不同的关系网络中。这种独特的网络结构对行动者的行为模式、态度倾向和信仰体系均产生深远影响。在学术研究中，社会网络理论在创新与创业等领域应用尤为广泛，也有少数文献研究其在融资方面的作用，特别是企业银行信贷和关系融资等方面的作用（姚铮等，2013）。

社会网络理论不仅涵盖了关系强度的概念，更细分为强关系与弱关系。其中，强关系主要维系着群体与组织内部的联系，弱关系则在群体与组织之间形成了纽带联系。弱关系在信息传播和资源流通中扮演着关键角色，它们如同信息桥梁，将多样化的群体和组织紧密相连。此外，社会网络理论还着重强调了嵌入性的理念，即社会行动者均深植于特定的社会网络结构中，其行为和态度不可避免地受到该网络结构的影响。因此，要解析一个行动者的行为时，必须全面考量其所处的社会网络结构。社会网络理论的应用范围广泛，涵盖社会学、心理学、政治学、经济学等多个学科。

社会网络在农户借贷过程中起到信息传递和获取的作用。通过社会网络，农户可以获取更多的借贷信息，如贷款政策、贷款条件、利率等，从而增加其借贷成功的可能性。同时，在农村社会中，基于亲缘、地缘等关系形成的社会信任网络对农户借贷行为产生重要影响。农户之间通过相互信任和担保，可以降低借贷风险，提高借贷效率。同时这种信任网络还可以作为农户与正规信贷机构之间的桥梁，促进农户与金融机构之间的合作。

三、文献综述

（一）农户借贷信任机制相关研究

1. 传统信贷业务信任机制构建研究

交易中信任问题的研究最早兴起于博弈论研究领域。Fudenberg 等（1986）利用有限的重复博弈模型对信用合作进行了分析，认为在重复博弈中，交易者出于长期利益的考虑会选择守信，从而形成较为稳定的信任合作关系，即重复博弈可以促进交易双方之间的信用关系。Lewicki 等（1995）通过利用三阶段的博弈模型分析了交易双方的信用关系的形成与演化过程。从理论上说，杨兴寿（2017）提出信用制度是社会经济活动的基础，对于社会经济发展具有巨大的促进作用，是社会经济活动的良好运行的保障。蒋永穆等（2006）基于完全信息动态博弈提出农户借贷中通过长期合作、团队贷款、抵押担保和互联交易的方式构建信任机制，既帮助降低了信息不对称的程度，又提高了借贷双方的信任水平。杨慧宇等（2015）指出，在社会关系网络中，社会规范、人际压力和社会制裁力等机制能够有效地约束成员行为，促进彼此之间的信任和合作。这种关系信任机制有助于降低信贷风险，提高信贷市场的运行效率。王烨斌（2014）从小额信贷业务的角度出发，提出了从信任评估审核、信任形成和信任保障三个维度来构建信任机制。他认为，通过对借款人进行严格的信任评估审核，可以筛选出信用良好的借款人，从而降低信贷风险。同时，通过合理的制度设计和操作流程，促进借贷双方之间的信任形成。

2. 网贷信任机制构建研究

随着互联网和信息技术的发展，金融科技应用越来越普遍，网贷交易成为近年来兴起的主流借贷交易方式，而有关网贷信任机制的研究也越来越受到关注。陈盼（2017）提出构建信息披露、风险保障和声誉三重信任机制，王曙光等（2016）则从信息安全、数据质量、公共程序、决断包容四个方面提出信任机制的构建，丰富了信贷市场中的信任构建策略。袁小龙（2014）针对小额信贷领域，提出构建支付托管、信息反馈、风险保障、逾期介入四重信任机制。Beck 等（2015）认为区块链技术与企业网络的融合能够产生新的信任模式，这种新的信任模式既存在组织之间传统上商业中的信任，即合作行为双方的组织间信任，还存在对所应用的技术的信任。汪青松（2018）从金融网络安全的角度出发，提出加强金融网络安全建设、开发信息工具、加强金融监管、明确平台授信地位以及加强行业自律等构建平台信任机制的建议。封贵敏（2012）针对电子商务环境下的交易双方信任机制，提出完善相关法规、加强行业监管力度、发挥第三方作用以及改善网络安全环境等建议。陈凡等（2020）研究发现，区块链技术的持续优化对社会信任结构产生影响，这种技术的完善使社会信任的 Technigue 维度得以凸显，进而推动以强技术参与为特征的社会信任模式的构建。

（二）基于社会资本特征的农户信贷可得相关研究

1. 社会资本对农户信贷需求及行为的影响研究

社会资本是农村金融市场上决定农户信贷可得的重要特征变量。以往有大量的文献围绕社会资本和农户借贷进行相关研究。何军等（2005）以江苏农户为例，针对农户的非正规借贷需求进行研究，发现农户所拥有的社会资本量、职业、总收入和家庭负担是影响农户非正规借贷需求的主要因素。褚保金等（2008）对江苏农户的信贷需求进行调研，发现农户的社会资本、文化程度和房屋价值对农户的正规与非正规信贷需求均具有显著影响。蔡秀等（2009）发现社会资本对农户经济行为具有较强的作用，以小农家庭为主体展开的人际圈层社会资本在农村借贷市场上具有较大的影响。马晓青等（2010）对样本农户的融资偏好进行研究发现，参加合作组织、担任村干部、拥有良好信用记录，以及收入和教育程度较高的农户更偏好正式借贷。童馨乐等（2011）首先将农户的借贷行为分为有效借贷机会和实际借贷额度两个方面，然后通过建立模型实证检验了农户社会资本的基本特征对农户借贷行为的影响。研究表明，社会资本中的政治关系和邻里关系对农户有效借贷机会具有显著的正向影响，而农户专业合作组织关系和金融机构关系对农户实际借贷额度和有效借贷机会均具有显著的正向影响，但是亲戚关系对农户借贷行为两个维度均不具有显著影响。徐璋勇等（2014）运用西部 11 省农户调研数据研究发现，社会资本的不同层次对农户信贷需求有着不同的影响。收入高且具有一定关系资本的农户在融资时倾向于正规信贷，而年龄大、具有一定政治关系资本的农户更倾向于非正规信贷。曹瓅等（2019）研究认为社会资本可以促使农户选择正规信贷渠道获取融资。蔡起华等（2022）认为社会资本对农户信贷行为具有正向影响。首先，社会资本越高的农户，能够接触的资源范围更大，有更多的融资渠道可选择，促进了信贷行为的发生。其次，高水平的社会资本增强了农户获得信息的能力，农户也更容易获取各类信贷信息，因此，拥有高社会资本的农户更容易获得银行的信贷资金支持。

2. 社会资本对农户信贷可得的影响研究

Grootaert（2004）发现在印度尼西亚，拥有更多社会资本的家庭将拥有更高水平的储蓄和信贷可得性。Luigi 等（2002）通过对意大利南北地区居民社会资本的调查发现，社会资本对居民投资组合、贷款可靠性和非正式借款等具有较大影响。Biggart 等（2001）认为，在经济交易中，社会关系可以充当抵押品，这减少了正规金融机构的信息不对称问题，有利于农户信贷可得性。有学者认为研究发现，农户声誉具有信号传递功能，可以降低借贷双方的信息不对称，实现借贷交易的帕累托改进。白永秀等（2010）通过对陕西农户的问卷调查进行计量分析发现，农户正规信贷约束受到农户“社会关系”的影响显著，但非正规贷款受“社会关系”的影响不显著。范香梅等（2012）通过理论和实证分析表明社会资本有助于提高农户贷款的可得性，尤其是对中低收入农户，并且能增加农村地区的贷款规模。胡新杰等（2013）的研究也证实了有无社会关系对农户所受正规信贷市场信贷约束的概率有显著影响。李丹等（2013）从微观层面分析了农户所拥有的以血缘为基础的强关系不断减少，以朋友为主的弱关系增加，但要缓解农户的信贷约束，农户需要投入成本来维持弱关系社会资本。徐璋勇等（2014）发现无论是正规金融机构，还是非正规金融机构，都倾向于向具有良好社会资本的农户提供信贷，其中正规金融机构倾向于向拥有良好政治关系资本和金融关系资本的农户提供信贷，非正规金融组织则更看重农户的人际关系资本。王修华等（2014）通过对社会资本中的社会关系网络进行研究发现，农户人情支出比的增加、提升有借贷需求农户的网络中心性，都有助于提高农户正规机构贷款的可获性。徐慧贤等（2020）研究发现，社会资本丰裕度与正规信贷约束程度成反比关系，即农户拥有的社会资本越丰富，农户信贷可获性越高，其正规信贷约束程度越低。

（三）基于经济资本特征的农户信贷可得相关研究

经济资本特征中最主要的特征变量是收入。有关收入与农户信贷可得的研究也较为丰富。有学者认为，针对农户收入的研究主要聚焦其增长趋势和影响因素。程名望等（2014）认为区域经济发展不平衡是造成农户收入不平等的首要因素，物质资本、人力资本、金融资产等微观因素是造成农户收入不平等的重要因素，在2003—2010年，农户收入不均等的状况得到改善。程名望等（2016）认为农户的收入水平及增速显著低于城镇居民，既受产业和区域差异等宏观因素的影响，又受人力资本、物质资本和金融资本等微观因素的影响。李云新等（2017）对农村产业融合和农户收入增长进行了实证研究，研究结果表明农村产业融合能够有效提高农户收入，相较于传统农业，产业融合对农户收入增收效应在50%以上。孙若梅（2008）研究发现小额贷款对农户家庭收入具有显著贡献，特别是通过增加非农经营投入，且这种贡献与劳动力规模、耕地面积等要素相互交织。申云等（2016）聚焦四川等地的农户减贫效果，得出链式融资能有效促进农户收入增长的结论。张海燕（2021）对数字普惠金融影响农户收入结构进行了相关研究，结果发现，数字惠普金融对农户收入影响最为显著的是农户工资性收入，其次是农业生产经营性收入，但是对农户转移性收入影响最弱，并且通过异质性分析发现，影响在不同地区呈现显著性差异的特征。在农户信贷可得方面，贫困地区农户获得正规贷款的机会较小，信贷配给现象普遍（崔嵩等，2015；丁昭等，2014）。农村贫困群体在融资过程中面临的难题主要是缺乏针对其特定需求的专营金融产业和服务（高松等，2017）。

（四）数字技术在农户借贷中的应用研究

1. 大数据技术在农户借贷中的应用研究

随着科技的迅猛发展，大数据技术已广泛渗入众多行业，特别是在金融服务业中起到了举足轻重的作用。其中，农户借贷作为农村金融体系的关键组成部分，亦受到了大数据技术的深刻影响，农业大数据是推动智慧农业建设、加速农业现代化进程的重要基石。刘磊（2017）基于大数据征信的视角，提出了商业银行在强化小微企业信贷风险控制方面的策略，包括构建大数据平台、应用量化模型等手段来增强风险控制能力。兰虹等（2019）亦指出，在大数据技术的支撑下，互联网金融的创新监管旨在更有效地防范潜在风险。针对农户借贷，由于农户通常面临抵押品不足、信息获取渠道有限等挑战，金融机构在评估农户信用时往往存在一定的风险。然而，大数据技术的应用为金融机构提供了更为准确、全面的农户信用信息和偿债能力情况分析，有助于降低贷款风险。孙庆文等（2021）强调了大数据技术在信息共享和身份识别（如人脸识别）中的重要作用，这些技术能够更为全面、精准地揭示农户等客户的信用情况。章梦虹（2021）进一步指出，大数据分析技术近年来取得了显著进步，并逐渐成熟，已被多家商业银行采纳并广泛应用于其业务拓展和风险管理实践中，特别是在信贷风险的预防和控制方面。商业银行在评估农户信贷资格时，不仅考虑其信用记录，还格外重视其还贷潜力和还贷意愿的评估，大数据的应用极大地增强了这一评估的准确性，进而增强了农户信贷的可得性。张冲（2021）研究发现，面对小微企业的风险挑战，传统的微贷风险控制手段已显得力不从心。随着金融科技，特别是大数据的深入应用，商业银行的各项业务得以广泛推广，从而更有效地服务于农户借贷，并在其中发挥着不可或缺的作用。

2. 区块链技术在农业供应链融资中的应用研究

在全球化和数字化浪潮的席卷下，农业供应链融资作为推动农业现代化、提升农村经济活力以及促进金融包容性的关键途径，正受到广泛关注。然而，传统农业供应链融资模式因信息不对称和信任机制不健全等问题，制约了其融资效率和覆盖范围。区块链技术的出现为解决这些难题带来了新的契机，区块链以其去中心化、不可篡改、高度透明和安全性等独特优势，为农业供应链融资注入新的活力，有效提升农户供应链融资的效率和安全问题。

宋华（2016）指出供应链金融的创新趋势在于与物联网的深度融合、大数据的运用和区块链技术的应用上。Swan（2017）强调区块链的共识机制允许节点主体直接进行交易与记账，摆脱了传统集中式的清算架构，提升了金融系统与整体经济体系的运作效率。Francisco 等（2018）认为区块链的引入为供应链金融带来了更高的透明度，有效突破了行业发展的瓶颈。邓爱民等（2019）阐述了智能合约在供应链保理业务中的实际应用，并分析了区块链技术对供应链金融的优化作用，特别是区块链的时间戳功能能够根据时间顺序准确记录供应链主体每笔交易，确保了数据的不可篡改性，使得融资账本更加透明，大幅提高整个农业供应链运作效率。戴昕等（2020）认为区块链时间戳功能能够根据时间顺序记录供应链主体每笔交易情况，进而显著提升了农业供应链的运作效率。刘翔（2021）认为网络金融企业面向的大多是信用度低的中小农业企业，在构建互联网金融企业区块链农业供应链融资模式前，应与第三方风险监管企业建立长期合作关系，构建具有较强业务性和针对性的风险防范模型，以有效降低融资风险概率。樊俊花等（2022）肯定了区块链技术在农业供应链融资中的高应用价值，认为区块链技术在农业供应链融资中具有去中心化特点，并构建基于全局发展的互信体系。区块链技术在农业供应链融资中体现了去中心化特点，构建基于全局发展的互信体系。

（五）数字普惠金融发展与农户信贷可得的相关研究

1. 农户信贷可得的研究

Udry（1994）在尼日利亚北部信贷市场调查中发现，仅有7.5%的农户能够成功获得正规金融机构贷款，表明农户在信贷供给方面受到严重限制。Amanullah等（2020）在巴基斯坦信德省的调研数据进一步证实，信贷配给阻碍了农业经济的增长。丁业震（2006）的研究揭示了农村信贷风险的多种成因，包括自然、道德和利率等。林力（2009）认为体制完善度、信贷机构制度以及农业生产弱质性等是导致农村信贷机构风险的关键因素。张应良等（2015）认为超过60%的群体受到正规金融信贷配给的制约，特别是创业层次较高的农户，其金融约束更为严峻。谭燕芝等（2017）通过对云南等三省1951个农户的调查，揭示了整体农户正规信贷配给的强度，其中生产型与消费型信贷配给强度分别为16.87%和13.48%。王晶等（2018）的实地调研发现，粮食生产型农户中有30%受到正规信贷配给的限制，且以需求型信贷配给为主，占比高达24%。杨明婉等（2021）基于CHFS数据分析，发现61.47%的农户受到正规信贷配给的影响，其中供给型信贷配给占20.93%，需求型信贷配给占56.03%。邸玉玺等（2021）探讨了交易成本的影响因素，认为资产专用性、交易频率和不确定性均对其产生影响，并指出社会网络在降低信贷交易成本，缓解农户信贷配给方面具有重要作用。

2. 数字普惠金融影响农户信贷可得的研究

何婧等（2019）指出，数字普惠金融有效地减轻了农村家庭在信贷获取上的限制。潘爽等（2020）基于 CHFS 2017 年的数据发现，相较于城镇家庭，农村家庭更易遭受正规信贷的制约，而互联网金融的参与有助于减缓这一状况。谢家智等（2020）利用中介效应模型，结合 CHFS 2013 年的数据，揭示了数字普惠金融通过降低信贷约束进而提升家庭成员消费能力的机制。陈晓芳等（2021）采用了包含固定年份和地区虚拟变量的混合 Probit 模型，发现数字普惠金融不仅促进了农户之间的社会网络构建，还增强了他们的知识水平，这提高了农户获得金融机构贷款的可能性。彭澎等（2021）的研究表明，数字普惠金融有效缓解了农户在资金及信息方面的约束，进而降低了农户脆弱性。

四、研究评述

学界围绕农户借贷和信任机制构建问题做了大量的研究，为本书提供了较高的研究起点和丰富的经验总结，但仍存在以下不足。

（1）现有研究多从单一信任观视角研究农户借贷信任内在逻辑，缺乏对农户借贷交易信任演变内在逻辑的深入探讨。农户借贷交易达成的关键在于借贷双方的信任。社会信任谱系从基于关系圈层的关系信任，到基于契约规范的制度信任，发展到基于数据和算法的数字信任，其所主导的信任机制和背后的信任逻辑必然随之发生变化，进而对农户借贷信任产生影响。现有研究尚未构成对农户借贷信任观的系统性思考，更未建立有效的融资信任机制保障借贷信任的实现。

（2）现有文献多研究整体农户信贷可得问题，对分类农户关注度不够。虽然现有文献关于农村金融市场上农户借贷问题有大量的研究，但通过文献综述发现，农户借贷问题多聚焦整体农户群体开展研究。随着农业现代化进程的推进和农村经济的发展，农户分化成为必然趋势，农户逐渐分类并呈现不同的信贷特征，研究不同类型农户信贷可得性有利于我们更深入剖析农村金融市场的现状并发现相应短板，有利于农村普惠金融服务模式的创新与实践。

（3）现有文献多研究某一类经济或者社会资本特征作为自变量对农户信贷可得的影响，缺乏从经济和社会资本特征视角全面开展相关的研究。本书则从农户借贷信任理论出发，揭示农户借贷关系信任和制度信任下如何选择不同类型农户的经济资本与社会资本特征，并深入探讨不同情形下，这些特征在提升各类农户信贷可得方面的中介作用机制，有助于全面理解影响不同类型农户信贷可得的内在要素和作用机制。

（4）现有对农户借贷模式的理论和实践研究多以整体农户作为服务对象，缺少针对性和场景化应用，与数字信息技术的结合度不够，实践应用和推广价值较低。数字时代背景下，如何借助信息技术，根据不同场景和农户信贷特征，及时抓取农户经济和社会资本特征信息，进而形成线上数据资本信息，对提升农户信贷可得性具有重要的实践价值。现有研究缺少信息技术背景下农户借贷模式的创新与实践探索，相关案例和经验推广相对较少。

本书基于以上研究评述，拟从理论构建、现实检验、模式创新和案例实践层面探讨农户借贷融合信任观的构建以及农户信贷可得问题。具体来讲，理论构建层面，基于社会信任谱系演化发展的规律，构建基于关系信任、制度信任和数字信任的“关系信任+制度信任+数字信任”三位一体的融合信任观，并建立相应的融资信任机制，为农户借贷模式创新提供理论支撑。现实检验层面，通过河南省农户信贷状况调查数据，实证检验普通农户和新型农户在风险处置和违约成本上的差异及其对信贷可得的影响，验证经济资本特征农业收入和社会资本特征信誉在风险处置和违约成本影响农户信贷可得中的中介效应；通过利用中国家庭追踪调查数据，实证检验数字普惠金融发展对兼业农户信贷可得的影响，以及经济资本特征多样化收入和社会资本特征社会互动的中介效应。通过以上农户借贷状况的实证分析，检验农户借贷关系信任和制度信任的底层逻辑和普惠金融的服务成效。模式创新和案例实践层面，基于数字信任逻辑，探讨“区块链+农业供应链金融”模式创新，并以山东曹县区块链赋能肉牛供应链金融模式为例进行实践应用。基于融合信任逻辑，探讨农户线下经济和社会资本特征线上化的银行网贷交易模式创新，并以河南兰考普惠金融“一平台四体系”模式实践为例进行实践应用，以及银政结合的数治化普惠金融模式创新，并以浙江兰溪马涧镇数字乡村银政服务模式为例进行实践应用。针对不同农户借贷场景和农户类型，探索数字技术背景下农户借贷服务模式的创新与普惠金融服务实践的应用，从而推动农村数字普惠金融工作的有效开展。

第三章

农户借贷融合信任观与融资信任机制构建

农户借贷问题近年来一直是普惠金融要解决的主要问题。农村普惠金融工作的有效推进使农户信贷约束问题得到有效缓解，但农户借贷不管采用哪种方式进行交易，交易主体间的“信任”是关键，更是达成交易的根本前提（杨慧宇等，2015）。随着社会信任谱系的演化，社会信任从关系信任、制度信任逐渐演变到数字信任，必然会对农户借贷信任产生深刻影响。那么，在不同演化背景下，农户借贷信任观和信贷模式会产生怎样的演变和发展？农户特有的经济和社会资本特征又会和农户借贷信任逻辑产生怎样的关联？随着数字信息技术的发展，农户借贷信任又会如何创新与发展才能更好地推进数字普惠金融工作开展？这些问题的回答对我们厘清农户信贷背后的工作机理，明晰促进农户信贷可得的底层逻辑具有重要的理论价值和研究意义。

鉴于此，本章遵循社会信任谱系演化发展的规律，归纳不同阶段农户借贷经济和社会资本特征，分析农户借贷信任演变逻辑和借贷模式演变规律，进而提出农户借贷融合信任观，并构建融资信任机制以促进融合信任，为研究农户借贷可得问题及借贷模式创新提供底层逻辑和理论支撑。

一、农户借贷信任观和借贷模式的演变

随着数字经济时代的到来，人类交往的半径不断拓展，“信任”的内涵也在不断丰富和完善，维系社会交往和经济活动运行的信任谱系也随之改变，从最初基于农户社会资本特征的小范围圈层的关系信任，到具有一定规模的关注个体经济资本特征，从基于契约规范的制度信任，发展到现在全面抓取农户社会资本和经济资本特征，大规模、无边界的基于算法的数字信任，其所主导的信任机制和背后的逻辑机理必然随之发生变化，进而对农户借贷信

任产生深刻影响，并引导农户借贷模式的创新与实践。

（一）基于关系信任的农户关系型借贷

信任是一种基于过去交易或者交往的事实，对别人或组织未来行为的一种主客观判断，即相信某人的行为或者周围的秩序符合自己的愿望（郑也夫，2001）。关系信任是信任中最基本的表现形式，也是长期以来我国农村社会特有的关系模式。小农经济自给自足的生产经营方式使农户的生产生活相对集中，人们的社交活动多以血缘、地缘和宗亲为基础展开，家族、家庭与个人关系最为密切，是一个特有的熟人社会（储小平等，2003）。交往边界相对清晰，人们共享生活经验和社会文化传统，因此，信任是由熟悉引发（梁官宵，2022）。在这种关系圈层格局中，信任也只局限于狭小的范围。因此，信任是以亲情、友情和“熟人”圈层为基础建立起来的人际关系本位模式，被认为是一种社会资本（张维迎等，2002）。关系信任对于农户借贷关系的形成具有非常重要的作用，进而造就农村借贷市场上独特的非正规借贷生态系统。根据人际圈层差序格局假说，当农户有借贷需求时，其会按关系由近到远的顺序，依次向自己的家人、亲戚、朋友有选择性地进行借贷（余泓波，2017）。而建立在血缘、亲缘和业缘基础上的关系型社会资本通过农户名声、口碑、亲缘关系、社会声誉等社会资本特征因素，有效降低信息不对称问题（黄益平等，2021），对在社会关系网络内获取贷款具有显著影响（杨汝岱等，2011）。

传统农户借贷阶段，借贷模式主要是基于人际关系信任的关系型借贷等非正规借贷，信任的依据和标准主要对受信方道德人品高低、情感关系远近和名声信誉好坏等社会资本特征因素进行判断，几乎没有正规监管，靠自身道德约束和亲友圈层的监督，由于是基于人际圈层的关系型借贷，因此受益范围较小、额度低、融资效率低（陶芝兰等，2006）。

（二）基于制度信任的农户小额贷款

商业活动使人际交往的范围不断扩大，传统关系信任模式通过农户品德、人格自律、圈层好友和信誉等社会资本特征信息获取并实行关系约束的非正规借贷信任模式显现出局限性。Zucker 认为，信任的产生和维持依赖于各种证件和凭据（欧阳日辉，2021）。制度信任成为现代社会更合理的信任模式（张清等，2021）。制度信任不以关系和人情为基础，而是在特定法律制度、社会规范基础上形成的，以制度为基础的信任。因此，当施信和授信双方不了解或者无法深入了解对方时，具有稳定性和权威性的制度就扮演了第三方的角色，信任的对象就变成了制度本身。制度信任的约束机制是契约，人们通过契约明确借贷双方的权利和义务，通过契约明确个体的收入来源和资产规模，以此来反映借款人的还款能力，保障还款行为得以有效执行。而贷款人则按照契约执行放款的约定，促成信贷交易。因此，制度信任使契约主体的权责界限明确，并且违反规则所受的惩罚确定且明示，信任的范围和边界得以拓展。在农村普惠金融改革实践中，制度信任扮演了非常重要的角色。首先，作为国家的一项农村金融政策，普惠金融在全国范围内推进，通过政策性资金投入、财政贴息等正式制度安排，减少金融机构对农村信贷风险的担忧，在农村广泛开展小额贷款业务，增加农村金融市场信贷资金供给。其次，金融机构通过对不同类型农户收入状况、资产规模等经济资本特征和信誉、社交等社会资本特征评级，提供标准化、模式化的农户小额信贷交易流程，有效降低金融机构和农户之间的信息不对称，增加农户信贷可得，缓解了农村信贷配给问题。

农户小额贷款阶段，国家普惠金融政策的提出促进了农村金融政策改革，农村正规金融得以发展，基于制度信任的信用贷、担保贷款等小额贷款业务在广大农村地区得以推广。金融机构和农户之间通过签订具有刚性、强制性和约束性的信贷契约和选择具有稳定收入来源的个体担任担保人，鉴定担保借款合同等制度合约保证借贷双方的权利和义务，金融机构对信贷风险进行监管，一旦发生违约，则由执法部门给予相应的处罚。相较于关系型借贷阶段，农户小额贷款通过正规金融机构的介入和普惠金融政策保障，使农户借贷的范围有所扩大，但受制于农户居住分散、信用信息收集成本高、农业收入不稳定等因素，小额贷款业务推广的边际成本较高，限制了其金融普惠效应的发挥。

（三）基于数字信任的农户数字信贷

随着互联网、大数据信息技术的发展，社会信任的边界被无限拓展。“信任”也在人际关系、制度契约的基础上，被注入新的数字文明的内涵。数字经济中的信任关系是数据和技术信任，是数字空间中个人、企业和政府基于大数据和信息技术建立的数字身份识别、双向交互的新型信任关系（张清等，2021）。与传统的关系信任、制度信任不同，数字信任摆脱了身份的束缚，某种意义上来说形成了一种不需要身份角色的绝对信任，是基于人类对算法、系统的信任而产生的一种普遍信任。信任的时空结构从“在地性”向“脱域性”转变（梁官宵，2022）。用户通过数字身份与网络设备相连，在数字空间中记录自身的信誉、收入状况并积累通信、社交、交易、搜索、娱乐等活动和行为数据资本，依据这些海量的特征数据资本获得信任。数据资本构建了人类对机器、技术和平台、机器与机器的信任关系。基于数字信息技术的金融科技使农村借贷问题低成本、高效地被解决，并促使便捷的线上贷款业务出现（梁官宵，2022）。金融机构和各类网贷平台纷纷开展线上平台贷款和网贷业务，信任的范围被无限扩大，借助互联网实现信贷业务的申请、签约、提款和还款等环节线上化，极大地提高了信贷效率。近年来，区块链技术在多领域得以广泛应用，区块链技术因其分布式记账、可追溯、无篡改等特征被称为“信任的机器”。将区块链技术应用于农业供应链金融，通过区块链进行底层数据记录和多节点分布计算，保证交易数据的真实性和信贷风险可控，有效解决了供应链上核心企业信用特征跨层穿透问题，满足了供应链末端农户的信贷需求。

基于数字信任的数字信贷借助线上大数据信息对贷款人的经济和社会资本等特征进行全面精准画像，实现“陌生人信任”，并促使平台贷和网贷快速发展，但由于边界的不可控性，平台贷和网贷业务的信贷风险较大，在一定程度上抑制了各类线上贷款业务的发展（Bibhunandini，2014）。区块链技术颠覆了传统关系信任的关系逻辑和制度信任的法制逻辑，将信任主体转变为基于算法和技术的信息技术逻辑（林永民等，2021）。农业供应链金融借助区块链技术记录真实交易数据，农户可以借助核心企业信用背书进行贷款，融资效率高，风险可控性较好，为农村新型合作组织和链上农户提供新的信贷融资方式。

不同阶段农户借贷信任观和借贷模式比较分析见表 3-1。

表 3-1　农户借贷信任观和借贷模式比较分析

类型	关系借贷	小额贷款	数字信贷	
借贷模式	关系借贷、亲友借贷	担保贷款、信用贷	平台贷、网贷	数字供应链金融
借贷特征信号	信誉、关系、亲友圈层、社会互动等社会资本	农业收入、多样化收入、总收入等经济资本	经济、社会资本特征线上化，消费行为特征等线上数据资本	交易主体关系资金、收入往来等链上数据资本
信任观	关系信任	制度信任	数字信任	
			数据信任	技术信任
信任特征	柔性、情感、关系情理	刚性、强制性、约束性	真实、完整、可积累	去信任、可追溯、安全性
信任依据	人格品质、道德情感、名声信誉	法律、制度、规则	大数据信息	算法、技术
治理主体	自我约束、亲友圈层	金融机构、执法部门	网贷平台、数据拥有者	金融科技平台去中心化多节点参与主体
信任范围	小	中	大，无边界	大，有边界
成效	融资效率低，风险低	融资效率中等，风险适中	融资效率高，信贷风险高	融资效率高，风险可控性较好

二、农户借贷融合信任观的创建

基于以上分析发现，随着信息时代的到来，农户所处的信任环境发生深刻的变化，在不同历史阶段，信任的内涵在不断演变和发展，农户借贷特征的获得也不断地丰富和完善，由最初的社会资本特征，逐步发展到农户社会资本、经济资本、数据资本等特征的全面综合的积累和反映，进而带来农户借贷模式的创新发展。从信任观的演变来看，农户借贷信任体系的发展和演化并不是摒弃之前的信任模式，而是在原有信任基础上的继承和拓展，从内在信任逻辑来看，表现为关系信任、制度信任和数字信任互相融合，形成

“关系信任+制度信任+数字信任”三位一体的农户借贷信任系统。因此，影响农户借贷的信任观不仅是三个阶段的顺序演化，更是关系信任、制度信任和数字信任三种观念之间的互相融合、交互影响，从而形成一个更为开放、包容、可信的农户借贷信任系统。

农户借贷融合信任观如图 3-1 所示。

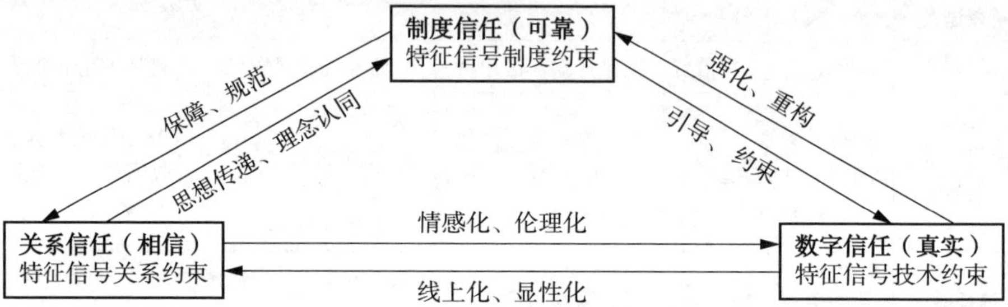

图 3-1 农户借贷融合信任观

（一）关系信任与制度信任

首先，关系信任所产生的思想和理念认同有助于人们对制度的理解和遵守。关系信任是一种基于关系伦理的感知信任，是一种基于“软性约束”或“心理约束”的关系约束形式，可以借助道德习俗等非正式方式来实施，是对正式规章制度的补充。其次，基于情感伦理的关系信任能够通过思想的传递和理念的认同，使人们更加遵守道德规范和法规制度。同时，考虑关系伦理的制度也会使制度本身更加合乎人情、顺乎民意。我国的普惠金融政策和制度实施，就是通过对弱势群体的金融支持，使其能够公平地分享金融改革和发展的红利，实现共同富裕，这本身就是金融在伦理道德层面的要求。传统伦理是内在道德的、系统的文化积淀，它从人的内在指引人的行为走向。人们不遵循伦理的行为，往往会遭到社会的道德谴责以及内心的不安。伦理道德的缺失，将导致人们缺乏人情味，即使人们会基于制度的控制而谨慎交往，却因为人际关系的缺乏导致制度信任效率的低下。因此，传统伦理从人们的内在，指引他们对关系的维持及发展不触碰道德所能容忍的底线（孙芳兰等，2012）。同时，法律制度的设计也有助于规范和保障关系信任。依据法律规范的制度信任并不是摒弃基于情感伦理的关系信任，它使建立在血缘关系、业缘关系、拟亲缘关系之上的社会资本圈层关系的性质得以维护并获得法律保障。比如，亲朋好友间的借债，一方向另一方借钱的时候签约或者打欠条，可以减少债权人对于债务人欠债不还的担心，并减少由此而引起的误会而伤害感情，也可以使建立在血缘关系、业缘关系、拟亲缘关系等之上的社会资本更加规范，从而建立基于制度的规范约束，降低由于碍于情面等带来的借贷风险。因此，制度可以提供人们建立社会资本的规范化模式，并引导关系资本的维持及发展。

（二）关系信任与数字信任

关系信任中的信誉、人际伦理、社会互动和情感因素等社会资本特征有助于数字信任的建立。数字信任建立的基础是数据的“真实性”，但人们是否选择“相信”（Trusting）却涉及主观判断，是一种主观心理状态和个人选择，是受个人情感影响的主观感受，它涉及人际互动中的情感和情绪，是一个动态过程。由于“相信”是一种感知和认同，很难被编程，也不适合完全利用技术来解决（鲍勇剑等，2018），因此，信息“真实”不代表人们愿意去“相信”。关系信任中的信誉、人际伦理、社会互动和情感因素能够促使数字底层技术的设计遵循关系规范和人文道德伦理，并有效约束人们的行为，例如，对大数据信息搜集的同时要注重对数据隐私的保护和对人的充分尊重。社会网络中所积累的关系和情感会促使人们选择“相信”和认可信息技术。例如，在数字供应链金融交易场景下，因为上下链中的长期合作交易而使得链上交易主体之间彼此熟识并建立信任关系，进而促使运用区块链技术实现信用的跨层传递。同时，信息技术的运用有助于关系信任中各种社会资本特征的显性化和线上化，从而加强人际关系的约束。对于传统的关系信任而言，数字技术的运用使其存续的方式发生了根本的转变。大数据信息平台的构建不仅能使建立传统关系信任的各类社会资本信息（声誉、道德品质、亲属好友圈层状况、参与合作组织类型等）线上化、显性化，同时又会对民众线上互动、缴费、交易行为等在线大数据信息进行持续记录、拓展与沉淀，从而形成较为完整地刻画关系伦理特征、行为交易轨迹的线上数据资本信息，更有利于人际关系的记录和伦理道德行为的塑造，有助于建立关系信任。

（三）制度信任与数字信任

法律制度和规范有助于引导和约束数字信任。数字信息技术为数字经济发展和创新打下了基础，由此建立起来的数字信任重塑了社会信任关系。然而，数字信任的建立并不能脱离法律和规则。互联网世界的虚拟和自由需要制度来约束，作为信任要素的技术必须遵循统一的制度规范与行为规则，要给予引导和约束，建立技术规则，保证技术运用后参与主体交易行为的稳定性和可靠性。同时，数字信任并不能替代制度信任。比如，区块链技术只能保证上链以后各类数据的真实性，上链之前的数据真实性则需要制度来保证，因此要形成技术与制度之间的互动增强，制度对待技术发展要具有包容性，技术本身在价值目标上也应与制度保持一致。同时，信息技术的运用也有助于强化和重构制度信任。互联网信息传递能够实现低成本的制度公开，增加制度透明度，并使合约权责明晰化，“大、智、移、云、区块链、物联网”等信息技术的运用实现万物互联，使合约的执行在各个部门和环节统一口径，各参与主体间实现自动执行，降低了人为因素的影响，提升了执行力。例如，区块链技术作为一种不可篡改的数据记录系统，能够记录已创造出来价值的真实状态，通过记录链上交易往来和资金收入，确认权利归属，并通过智能合约执行交易决策，数字信任强化和加深了人们对制度的信任（曾光辉，2022）。

通过以上分析可以看出，农户借贷信任机制的构建应当是关系信任、制度信任和数字信任相互融合、彼此平衡、共同完善，并且这三类信任分别从“相信”“可靠”“真实”三个维度影响社会信任，在社会信任体系建构中起着不可替代的作用。关系信任体现在信任对伦理和情感的依赖上，伦理和情感约束使得彼此相信（鲍勇剑等，2018），因此，现实中的不完全合约需要讲情感和尊重情绪的“相信”（刘鹏林等，2022）。而制度信任的根基是规则和秩序，是外在可见的，它主要依靠外在控制力，对社会的交往个体进行特征和行为的约束，因此应是稳定可靠的。数字信任建立的基础是数据信息技术的支撑，大数据具有实时多模态信息搜集能力，可以用来搜集个体各类经济和社会资本特征信号和实时数据信息，而区块链技术能够解决数据信息真实性和可追溯性问题，实现对个体信息的全面追踪和真实记录。综上所述，社会信任度既来自信息真实，也受益于情感相信，更取决于制度可靠与稳定。因此，在社会信任体系的构建中，制度从外在控制保障信任机制的稳定可靠，人际关系从内在约束维持信任机制的和谐，而技术则是通过数据和算法保证信任依据的真实无疑，三种信任的融合最终形成了一个完整的农户借贷信任系统。

三、基于融合信任观的融资信任机制构建

农户借贷融合信任观作为关系信任、制度信任和数字信任三种信任彼此融合、相互平衡的完整信任系统，其出发点是要建立起农户与金融机构之间的信任关系。要想发挥农户经济和社会资本信号作用，保障农户借贷信任关系的建立，需要构建融资信任机制，即通过数字信任机制、制度信任机制和关系信任机制的构建，发挥融合机制的稳定性、技术性、可靠性优势，有效强化和保障信任关系的建立，进而促进农户借贷模式创新。

（一）数字信任机制的构建

融资信任的建立需要有一定可靠的技术基础，而数字技术在其中扮演着关键角色。数字信息技术凭借数据资本优势诞生出数据信任，助力普惠金融发展。一方面，数据技术对制度进行强化和重构，由于数据资本蕴含着海量信息，通过先进的数据挖掘与分析技术，能够深入洞察金融市场中制度运行的微观细节，使制度的执行更高效、公正；另一方面，数字技术可以将收入、信誉、人际互动和关系情感等线下经济和社会资本特征线上化形成数据资本，确保各个主体之间的关系和权责更加透明，减少由于主观因素导致的不公平，从而加持关系信任和制度信任。在具体实践中，大数据、区块链、物联网、人工智能等技术的发展为数字信任的实现提供了技术基础和必备条件。尤其是区块链技术被称为“信任的机器”，在金融领域得到重视并加以应用。因

此，基于大数据、区块链、物联网、人工智能等信息技术特征及其运作原理构建数字信任机制，进而助力制度信任和关系信任，有利于发挥融合信任观下数字信任优势，促进融合信任，进而有效促进融资信任。结合数字技术可追溯、安全性、真实性等技术特征及其运作机制，本书构建如下数字信任机制。

1. 区块链分布式记账与共识机制

分布式记账是一种通过网络中多个节点协作完成数据记录和验证的技术方法。在传统的中心化记账系统中，所有的数据存储和验证都由中心化的管理者控制，而在分布式记账系统中，数据被分散存储在多个节点上，每个节点都可以参与数据的记录和验证。分布式记账利用区块链技术，将数据以区块的形式存储在每个参与节点的本地数据库中，这些区块按照时间顺序链接在一起，形成不可篡改的数据链条。每个区块中包含一定数量的实时信息和交易记录，并通过加密技术保护，确保了数据的安全性和不可篡改性。

共识机制则是确保在分布式系统中，所有节点能够就数据的一致性达成统一意见的一种协议规则。共识机制是分布式记账系统中至关重要的部分，它解决了节点之间可能存在的信息不对称和不信任的问题。最常见的共识机制包括工作量证明（Proof of Work，PoW）、权益证明（Proof of Stake，PoS）和权益质押（Delegated Proof of Stake，DPoS）等。在这些共识机制中，节点通过完成一定的工作量或者质押一定数量的代币来证明自己的身份和真实性，从而获得参与记账和验证的权限。其中，工作量证明是最早出现的共识机制，其核心思想是通过解决复杂的数学难题来证明对某个区块的挖掘工作，在比特币等加密货币中广泛应用，通过消耗大量的计算资源来确保网络的安全性和稳定性。权益证明和权益质押机制则强调了节点持有的货币数量与其在网络中的权利和责任之间的关系。

在数字技术的支持下，通过分布式记账与共识机制，数据资本以其海量且多维度的数据储备为依托，可以实现数据的去中心化存储与传输。数据资本为这一过程提供了丰富的数据资源基础，所有农业参与主体可以共享同一份账本，借款人的信誉状况、社交活动、收入状况和资产信息等经济和社会资本特征信息可以被真实存储和记录，金融机构可以更直观地了解农户借贷主体的信用状况，降低潜在的违约风险。同时，由于分布式记账技术与共识机制可以实现对农户各类特征信号、交易信息的分布式共享，这种基于数据资本的共享模式打破了信息壁垒，有效降低金融机构对农业信贷的疑虑和担心，保证金融资源向农业领域的更有效配置，促进农户信贷相关制度执行效率的提高和普及。此外，在农业信用信息化建设上，通过数字化技术实现政务金融数据信息共享，既打破了政务数据信息与金融机构征信数据信息隔离的现象，又把基层治理机构的治理优势与金融机构的金融服务优势有机结合起来，实现了数字技术下政策制度与金融资源集成共享、优化分配、深度合作，促进了制度信任的建立。

由于分布式记账与共享机制是基于去中心化的信任体系，这一体系的构建与优化离不开数据资本的深度参与。大量数据资本犹如神经网络系统，将信任分散到网络的每个节点上，以数字技术为基础的去中心化金融服务模式可以消除对中介的需求，并且依靠其强大的数据整理与分析能力，参与主体可以通过共识机制验证其交易和信用的真实性，使得金融服务体系内每个参与者能够直接进行交互和合作，减少了交易成本和延迟，从而建立起基于共享和合作的信任关系。同时，数据资本能够有效降低农村金融服务过程中潜在的信任风险。因为制度的执行依赖于可验证的算法和共识机制，而这些算法与机制的有效性和精准性在很大程度上取决于数据资本的数据质量与分析结果。同依赖于外部的中介机构相比，大数据技术通过对海量数据的挖掘与分析，可以为农户信贷过程构建起更加可靠和安全的保障。这种去中心化的信任体系在数据资本的助力下，不仅有利于促进金融机构与农户之间的互信，保证了信息的公开透明，推动农村农业金融服务的创新和可持续发展，而且还能帮助减少信息不对称和欺诈行为，加强农户与金融机构的合作，促进双方互信关系的建立。

2. 区块链智能合约机制

智能合约机制是一种基于区块链技术的自动化合约系统，它能够执行预先编程的规则，并且在规定条件下自动触发和执行合约条款（贺武海等，

2018）。智能合约的出现在很大程度上改变了传统合同的签订和履行方式，能够提供更高效、更透明、更安全的合同执行机制。

智能合约机制通过区块链技术确保了合同的自动执行与不可篡改性，在这一过程中，数据资本提供了坚实的数据基础。由于农户所有的信贷交易记录都被保存在区块链网络的各个节点上，任何数据的更改都需要网络中的多数节点确认，金融机构可以通过区块链上的数据验证功能查看农户信贷特征、生产交易和信贷情况，而大数据技术通过对海量历史数据的分析与整合，进一步优化了数据验证功能的精准性与全面性。所有的参与主体都可以查看合同的履行进度和结果，而智能合约可以根据预先编写的代码自动执行条款，消除了人为误操作和潜在的欺诈可能，确保了信贷合同的自动执行，保障信贷交易记录的不可篡改性，有效降低违约风险。这种自动化的合约执行方式让参与者更加信任合同的履行，其中数据资本所提供的数据洞察有助于参与者更好地理解合约执行背后的逻辑与依据，从而提升信任度，增强了农户对依托于数字技术的信贷智能合约的信任。

此外，由于智能合约的代码是可查证和预设响应的，一方面，通过智能合约，可以使传统的以口头或者协议证明为基础的契约进行线上录入与签订，促进借贷双方关系的显性化与程序化，降低建立与维持关系的成本，而数字信息技术通过对市场惯例、行业标准以及类似借贷关系数据的分析，为线上合约的设计与优化提供了参考，使其更贴合实际需求；另一方面，通过智能合约代码的可验证性、执行记录的不可篡改性以及执行的自动性，农户等多个参与者可以清晰地了解合同的各项条款和执行逻辑，查询区块链上的农户借贷数据合同的执行情况，数字技术在此过程中持续提供数据更新与分析服务，如实时监测市场变化对合约执行的潜在影响，并及时反馈给参与主体，进一步巩固双方的信任基础，使得智能合约机制在区块链技术加持下，成为构建金融信任体系的有力工具，从而减少信息不对称以及违约风险，使农户、金融机构建立起更为稳固的信任关系。

3. 大数据身份认证机制

数字化社会，以大数据整合为基础的身份认证机制已经成为数字经济和网络安全的基石，涵盖了个人用户、企业组织、政府机构等。身份认证机制是指通过验证用户提供的身份信息，确保只有合法用户能够访问系统或服务的安全技术和流程（曾诗钦等，2020）。而随着网络和移动技术的飞速发展，身份认证机制也经历了巨大变革。互联网的普及使得个人信息数字化、在线服务蓬勃发展，同时也带来了信息安全和隐私保护的重大挑战。因此，身份认证机制的不断演变和完善成为保障网络安全和用户权益的重要环节。

一方面，大数据身份认证机制通过验证农户的经济和社会资本等特征信息，建立信任桥梁。大数据分析技术凭借其强大的数据收集、存储与分析能力，整合多方数据资本源，全面刻画农户画像，可以准确验证农户个人身份信息的真实性和一致性，从而有效预防身份冒用等问题的发生。在网络交易、金融服务等领域，用户需要提供身份信息以完成注册、登录或交易操作。通过身份认证机制，系统可以强制验证农户的身份是否真实，从而依靠技术制度的强制性验证，保证双方的信任关系。例如，在给农户发放线上信用贷款的场景下，金融机构可以通过线上大数据更准确地验证农户各类身份信息的真实性，通过对历史信贷数据、市场环境数据以及农户多维度数据的分析，为大数据风控模型提供更精准的数据支持与决策依据，进而进行线上信用评估并决定是否发放贷款，实现更精准、更公正的信贷决策。另一方面，传统的身份认证方式往往依赖单一的身份证明文件，存在信息不对称和漏洞风险。而大数据身份认证则能够综合运用身份信息、生物特征、社交关系、收入状况等多维度数据，利用严格的验证程序，确保参与者的身份真实性和合法性，遏制虚假信息和欺诈行为。同时，利用大数据还可以进一步完善身份管理制度，以大数据库为基础，通过系统查验和核对，可以发现和纠正身份认证与存储过程中的偏差和不公平现象，通过持续的数据更新与分析，不仅能够实现更精准、更安全的身份认证，降低认证风险，而且还能使认证身份的程序更加简化和快捷，提升身份认证制度的执行效率。

除此之外，在社交网络、在线社区等场景中，主体之间的互动和交流建立在相互信任的基础上。依靠大数据库，利用身份认证机制，个体可以查找确认其他个体的身份信息，确保其在网络空间中的真实性（袁勇等，

2016）。这有助于不同个体之间建立起更加稳固的信任关系，降低关系维护的成本。此外，由于大数据具有即时性、敏捷性、高速性等特点，因此可以通过身份认证机制对身份和关系信息进行实时动态维护和更新，而大数据技术通过对实时数据的快速处理与分析，为身份和关系信息的动态维护提供有力保障，从而确保各参与方的身份可信，促进不同系统、服务的用户在不同平台间进行便捷、安全、迅速的交互，促进了多方合作、交流和信息共享。

4. 物联网溯源追踪机制

溯源追踪机制是一种通过使用物联网数字化工具和技术，帮助追溯和跟踪产品、信息或数据的来源和流向的方法。这种机制可以帮助追踪信息和数据泄露的来源，在真实记录各项交易轨迹的同时，又能够有效保护个人隐私和数据安全。基于数字技术的溯源追踪机制通过使用各种技术手段，如物联网技术、RFID、感应器、条形码等，可以提高产品追溯效率，保障参与者的各项权益，促进产业升级和创新发展（王保云，2009）。

在农村金融场景下，一方面，物联网溯源追踪机制可以实现对农户信息和资产流动的全程监控和记录。通过整合多渠道的数据资源，为物联网提供丰富的信息基础，使其能够更全面地感知和采集农户相关数据。由于物联网具有智能处理、高速性、整体性等特点，通过物联网溯源追踪，可以实现对农户信贷交易全周期的监控，保证对农户信贷资产的来源、流转轨迹和变化情况的追溯，确保资金流动等相关流程符合相关法律法规和标准要求，并且由于各个流程都有制度、契约进行规定，因此通过该机制，可以实现对流程内的借贷信息进行远程获取和监控，这不仅可以确保信息的可查询和可追溯，还可以确保相关信贷制度以及信贷合约的真实执行。另一方面，由于农户的资产多为现实资产，特别是生物资产和经济作物资产，物联网追溯机制通过对该类资产的标的、数量、质量等进行有效追踪和监控，以此获得有关农业生产、市场行情以及历史交易等大数据信息并进行分析，为资产的精准评估与监控提供依据，不仅保障资产的全周期管理，也使实物交付更加真实有效，保证线上线下实物资产交易一致性，确保合约制度的有效执行。

依靠物联网技术进行溯源追踪，不但可以提升金融机构对资金使用情况的监控能力，实现对金融交易过程中各个环节的实时监控和数据共享，也有助于建立更加可靠的信贷环境，确保信息的可信任性。这不仅有助于减少信息不对称的风险，提高各方对彼此的信任度，而且加强了金融交易双方之间的信任，促进了各方的持续信任。此外，完善的溯源追踪机制由于真实性的追踪记录，可以构建更多的信任链条，扩大信任边界。尤其在跨平台、跨组织的业务合作或信息交换中，溯源追踪机制可以构建起多个全方位、多联结的信任链条，拓展信任的范围和深度，促进多方合作和信息共享，增进关系信任。而依托数据资本的追溯溯源机制则通过对不同平台和组织数据的整合与分析，进一步强化了信任链条的稳固性与拓展性。

（二）制度信任机制的构建

在任何系统或机构中，制度信任都是至关重要的信任保证。与关系信任和数字信任不同，它建立在一系列规则、准则和制度之上，具有法律强制性和约束力，保证了参与者的行为可预测和受约束，进而保障在不同交易场景下，契约执行的稳定性，促进合作和发展。在融合信任系统中，一方面，制度信任作为一种规章制度可以保障和规范主体之间的关系，从而避免关系信任被破坏，保证关系的合法化；另一方面，由于数字技术的应用依赖于主体的意识，构建制度可以引导数字技术的使用，对技术进行制度上的约束，从而避免技术的滥用。因此，要发挥融合信任的效用，需要构建制度信任机制来实现，本书构建如下制度信任机制。

1. 权限设置机制

权限设置机制是在组织或系统中建立起的一套规则和程序，用于管理和控制不同人员的访问权限，明确各个主体的职责和权限范围，避免权力过度集中或滥用的情况发生（何可等，2015），从而保障各参与主体之间的权力和责任分配是合理和透明的。在金融领域，权限设置机制旨在确保金融系统运行的安全性、稳定性和可靠性，防止未经授权的访问和滥用权限，确保资金安全、有效地分配和管理，从而提升制度信任在各个环节的效率和稳定性。

一方面，权限设置机制涉及在软件、算法和数字系统中嵌入的权限、规则和指导方针。在代码编写和程序运行中确保权限的准确执行和严格控制，也可以在底层技术上避免原始契约代码出现漏洞，塑造数字交互的方式，从而保证数字技术运行过程中的隐秘性，确保设置的权限能够安全有效执行。数字化环境中，权限设置机制涉及对资源、信息和权力的控制与分配。通过制度设定合适的访问控制、交易数据加密和身份验证来维护安全性和隐私。这些管理措施确保只有经过授权的个体能够访问特定信息，从而防止未经授权的数据访问和滥用，降低了技术滥用的风险。

另一方面，权限设置机制通过规定各方的权利和责任，引导和限制各个主体的行为。严格的权限设置机制不仅限定了数字技术使用的边界性，保证各个主体行为都有相应的权责限制，而且各个主体都会按照合约要求履行自身的权利和责任，避免了权责不清，从而使关系更加合规合法，有利于稳固相互之间的关系。此外，通过建立有效的权限控制机制，明晰参与主体的权利和义务，有利于分清关系的边界，当各参与主体相信他们的权利能够受到保护，并且交易过程中各种资源分配都能得到有效的控制时，他们会更加倾向于信任其他合作的相关主体，从而与其建立更加稳固有效的关系。在农户借贷场景中，通过明确各主体的职责和权限范围，使农户金融交易更加规范合法，防止农户相关数据被滥用，确保信贷交易和管理的安全有效性。

2. 激励与约束机制

激励与约束机制旨在鼓励个体或组织在特定目标或任务下发挥积极作用，并对其行为进行监督和约束。这一机制通常被用于组织、团队或整个社会，以确保各方朝着共同的目标努力并遵守规则。激励是一种通过奖励或刺激促使个体做出行动的方法。在激励机制下，个体或组织会根据其达成的目标或表现来获得奖励，可以是物质性的，比如奖金或晋升，也可以是非物质性的，比如表扬或荣誉。通过设定明确的激励措施，可以激发个体或组织的积极性和创造力，促使他们更加努力地工作，并达成设定的目标。然而，单纯依靠激励可能会导致某些问题，比如个体可能为了追求奖励而忽视道德和风险，降低工作质量或诚信度。而这时候约束机制就显得尤为重要。约束机制是通过设定规则、约束和监督来规范和约束个体行为的方法。这种机制确保每个人都清楚自己的责任和义务，并明白如果不遵守规则所面临的后果。通过建立良好的约束机制，可以有效监督和管理个体的行为，提高组织的效率和稳定性。

激励与约束机制不仅可以通过合适的奖励与激励政策引导底层技术的开发和使用，而且可以制定明确的规章制度和惩罚措施，对贷款过程中数字技术的使用进行规范和约束。此外，激励与约束机制不但可以保证制度执行过程中的规范性，还能遏制信贷过程中出现的不端行为，激励各个主体对各环节违反制度规则的行为进行监管（张嵩等，2024），使金融机构和农户的权益得到保护，实现技术开发与使用过程中激励与约束的相辅相成，从而提升数字信任水平，维护信任的稳定和持久，增强农户对数字化金融的信任感。

在农户信贷活动中，设立明确的贷款偿还目标和激励措施，不仅可以激发农户还款的积极性，还可以强化各个主体的内在动机，从而建立并增强金融机构和农户之间的信任关系。比如，设立贷款利率优惠、提前还款发放礼品等奖励制度，可以激励农户按时归还贷款，从而建立起良好的信任基础，促使持续性信贷交易的实现。此外，在金融服务生态系统中，建立明确的约束机制，可以有效防止违规行为，保障各个主体的权益，维护各个主体的关系。例如，农户信贷中，通过建立清晰的借款合同、明确的还款责任和法律法规约束，可有效防止违规行为，保障金融机构和农户的权益，维护信任关系的稳定和持久（薛天山，2002），促进了关系信任的建立与发展。

3. 风险管控机制

风险管控机制是指通过建立和执行一系列制度化的规则、程序和措施，以识别、评估、监测和应对可能对组织、社会或其他利益相关方产生负面影响的风险。这些机制旨在确保组织在运作过程中能够有效地识别、管理和降低各种风险的潜在影响，从而维护各方的利益，保证其长期稳健发展。

风险管控机制的根本目标是保障借贷交易能够按照既定条款顺利进行。

由于金融交易执行过程中无法避免内部机会主义、信息不对称和外部环境不确定性等因素的影响，导致资金风险、市场风险、违约风险等多种风险时有发生。风险管控机制可以及时发现借贷交易中出现问题，分析影响因素并对交易的风险程度进行预估，有效进行风险防范化解，保障借贷交易双方切实利益。风险管控机制也是保障数字信任的基础，一方面，通过在数字底层技术中加载风险管控的预警系统，当发现异常情况时，系统可自动识别风险点并做出预警，便于及时采取有效措施，减少损失并保护相关主体的利益，进而提升用户对数据的信任度。另一方面，金融机构通常会利用数据分析和风险模型来评估交易的风险水平，并实时监测市场情况以及系统的运行状况。风险管控机制可以通过建立可靠的风险评估和监测体系规范数字化风险管理流程，对每笔交易进行实时动态风险评估，对金融市场数据和交易动态进行风险控制。这种基于数据和技术的风险管理方法能够提高金融机构对潜在风险的识别能力，增加对农户信贷过程中违约风险的敏感度，及时识别风险并采取措施应对可能的风险事件，增强金融机构对数字金融系统的信任。

风险管控机制通过对交易流程和规则中潜在的风险进行预防应对，能够让各参与主体清楚地了解信贷交易的细节和可能的风险，从而减少信息不对称带来的不信任感，增强参与者对金融系统的信任。一方面，在现实的金融借贷交易中，风险是无法完全避免的，但可以通过系统性的风险评估和管理来降低风险的发生概率和影响程度。金融机构可以利用风险管理工具和技术，对潜在风险进行识别、评估和处理，及时应对不确定性和突发事件，从而提升对农户信贷的信任度，增加信贷资金的发放。另一方面，风险管控机制通过严格的信用评估和借款额度设定，确保向农户提供贷款的合理性和可行性。金融机构在提供贷款的过程中，可以通过合理的利率定价，灵活的还款方式，合理的偿还期限或者提供保险和担保服务等措施，帮助农户应对不同的风险，降低农户与举借方自身的风险，从而在有效降低违约率的同时满足农户不同阶段的资金需求，保障农户和金融机构的权益，提高农户与金融机构间的合作及信任，促进长期合作关系的形成。

4. 容错与熔断机制

在制度信任机制的构建中，容错与熔断机制是一种有“温度”的管理机制。一般认为，数字信任和制度信任都是理性的、不可篡改的，不允许出差错，而该机制允许在出现问题时及时发现、纠正，并且尽可能减少潜在的负面影响，从而提高制度的适应性和韧性（郎佩娟，2016），旨在应对不可避免的错误、失误或意外情况，以确保组织或系统能够在面对挑战时保持稳定性和可持续性。因为，任何关系都有可能面临各种不确定性和风险，导致信任危机，通过设定合理的容错机制和熔断机制，可以在信任关系出现问题时及时做出反应，减小信任危机的损失（徐旭初等，2023）。

容错与熔断机制的建立能够保障数字信任的持续性和客观性，能够有效防范和处理各种突发情况和异常，使数字技术的使用更具韧性。一方面，容错与熔断机制可以使软件代码层在开发和运行过程中，通过预设的逻辑和算法来检测和纠正错误，以及在系统出现异常情况下自动切换或关闭部分功能，并且利用自动化的代码检测工具和智能化的错误修复技术，及时发现并修复代码中的问题，确保金融服务系统在向农户提供贷款的稳定性和安全性。另一方面，该机制还可以通过在分布式系统和微观服务架构中设置适当的触发条件和响应策略，在代码中插入适当的异常处理代码、监控逻辑和断路器等，实现对异常情况的及时响应和处理，增强代码的灵活性，防止故障的蔓延影响系统的整体性能，从而增强数字信任。

容错与熔断机制具备灵活性和应对能力，增强了农户与金融机构之间信任关系的韧性，有助于应对各种挑战和风险。一方面，通过容错与熔断机制可以在农村信贷合约中设立一些容错条款或者熔断点，一旦在执行过程中发生异常情况，能够及时采取措施进行调整和修复，保护农户信贷服务的连续性和可靠性，防止问题扩大化影响双方的关系合作，增强关系的包容性和韧性。同时，该机制的设置并不意味着放任不管，而是在尽可能减少风险的前提下，给予其一定的自由度和矫正空间，体现出制度信任的包容性，从而更好地适应实际需求，增强各个主体之间的关系信任。

（三）关系信任机制的构建

关系信任机制是指在人际关系中建立、维护和加强信任的一种方式或机制，它基于互信和尊重的关系而建立，涉及个体之间信任的建立、信任的维护和信任的加强。关系信任机制的核心在于合理运用社会资本特征信号，例如农户信誉、社会关系和社会互动等信号建立联系。在不同的社会关系场景中，关系信任机制正是通过个体的社会资本特征发挥作用，促进各方的合作与交流。例如，它可以在家庭、友谊、职业、商业等各种社会关系中发挥作用。与数字信任和制度信任不同，关系信任建立在互相情感信任的基础上，但是由于个体判断的主观性、信息交互的复杂性和不确定性等原因使得关系信任的建立和维护变得更加困难。在融合信任观的构建中，关系信任可以通过个体的信誉、社会关系和社会互动等社会资本特征的作用发挥，为其他信任机制提供软性约束和情感支持，有助于制度信任和数字信任的建立。一方面，由于关系信任主要依靠主体的信誉、人际圈层和关系情感，具有较强的主观性，而作为一种基于情感的软性约束，它可以将关于道德和伦理的思想作用于制度制定中，使制度的设定更加人性化；另一方面，以数字技术为基础的数字信任在制定与执行过程中也离不开伦理的引导，避免数字技术成为“冰冷的工具”，使数字信任更加合乎人情，这需要构建关系信任机制来实现。鉴于此，本书构建如下关系信任机制。

1. 关系增信机制

关系增信机制是一种用于评估个体在社会互动中所建立关系的质量和可信度的评价系统，它的建立主要依赖社会交往中个体的信誉、口碑和社交圈中的认可度等社会资本特征信号，并且通过对个体交易，行为等进行评价，从而建立起完整清晰的信誉网络，使彼此之间的信任关系更加稳固。这种机制可以帮助人们更好地了解彼此之间的关系，促进信息共享和资源互换。

关系增信机制作为一种基于社交网络关系和信用记录的机制，在当前数字化社会中发挥着重要作用，能够增进关系主体互信，从而促进经济交易、社会互动和信息的传播。随着数字化技术的不断发展，农户信贷过程中要处理的信息越来越多，并且往往通过数字化的方式进行传播，容易导致信息在传递的过程中失真，造成信誉缺失（张清等，2021）。一方面，关系增信机制通过对借款人的信用历史、社交圈层、互动交流、社区活动等社会资本信息进行搜集和评价，进而分析个人的诚信度和可信度，为金融机构更准确地评估借款人的信用风险提供依据，从而建立起更加完善的信用评价体系。在这个过程中，农户的社会关系网络和社会互动行为成为重要的社会资本特征信号。另一方面，关系增信机制还确保技术的设计和应用以用户的最佳利益为出发点。用户的社交圈层和关系情感可以影响其对技术伦理的认知和要求。通过明确的伦理指导和价值观规范技术行为，用户和技术从业者能够接受相关的伦理教育，提高对数字技术伦理和价值观的认识和理解。这些教育和意识提升可以促进用户和技术从业者认识到数字信任的重要性，从而避免对用户权益造成伤害，建立更加牢固的信任关系。

此外，关系增信机制通过引入关系与信誉评价机制，可以强化和完善现有的社会制度和规范，提升其可信度和执行效果。比如，在农村信贷场景中，金融机构广泛开展的信用贷，通过对借款人的信誉、人际圈层和社会互动等社会资本特征指标进行评估进而发放信用贷，有效解决了农户自身抵押品不足的问题。这种人性化的制度设计能够考虑到人们的情感和需求，使制度更加贴近实际生活和社会环境，增强了借款人对制度的信任，而且，通过农户信用评价系统，可以规范农户行为并促使农户养成自觉遵守良好信誉的习惯，增进金融机构对农户的信任。由于关系增信机制强调的是软约束，因此，关系增信机制的融合使制度更具有灵活性和适应性，能够根据实际情况和需求做出调整和改变，让制度更具生命力和可持续性。同时，关系增信机制通过不断积累和更新个体的社交数据和信用记录，帮助系统更准确地反映个体的信用水平和风险偏好，为金融机构提供更可靠的信用参考。这些机制的建立和软性执行，使人们感受到制度对他们的关心和尊重，进而增强人们对制度的信任感和依赖性，使人们更愿意遵守制度规则，从而增进其对制度的信任。

2. 关系协调机制

关系协调机制是指在组织、团体或个人之间建立和维护关系的一种方法或方式。这种机制旨在促进良好的合作、沟通和互动，以实现共同的目标和利益。其与个体的社会关系、社会互动紧密相连。个体在社会关系网络中的位置和互动方式，影响着关系协调机制的运作效果。例如，一个在社交圈中具有较高认可度的个体，往往更容易在关系协调中发挥积极作用，因为其社会资本特征信号能够为各方所信任和接受。反过来，良好的关系协调机制也能够进一步强化个体的社会资本特征信号，通过促进合作和沟通，提升个体在社交圈中的信誉和口碑。此外，在人际关系中，常常存在各种复杂的利益冲突和合作竞争，需要通过早期介入争端解决，能够有效减少信任关系的破裂和冲突，帮助各方更好地协调合作、解决纠纷，促进信任关系的和谐与稳定。

在数字化环境下，不同角色之间可能存在信息传递不畅、理解偏差等问题。但不同个体的社交圈层可能存在交叉和重叠，个体的社交圈层和社会互动成为关系协调机制发挥作用的重要因素。通过建立有效的关系协调机制，可以促进信息在不同社交圈层之间的流通和共享，确保各个角色之间及时沟通和协商，减少信息传递不畅和理解偏差。例如，金融机构可以更好地理解农户的社会关系状况和社会互动情况，制定更符合实际的信贷方案，建立起互相理解和合作的关系。通过开展多方参与的对话和协商，与农户建立起良好的互动和反馈平台，可以协调各方的利益关系，化解潜在的矛盾和分歧，避免信息失真和误解，从而增进彼此之间的信任和理解，增强数字信任。并且在数字化合作中，由于农业贷款交易可能会受到信息不对称、宏观环境变化等多种因素的干扰，各方往往需要快速做出决策和调整，而即时协调反馈可以确保信息传递的及时性和准确性。个体在社会关系网络中的信誉和口碑，能够影响其他参与者对其反馈的重视程度。如果一个个体在社交圈中具有良好的信誉，其反馈往往更容易被接受和采纳。通过即时协调反馈，各方可以共同解决问题、寻找解决方案，化解贷款与发放过程中的潜在危机，增进合作伙伴之间的信任和默契。除此之外，在数字化交互中，人们不仅与其他人交互，还要与机器进行交互。这种交互建立在信任的基础上，而良好的关系是信任的重要组成部分。但单纯的数字技术缺乏人际情感，当金融主体在贷款等金融服务过程中面临各种各样的冲突和纠纷时，它难以给予有效的、符合伦理的解决方式。而借助关系协调机制可以通过沟通、协商、调解等方式帮助解决问题。例如，数字金融平台可以通过建立客户服务团队和投诉处理窗口来及时解决用户的投诉和纠纷，或者金融机构可以借助数字平台提供更便捷的贷款申请和审批流程，同时建立完善的客户服务体系，及时回应农户的需求和问题，增强农户对数字化信贷的信任感。而且关系协调机制在这一过程中可以通过建立贷款咨询、投诉处理等机制，帮助解决农户在贷款过程中遇到的问题，维护数字信贷的稳定和持续。既帮助平台与用户、合作伙伴等各方建立起良好的关系，又共同推动平台的发展和创新，促进了数字信任。

关系协调机制还有利于构建倡导诚信、公平、尊重和合作等价值观的制度框架。首先，通过制度协商帮助确定金融机构和农户在合作规则、权责边界和目标等方面达成一致，使得参与者在清晰的框架内开展完善有序的农村贷款合作，建立起相互信任的制度基础。其次，由于金融交易主体之间的角色多样性，实施合作规则可能会面临挑战。通过制度协同执行，可以建立起有效协同的合作方案，确保信贷方案的执行和落实，使得参与主体更加信任制度的可靠性和有效性。这种规范机制的存在有助于减少不确定性和风险，提高参与者对规则的遵守度，当各方能够真诚地履行承诺并遵守规则，便会增强制度信任。

融资信任机制通过整合多种技术手段、制度规则、关系网络和数据来源等，使关系信任、制度信任和数字信任相互促进，互为融合，构建更为全面、系统的融资信任体系，从而有效降低信用风险和融资成本，强化并促进农户借贷融资信任。融资信任机制构建及增信主要功能如表 3-2 所示。

表 3-2 融资信任机制构建及增信主要功能

<table>
<tr><th rowspan="2">信任机制</th><th rowspan="2">具体机制</th><th rowspan="2">特点与优势</th><th colspan="2">增信主要功能</th></tr>
<tr><th>增信制度信任</th><th>增信关系信任</th></tr>
<tr><td rowspan="4">数字信任机制</td><td>区块链分布式
记账与共识机制</td><td>去中心化共享账本
信息透明</td><td>增加制度透明性
增进制度执行力</td><td>去中心化的信任关系
共享和合作</td></tr>
<tr><td>区块链智能合约机制</td><td>预设响应自动执行</td><td>不可篡改性降低
违约风险合同
自动执行</td><td>保障维持关系
关系显性化、程序化
降低关系成本和信任风险</td></tr>
<tr><td>大数据身份
认证机制</td><td>身份合法性
信息安全隐私保护</td><td>强化认证和授权制度
简化认证程序
降低认证风险</td><td>建立关系信任
身份和关系维护</td></tr>
<tr><td>物联网溯源
追踪机制</td><td>记录信息轨迹
即时溯源追踪</td><td>实现过程管控
保证合约真实执行</td><td>强化信任链条
促进持续信任</td></tr>
<tr><th>信任机制</th><th>具体机制</th><th>特点与优势</th><th>增信数字信任</th><th>增信关系信任</th></tr>
<tr><td rowspan="4">制度信任机制</td><td>权限设置机制</td><td>权责明晰
有效控制</td><td>降低技术滥用风险
确保权限有效执行</td><td>关系合法性
关系边界性</td></tr>
<tr><td>激励与约束机制</td><td>奖励与刺激
规范与约束</td><td>引导底层技术
技术制度约束</td><td>强化内在动机
约束行为维护关系</td></tr>
<tr><td>风险管控机制</td><td>识别防范管控风险</td><td>风险预警与评估
规范风险管理流程</td><td>降低不确定性
保护关系稳定</td></tr>
<tr><td>容错与熔断机制</td><td>即时纠错阻断修复</td><td>增加代码灵活性
防止事态恶化
阻断问题蔓延</td><td>调整和修复关系
增加包容性和韧性</td></tr>
<tr><th>信任机制</th><th>具体机制</th><th>特点与优势</th><th>增信数字信任</th><th>增信制度信任</th></tr>
<tr><td rowspan="2">关系信任机制</td><td>关系增信机制</td><td>关系信誉价值可信度</td><td>技术伦理价值引导</td><td>制度人性化
制度软约束</td></tr>
<tr><td>关系协调机制</td><td>建立维护关系
协同与合作</td><td>强化角色沟通
即时协调反馈</td><td>制度民主协商
制度协同执行</td></tr>
</table>

第四章

基于经济和社会资本特征中介的纯农户信贷可得研究

长期以来，我国广大农村以小农经济为主，但随着农业现代化进程的不断推进，新型职业农民不断出现，传统的小农作业已经不能满足农村经济发展的需要，农户分化态势明显。尤其是党的十九大以来，构建新型农业经营体系已成为国家乡村振兴战略的重要部署，这对我国农村传统金融市场提出了挑战。农户类型不同，其信贷特征和以此构建的借贷信任关系必然会出现差异，但近年来的相关文献主要从整体农户视角研究其信贷可得问题，较少基于农户分化视角探讨不同类型农户的信贷特征、信贷可得及其作用机制。

鉴于此，本章根据关系信任和制度信任底层逻辑，基于农户分化的现实背景，将农户分为普通农户和新型农户，从风险处置与违约成本两个维度分析两类农户的差异性并据此构建影响农户信贷可得的理论分析框架，选择反映社会资本特征的信誉和反映经济资本特征的农业收入作为特征中介，分析不同类型纯农户风险处置与违约成本对信贷可得影响的内在作用机理。研究结论为农户提升风险应对能力，金融机构辨别不同类型农户信贷特征、增进与农户之间的信任关系，政府部门强化农村信用体系建设、提升普惠金融信贷效率、促进乡村振兴提供理论依据和数据支撑。

近年来，相关文献从农业风险管理与农业收入、农村信用体系建设与违约惩罚等视角提出提升农户农业收入或信誉的方法和举措（李景波等，2011；叶谢康等，2012）。这些研究均是以整体农户作为研究对象，较少关注不同类型农户的特征及其差异性问题。同时，既有的少量研究也多从某一信贷特征或者行为，如家庭主营业务（吕德宏等，2017）、正规和非正规信贷供给态度（张梓榆等，2018）、社会网络资本（牛晓冬等，2020）等视角研究对不同类型农户信贷可得的影响，鲜有文献将农户的经济和社会资本特征，尤其是农业收入与信誉特征纳入同一理论分析框架，并从风险处置和违约成本两个维度探讨如何影响不同类型农户的信贷可得问题。随着农户类型分化，不同类型农户的风险处置能力与违约成本是否存在差异并影响农户信贷可得？农业收入和信誉特征是否具有中介效应？不同类型农户的差异是否会引导农户分化的趋向？这些问题的回答能够使金融机构更好地厘清不同类型农户的信贷特征，辨析农户分化的趋势，提升金融机构信贷效率。

一、关系和制度信任逻辑下纯农户经济和社会资本特征的选择

依据社会信任谱系演化发展的规律，农户融资信任观经历关系信任、制度信任和数字信任三个阶段。不同信任对应侧重的经济或者社会资本特征不同，关系信任的建立主要依据农户信誉、社会关系、社会互动等社会资本特征信号，因此关系信任的构建更侧重社会资本特征选择，制度信任主要依据契约规范下可见、显性的、稳定的外部经济特征信号，如农业收入、总收入、多样化收入等经济资本特征信号。因此，制度信任的构建更侧重经济资本特征选择。具体研究中，农户类型不同，其对应的经济和社会资本特征也会有所区别，纯农户身处农村人际圈层，以农业生产为主，因此，其社会和经济资本特征主要表现为信誉和农业收入。

影响农户信贷可得的关键在于农户的还款能力和还款意愿，两者是构成借贷双方信任的关键因素。收入是保障借款人有偿还贷款资金实力的关键因素，是农户主要的经济资本特征。对于纯农户来说，农业收入是农户主要的经济收入来源。农业是典型的风险性产业，农业经营的不确定性会对农户收入的稳定性产生影响，而有效的风险处置能力能够降低风险冲击对农业收入的不利影响（陈传波，2007；Janowicz et al.，2015；Javed et al.，2020），进而保障其农业收入。因此，农户风险处置能力是影响其农业收入的重要因素。信誉是衡量借款人是否有主动偿还贷款的意愿和责任感的关键因素，是农户主要的社会资本特征。相关研究认为，信誉由个人的品格决定（Hart et al.，1994；彭红枫等，2011），同时也是违约收益和成本权衡的结果（邝梅等，2008）。从经济学意义上讲，借款人对品格的坚守也是由于违约成本过高。因

此，违约成本的高低决定着借款人是否愿意还款，同时也是影响借款人是否坚守信誉的重要因素。

本章基于农户分化的现实背景，借鉴张梓榆等（2018）的分类方式并结合本章研究内容，将农户分为普通农户和新型农户，在对其风险处置能力与违约成本进行比较分析的基础上，从理论层面探讨普通农户和新型农户风险处置与违约成本对信贷可得的影响路径，然后基于关系信任和制度信任的底层逻辑，选取反映社会资本特征的信誉和反映经济资本特征的农业收入作为特征中介，分析其在不同类型农户风险处置和违约成本影响农户信贷可得中的内在作用机理，进而提出相关研究假设。最后通过河南省农户信贷状况调查数据，实证检验普通农户和新型农户风险处置与违约成本对农户信贷可得的影响以及农业收入和信誉特征在二者之间的中介效应。

二、理论分析与研究假设

（一）普通农户和新型农户风险处置、违约成本对信贷可得的影响

由于农业的“弱质性”，农业经营面临着自然环境、社会环境的变化等多种不确定因素的影响，农村信贷市场存在诸多内在缺陷，如交易风险大、成本高等，因此导致金融机构发放贷款积极性低，农村信贷配给现象较为普遍（李敏等，2020；刘波等，2021）。农户作为农业生产的基本单位，其信贷资金得到有效满足对于保障农业生产的稳定和可持续发展具有重要意义。

从农户的风险处置能力来看，相关研究认为，提高农户的风险意识可以增强金融机构对农户的信任水平，从而提高农户获得正规信贷的可能性（孔荣等，2010）。而农户生产过程中的风险处置能力，可以较好地反映农户的风险意识。因此，金融机构可通过评估农户的风险处置能力，缓解与农户之间的信息不对称程度，促进农户信贷可得。世界银行在2000年根据风险处置策略不同将风险处置能力分为风险预防能力、风险转移能力和风险应对能力。农户可通过在生产过程中咨询专业技术人员、学习先进成熟的农业技术等行为来增强风险预防能力。有研究表明，当农户将新技术应用于农产品生产时，

在农业生产经营过程中能更科学、合理地规避风险，农产品质量得到保障，形成农产品的竞争优势，有利于提高农户的信贷可得性（祝国平等，2022）。通过风险处置还可将风险转移给其他人或机构。农户可以购买保险来转移生产风险，这样一旦发生损失，保险公司将负责赔偿，农业保险可以通过信号传递有效地反映农户的还款能力，从而促进农户的信贷获得（任乐等，2023）。也有研究表明保险公司开展广泛的保险宣传，帮助农业生产经营者识别和控制农业风险，指导其加强农业风险管理，督促农业生产经营者进行防灾防损，可以培养农业生产经营者的风险防范意识，提高农户的风险处置能力，从而增加获得银行贷款的可能性（刘金霞等，2018）。风险应对能力是风险发生后，通过采取相应措施来减少风险的影响，保障风险发生后生产的继续进行。对于有着良好风险意识和处理能力的农户，金融机构可能会更倾向于向其提供贷款。

随着我国农村经济的快速发展，新型农户逐渐成为中国农村经济发展的重要力量。相较于传统的普通农户，新型农户能够更好地利用现代农业技术，提高风险处置能力。首先，新型农户具有更强的组织性。在农业生产中，具有更高的组织能力和协作能力，可以更好地协调生产和销售，从而降低风险。新型农户通常会制订生产计划，合理规划生产和销售，以避免产销失衡带来的风险。其次，新型农户通常更专业化。这意味着他们更有可能采取现代化的农业技术和管理方式来降低风险，新技术的运用通常也会减少生产过程中的不确定性，从而减少生产经营中的风险，提高作物的品质和产量。此外，新型农户通常具有更高的经营管理水平。他们通常会制订详细的风险管理计划，包括风险评估、风险控制和风险应对等措施。这些措施可以帮助他们及时应对生产过程中的风险，减少损失。因此，在这种情况下，新型农户的风险处置能力可能比普通农户更为成熟，对其生产经营的影响更加显著，风险处置能力强的农户，更容易获得信贷资金的支持。

综上所述，本书提出以下假设和相关子假设：

H_1：农户风险处置能力越强，越有利于其获得金融机构贷款。

H_{1a}：相较于普通农户，新型农户风险处置能力更强，更有利于其获得金融机构贷款。

在农村信贷市场中，金融机构面临着信息不对称问题，难以有效控制信贷风险，从而导致因“惜贷”现象产生的金融抑制问题。可以通过增大借款人的违约成本降低信贷违约率，促使金融机构更加积极提供信贷服务来解决这一问题。一方面，有研究表明当借款人面临较高的违约成本时，其自我约束能力得到增强，表现出更为谨慎的信贷资金管理行为，从而降低了违约的潜在可能性。在理性经济人的假设下，面对高违约成本，借款人会更加重视还款义务，这将有助于信用的形成，从而获得更多的资金的支持（况伟大等，2023）。这一观点在网络借贷平台的研究中也得到了支持，增加借款人的违约成本可以作为一种监督约束借款人行为的手段（张笑，2019），违约成本的存在会给当事人造成心理压力，从而提高信用水平，降低贷款违约率。另一方面，违约成本可以发挥抵押品替代功能，缓解借款人与金融机构之间的信息不对称问题，促使金融机构更加积极提供信贷服务。在研究企业融资问题时，戴本忠等（2009）研究发现，担保能力不足的企业的贷款申请会被银行拒绝。提高企业的故意违约成本可以促使借款人更加遵守合同，这将有助于建立金融机构与其合作的信心，从而获得更多的金融支持。通过对电子商务平台银行信贷状况的研究，赵岳等（2012）的研究表明，通过调整企业的违约成本可以实现中小企业信息的自动甄别，从而缓解中小企业与银行之间的信息不对称问题，使得低风险的优质中小企业更容易获得银行贷款。这两种方式都强调了提高违约成本可作为一种缓解信息不对称的有效手段，以改善企业融资环境并促进中小企业获得贷款。由于农户自身特性以及居住的分散性，加之抵押品的缺乏，导致农户与金融机构之间的信息不对称是造成农户受到资金约束的重要原因，因此，提高农户的违约成本也可以促进信贷资金的获得。

让违约借款人承担法律制度的惩罚是推动农村信贷市场活跃的必要条件，然而，也有研究发现仅凭违约法律惩戒不足以高于违约利益，除了法律制裁等现实成本外，还可增大借款人的机会成本从而提高借款人的违约成本。机会成本是指农户因违约而丧失的长期守信带来的潜在收益，包括对声誉和未来收益等方面的影响。与普通农户相比，新型农户的组织结构更为复杂，需要投入更多的资金和技术支持，同时还需遵循更多的规章制度。因此其无法履行合同将会受到更加严厉的制度惩罚，故其违约成本也较高。此外，新型农户在社会和市场上的地位较高，其经营状况和信誉度直接关系到当地农业经济的稳定和发展。因此，一旦出现违约，将会受到社会和市场的严厉谴责和惩罚。同时，新型农户之间也存在一定的关联和依赖关系，违约方将对其他方产生连锁反应，进一步加剧违约的代价。总体而言，由于新型农户的现代化和规范化程度更高，其面临的违约成本也更为复杂。有着高违约成本的农户，会促使其更加重视还款义务，更有利于得到金融机构的信任，由此，本书提出以下假设和相关子假设：

H_2：农户违约成本越大，越有利于其获得金融机构贷款。

H_{2a}：相较于普通农户，新型农户违约成本更大，更有利于其获得金融机构贷款。

（二）普通农户和新型农户风险处置对农业收入的影响

对于农业经营来说，由于自然环境、市场环境和技术环境等多种不确定性因素的影响，农业收入水平往往缺乏稳定性。因此，农户的收入，即农业收入水平的高低取决于其应对各类农业不确定性风险的能力（李景波等，2011；Talukdar et al.，2015）。而有关能力、素质等隐性特质的测量可通过其外显的行为、特征等进行间接测评（赵建伟等，2007）。普通农户与新型农户的受教育程度，新思想、新技术和新知识的接受程度以及从事农业生产经营的模式等均有所不同，其风险处置能力必然存在差异，具体表现在不同类型农户在风险预防、转移和应对上会采取不同的方法、措施和行动，从而影响收入水平。

普通农户大多数是散户，以传统农业生产经营为主，风险多为自然风险。因此，在风险预防层面，多采用分散化、多样化生产以预防自然灾害，通过化肥、农药的使用保障农产品产量（陈传波，2007）。而新型农户普遍年轻化、受教育程度高，善于运用新技术，以集约化生产为主，风险类型以市场和技术风险为主。通过采取防灾减灾措施、使用现代化仪器和技术、咨询专业人员等保障农产品产量（张燕媛等，2016）。在风险转移层面，普通农户多利用农闲之余通过打零工方式弱化对农业收入的依赖性（Johny et al.，2017），但在采取农业风险转移措施上表现不足。例如，研究发现普通农户购买农业保险的积极性不高（王敏俊，2009；叶明华等，2018），而新型农户生产经营过程中由于风险集中度高，风险冲击对其影响相对较大，对农业保险需求强烈。此外，新型农户还通过订单农业、参与农业供应链等方式保证农产品销售，有效转移市场风险（刘西川等，2013；方蕊等，2020）。在风险应对层面，普通农户由于获取资金的渠道有限，一旦发生风险，往往通过个人储蓄或亲朋好友等非正式借贷来垫付损失，而新型农户风险应对方式相对多样，不仅可以利用自身资产积累来弥补风险带来的损失，还可通过抵押贷款或者改变经营管理策略应对风险（贺书霞，2020）。

基于以上分析，两类农户在风险预防、转移和应对策略上存在差异，但新型农户采取的方法和措施更加多样，因而风险处置能力更强，更能够有效保障农业收入。因此，本书提出以下假设和相关子假设：

H_3：相较于普通农户，新型农户风险处置能力更强，更有利于增强其农业收入。

H_{3a}：相较于普通农户，新型农户风险预防能力更强，更有利于增强其农业收入。

H_{3b}：相较于普通农户，新型农户风险转移能力更强，更有利于增强其农业收入。

H_{3c}：相较于普通农户，新型农户风险应对能力更强，更有利于增强其农业收入。

（三）普通农户和新型农户违约成本对信誉的影响

违约成本主要由现实成本和机会成本两部分组成，现实成本是由于失信和违约而面临的金融处罚或法律制裁。机会成本则是因违约而导致的长期守信所带来潜在收益的损失，包括潜在货币性损失和社会资本损失。在追求预期效用最大化前提下，理性的经济主体必然会对违约成本和收益进行分析，当违约成本较大时，便会自觉放弃违约行为，进而提升信誉。

首先从现实成本比较来看，普通农户以小农生产为主，贷款金额相对较小，且所需贷款次数较少，多通过非正式借贷或者小额信用贷款来获得资金，违约现实成本相对较小。新型农户生产经营具有职业性和投资性特征，贷款额度相对较大，并且大部分贷款为中长期贷款（孙立刚等，2015），审批手续复杂，违约面临比普通农户更为严格的金融处罚或法律制裁，违约现实成本较大。其次从机会成本来看，新型农户在获取贷款时较普通农户的申贷交易成本更高，并且多为持续性贷款，主要用于现代化农业生产，具有较高的投资收益率，一旦违约会影响未来的投资规模和收益，并且失去银行持续贷款利率优惠（张立，2014；曹燕子等，2018）。普通农户由于世代生活在农村，社会关系相对单一，人际圈层较小。新型农户由于生产经营活动和外界联系频繁，社会关系网络更为广泛，违约这种负面信息传递至商业社交网络中后，扩散范围更大、影响更深（牛晓冬，2020；曹燕子，2018；王性玉，2019），因此其违约机会成本更大。鉴于此，本书提出以下假设和相关子假设：

H_4：相较于普通农户，新型农户违约成本更大，更有利于增强其信誉。

H_{4a}：相较于普通农户，新型农户违约现实成本更大，更有利于增强其信誉。

H_{4b}：相较于普通农户，新型农户违约机会成本更大，更有利于增强其信誉。

（四）农业收入在风险处置影响农户信贷可得的中介效应

通过上述理论分析可知，农户风险处置能力可以促进农业生产经营的稳定性，获得更加持续的现金流，进而提高农户农业收入，增强其信贷可得性。具体来说，当农户能够有效应对各种风险和不确定性，保障农业生产的稳定性和连续性时，其生产经营状况更加可靠，收入来源就更加稳定，相应的还款能力也更强，进而强化金融机构对农户的信任，使农户更容易获得足额的信贷资金支持，进而提高其生产能力和生产效益，从而形成良性的循环。与普通农户相比，新型农户通常具备一定的生产技术和管理能力，能够更好地应对农业生产中的风险和不确定性。因此，他们的风险处置能力相对较强，从而获得更为稳定的农业收入，更有利于提升其还款能力，增强其信贷可得性。由此，本书提出以下假设和相关子假设：

H_5：风险处置通过提高农户的农业收入促进农户信贷可得。

H_{5a}：相较于普通农户，农业收入在新型农户风险处置与信贷可得之间的中介效应更强。

（五）信誉在违约成本影响农户信贷可得的中介效应

传统关系信任观下，信誉作为一项主要的社会资本特征被用来反映当事人的信用和守信状况。如果农户具有较高的信誉，其对自身的信用比较重视，因此，在履行还款义务时会表现出主动性和自觉性，往往信用风险的发生率较低，金融机构会更倾向为其提供信贷资金。相反，如果农户信誉低下，金融机构会对其能够履约还款产生怀疑，进而产生不信任感，从而影响其信贷可得性。经过前文的分析，违约成本被认为是一种影响农户信誉的约束因素，包括违约现实成本和机会成本两部分。首先，农户违约可能面临法律制裁，甚至可能受到各个部门的联合惩戒，对其生活造成巨大影响。其次，在一个具有高度互识性的社区中，社会资本在人际圈层中占据的分量较重，个人的“面子”在农村社区中十分重要。借款农户如果赖账不还，会在社区中被认为是不讲信用的人，承受巨大的心理压力。这会导致其他农户对其评价降低，甚至在村中形成不讲信用的形象。这些违约的农户很难从其他农户那里得到经济上的帮助，从而进一步加大了其守信和建立信誉的动机。信誉是还款意愿的有效保障，信誉的提升增强了金融机构对农户的信用评级。因此，违约成本被视为一种对农户行为施加约束的重要因素，通过其制约作用促进农户建立信誉，进而对其信贷可得性产生影响。相较于普通农户，新型农户面临着更大的违约成本，这意味着，违约成本对新型农户建立信誉的激励作用更大，也更有动机建立信誉，从而更有利于其获得信贷资金支持。由此，本书进一步提出以下假设和相关子假设：

H_6：违约成本通过提高农户的信誉促进农户信贷可得。

H_{6a}：相较于普通农户，信誉在新型农户违约成本与信贷可得之间的中介效应更强。

基于上述分析，本书提出风险处置和违约成本分别通过农业收入与信誉的中介作用影响普通农户和新型农户信贷可得的理论分析框架，如图 4-1 所示。

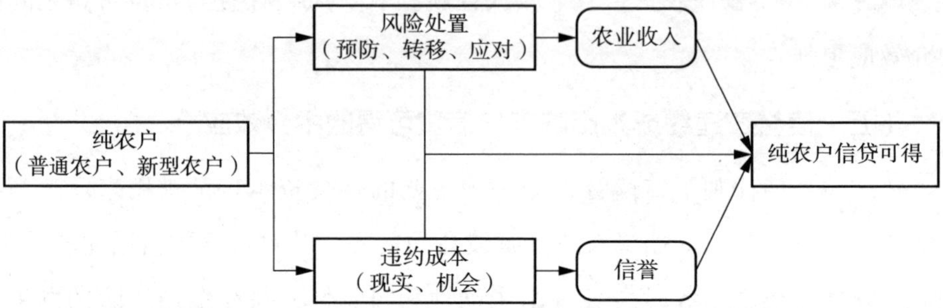

图 4-1　理论分析框架

三、研究设计

（一）样本选择与数据来源

本书采用的数据来源于本书研究团队和中国农业银行河南省分行合作进行的农户信贷状况调查数据。河南省是农业大省，是全国粮食生产的主产区，其中农业人口约占全省总人口的一半，因此选择河南农户进行信贷状况调查具有一定的代表性。本次调查对河南省 18 个省辖市（含济源示范区）68 个县共 1500 户农户进行分层抽样调查，剔除非农农户及无效问卷后得 1212 份有效问卷，其中普通农户 705 户，占比为 58. 17%；新型农户 507 户，占比为 41. 83%。调查问卷主要搜集了农户的基本特征、借贷情况、总收入、农业收入、信誉状况、风险处置和违约成本等相关信息。

（二）变量定义与描述性统计分析

1. 风险处置与违约成本

本书将以家庭为单位进行农业生产，集生产与消费于一体的农业微观主体定义为普通农户；将农业专业大户、加入农业合作社、经营家庭农场的农户定义为新型农户。根据前文理论分析，本书将风险处置能力分为风险预防、转移和应对能力。根据普通农户和新型农户风险处置能力特征的差异，在问卷调查中分别设计是否采取防灾减灾措施、采用新技术和咨询专业人员以及是否从事分散化、多样化生产来测度普通农户和新型农户风险预防能力；分别设计是否参保农业保险、拥有稳定销路、兼业打零工等来测度风险转移能力；分别设计风险发生后是否能够多渠道获取资金和采取多种风险管理措施来测度风险应对能力。同时根据已有文献选择年龄、性别、受教育程度、家庭劳动力人数、拥有的土地面积、是否为村里大姓、家里是否有共产党员、是否有亲属在银行工作作为控制变量。

对于信贷违约成本的度量，考虑到现实中当事人会对违约、罚款等敏感性问题隐瞒事实，从而造成信息失真的情况，因此问卷调查中分别设计是否担心失信被银行列入黑名单而选择按期还款和周围村民因为赖账是否受到罚款、强制执行等法律惩罚来间接衡量普通农户和新型农户对违约现实成本的考量。违约机会成本包括潜在货币性收益的损失和社会资本的丧失。分别设计是否因担心失去持续贷款优惠而选择还款和是否因担心未来可能收益的丧失而选择还款来衡量潜在的货币性损失。而社会资本的丧失主要是社会网络中信誉资本的丧失，因此本书用是否担心违约会在社会关系中影响信誉而选择还款来衡量潜在信誉社会资本损失。

2. 农业收入与信誉

农户的农业收入和信誉是建立借贷信任的关键经济和社会资本特征变量，并最终影响农户的信贷可得。基于前文理论分析，本书选择农户近三年农业年均总收入作为衡量农业收入的代理变量。鉴于银行对农户的信用评级从农户个人品格、信誉状况、还款及时性等多维度对农户进行评价，对信誉的反映相对比较完备，因此本书选用农户信用评级作为农户信誉的代理变量，问卷中通过询问家庭信用评级来表征。为了能准确衡量农户信贷可得情况，本书以是否获得足额贷款来表征农户信贷可得。

3. 信贷可得

近年来，普惠金融工作的推进使农户的信贷可得性得到了较大提升。相关研究发现，金融机构发放信贷资金的额度仍难以满足农户的信贷需求（牛晓冬等，2020），信贷配给依然存在。以往研究多以是否获得信贷资金支持作为农户信贷可得的度量（王性玉等，2019；张龙耀等，2019），较少关注获得多少以及是否真正满足了农户的信贷需求，忽略了数量信贷配给的影响。鉴于此，本书选择是否获得足额信贷资金来衡量农户信贷可得情况。

同时根据已有文献的研究选择年龄、性别、受教育程度、家庭劳动力人数、拥有的土地面积、是否为村里大姓、家庭是否有共产党员、是否有亲属在银行工作等作为控制变量。

本书所涉及变量的描述性统计分析见表 4-1。

表 4-1　变量定义及描述性统计分析

变量类别	变量	含义	取值说明	均值	标准差
农业收入	*Rab*	农业收入（万元）	近三年年均家庭农业总收入	7.096	9.067
信誉	*Rwi*	信用评级	5 万元及以下=1；5 万~10 万元=2；10 万~20 万元=3；20 万元及以上=4	2.458	0.924
信贷可得	*Get*	获得足额贷款	是=1；否=0	0.521	0.500
家庭特征	*Age*	年龄（岁）	户主年龄	41.960	10.540
	Gen	性别	男=1；女=0	0.704	0.457
	*Edu*1	受教育程度	高中或中专或职业技校=1；其他=0	0.448	0.497
	*Edu*2		大专及以上=1；其他=0	0.340	0.474
	Fie	土地（亩）	土地面积	9.017	11.950
	Lab	劳动力人数（人）	劳动力人数	2.564	0.827
	Nam	村里大姓	是=1；否=0	0.474	0.500
	Mcp	共产党员	是=1；否=0	0.422	0.494
	Ban	亲属在银行工作	是=1；否=0	0.116	0.321
	Typ	农户类型	新型农户=1；普通农户=0	0.418	0.493
风险预防	*Thl*	新技术与专业人员	是=1；否=0	0.418	0.493
	Fac	采取防灾减灾措施	是=1；否=0	0.578	0.494
	Dec	分散化、多样化生产	是=1；否=0	0.404	0.491
风险转移	*Ins*	购买农业保险	是=1；否=0	0.483	0.500
	Mkt	有稳定的销路	是=1；否=0	0.504	0.500
	Ptj	兼业打零工	是=1；否=0	0.416	0.493

续表

变量类别	变量	含义	取值说明	均值	标准差
风险应对	*Mon*	资金应对	是=1；否=0	0.356	0.479
	Mag	管理应对	是=1；否=0	0.275	0.447
现实成本	*Blk*	担心违约列入黑名单	是=1；否=0	0.912	0.284
	Sen	村民因违约受到惩罚	是=1；否=0	0.271	0.444
机会成本	*Dcn*	失去持续贷款优惠	是=1；否=0	0.663	0.473
	Gan	影响未来收益	是=1；否=0	0.504	0.500
	Hor	担心信誉受损	是=1；否=0	0.577	0.494

（三）模型设计

本书首先采用 Logit 回归模型对风险处置、违约成本对农户信贷可得的影响假设进行实证分析，Logit 模型的基本表达式如下：

$$\mathrm{Logit}(p \mid Get_i = 1) = \alpha_0 + \alpha_1 F_i + \alpha_2 W_i + \gamma C + \varepsilon_i \tag{4-1}$$

其中，F_i、W_i 分别为农户的风险处置与违约成本变量；C 为控制变量向量；γ 为控制变量的参数向量；ε_i 为随机误差项；$i=1，2，\cdots，n$，代表第 i 个农户。

其次，构建检验普通农户和新型农户风险处置对农业收入影响的多元回归模型：

$$Y_i = \beta_0 + \beta_1 K + \beta_2 F_i + \beta_3 KF_i + \gamma C + u_i \tag{4-2}$$

其中，Y_i 为农户的农业收入；F_i 为农户的风险处置能力；K 为农户类型的虚拟变量；u_i 为随机误差项。

然后，构建检验普通农户和新型农户违约成本与信誉的 Ologit 模型：

$$\mathrm{Logit}[P_r(Y_i \leqslant j \mid X)] = \ln\left[\frac{P_r(Y_i \leqslant j \mid X)}{1-P_r(Y_i \leqslant j \mid X)}\right] = \varphi_i + \varphi_1 K_i + \varphi_2 Typ_i + \varphi_3 Typ_i K_i + \varphi_k Controls_i + \omega_i \tag{4-3}$$

其中，Y_i 为衡量农户信誉的 k 个等级有序变量，$P_r(Y_i \leqslant j \mid X)$ 为累积概率，$j=1，2，3，\cdots，k-1$；K_i 为农户违约成本；$Controls_i$ 为控制变量；ω_i 为随机误差项。

为选择适用于研究普通农户和新型农户信贷可得的 Logit 回归模型，本书借鉴陈盛伟等（2021）的研究方法，选择由 Karlson 等（2011）结合已有中介效应检验方法的基础上总结创造发展而来的 KHB 模型，该方法可应用到广义线性模型中：

$$Y^* = \alpha_F + \beta_F X + \gamma_F M + \delta_F C + \vartheta \tag{4-4}$$

$$Y^* = \alpha_R + \beta_R X + \delta_R C + \varepsilon \tag{4-5}$$

式（4-4）、式（4-5）中，Y^* 为表征农户的信贷可得的因变量；X 为核心自变量；M 为中介变量；C 为控制变量。并且 X 可通过影响 M 来间接影响因变量 Y。因此在这种假设下，最终的总效应 b_R 和直接效应 b_F 为

$$b_R = \frac{\beta_R}{\sigma_R},\ b_F = \frac{\beta_F}{\sigma_F} \tag{4-6}$$

其中，σ_R 和 σ_F 为规模参数，分别为式（4-4）和式（4-5）的残差标准误。

因此，X 通过影响 M 对 Y 的间接影响为

$$b_R - b_F = \frac{\beta_R}{\sigma_R} - \frac{\beta_F}{\sigma_F} = \frac{\beta_R}{\sigma_R} \tag{4-7}$$

由式（4-7）可知，间接效应由两个规模参数决定，可通过测算中介变量 M 对核心自变量 X 回归的残差来解决该问题：

$$R = M - (a + bX) \tag{4-8}$$

其中，a 和 b 为线性回归系数。将 R 代替 M 带入式（4-4）

$$Y^* = \widetilde{\alpha_R} + \widetilde{\beta_R} X + \widetilde{\gamma_R} Z + \widetilde{\delta_R} C + \epsilon \tag{4-9}$$

可 R 和 M 的区别仅在于 M 与 X 相关，因此式（4-4）与式（4-9）在估测时没有区别，也就是说$\widetilde{\sigma_R} = \sigma_F$，$\widetilde{\sigma_R}$ 为式（4-4）残差标准差，进一步，$\widetilde{\beta_R} = \beta_R$。

$$\widetilde{b_R} - b_F = \frac{\widetilde{\beta_R}}{\widetilde{\sigma_R}} - \frac{\beta_F}{\sigma_F} = \frac{\beta_R - \beta_F}{\sigma_F} \tag{4-10}$$

$$\frac{b_R}{b_F}=\frac{\frac{\beta_R}{\sigma_R}}{\frac{\beta_F}{\sigma_F}}=\frac{\beta_R}{\beta_F} \tag{4-11}$$

同样地，各系数占比也可进行计算：

$$100\times\frac{\widetilde{b_R}-b_F}{\widetilde{b_R}}=100\times\frac{\frac{\beta_R}{\sigma_F}-\frac{\beta_F}{\sigma_F}}{\frac{\beta_R}{\sigma_F}}=100\times\frac{\beta_R-\beta_F}{\beta_R} \tag{4-12}$$

四、实证分析

（一）风险处置、违约成本对农户信贷可得影响的实证检验结果

本部分通过实证分析农户风险处置能力、违约成本情况对其信贷可得的影响。对于风险处置能力的客观测度法一般有得分加总法和因子分析法两种，得分加总法采用风险处置行为的总数对风险处置能力进行测度，因子分析法则是通过多个问题的回答，使用因子分析法找出最大公因子以对风险处置能力进行拟合。本书采用因子分析法从测度风险预防、转移和应对能力的七个指标中提取出三个特征值大于 1 的公因子，将各因子的方差贡献率在总方差贡献率的占比作为权重来综合计算农户的风险处置能力。由于两类农户在风险发生后调整生产经营方式以应对风险的能力较弱，所以在分析过程中将该指标进行剔除，其余指标首先经过检验得到 KMO 检验值为 0.787，Bartlett 球形检验的卡方近似值为 1805.302，通过显著性检验（$P=0.000<0.001$），说明数据适合做因子分析。通过分析方差解释表，提取出三个公因子，并且累计贡献率为 79.84%。将原有因子载荷矩阵旋转后得到的因子载荷系数如表 4-2 所示，通过分析将因子 F1 命名为风险预防能力因子、F2 命名为风险转移能力因子、F3 命名为风险应对能力因子，将这三个因子经过相应的加权计算进而得到农户风险处置能力综合评价指标

(*Dpl*)，为了更好地进行接下来的分析，本书对得到的原始数据进行了标准化处理。

表 4-2 旋转后的风险处置因子载荷系数

Variable	F1	F2	F3
Fac	0.836	-0.015	-0.010
Thl	0.846	-0.005	-0.082
Mkt	0.091	0.823	-0.120
Ins	0.148	0.673	0.046
Mon	0.058	0.028	0.907
Dec	0.809	0.163	-0.088
Ptj	-0.039	0.627	-0.380

本书采用因子分析法将测度违约现实成本与机会成本的相关指标生成违约成本综合评价指标（*Cst*），综合测度农户的违约成本情况。首先对相关数据检验得到 KMO 检验值为 0.654，Bartlett 球形检验的卡方近似值为 361.138，通过显著性检验（$P=0.000<0.001$），通过分析方差解释表，提取出两个特征值大于 1 的公因子 F1、F2，累计贡献率为 72.14%。将原有因子载荷矩阵旋转后得到的因子载荷系数如表 4-3 所示，通过分析可知，因子 F1 对机会成本的解释力度较大，因子 F2 能对现实成本较好地进行解释，将因子 F1 和 F2 通过相应的加权计算进而得到农户违约成本综合评价指标，并对原始数据进行了标准化处理。

表 4-3 旋转后的违约成本因子载荷系数

Variable	F1	F2
Blk	0.118	0.707
Dcn	0.724	-0.067
Gan	0.721	0.183
Hor	0.730	0.095
Sen	0.028	0.766

表4-4中，模型M11～M13是分别对全体农户、新型农户和普通农户样本的回归结果，为了更好地解释相关影响，模型选择报告几率比。首先从全体农户样本的回归结果来看，农户的风险处置能力（*Dpl*）对农户的信贷可得有正向影响，且在1%的统计水平上显著。说明农户风险处置能力越强，越有利于农户获得充足信贷资金，由此假设 H_1 得到验证。从分组回归结果来看，新型农户风险处置能力对其信贷可得影响的几率比为2.751，且在1%的统计水平上显著。普通农户风险处置能力对信贷可得影响的几率比为1.454，在5%的统计水平上显著。结合上文的分析结果可知，相较于普通农户，新型农户风险处置能力更强，其更容易获得金融机构贷款。因此假设 H_{1a} 得到初步验证。为了保证结果的稳健性，最后一行报告的卡方值借鉴连玉君等（2017）提出的SUR检验法对分组回归模型系数差异性进行检验。结果显示，两类农户风险处置能力对信贷可得的影响系数在1%的统计水平上存在显著差异。以上分析说明，新型农户风险处置能力的提高对于其信贷配给约束的缓解作用更强，从而进一步验证了 H_{1a} 假设。

接下来分析违约成本对农户信贷可得的影响，从全体农户样本的回归结果来看，农户的违约成本（*Cst*）对农户的信贷可得有正向影响，且在1%的统计水平上显著。说明农户的违约成本越大，农户更容易从正规金融机构获得足额的信贷资金，由此假设 H_2 得到验证。从分组回归结果来看，新型农户违约成本对其信贷可得影响的几率比为2.584，在1%的统计水平上显著。普通农户违约成本对其信贷可得影响的几率比为1.417，在1%的统计水平上显著。结合上文的分析结果可知，相较于普通农户，新型农户违约成本更大，其更容易获得金融机构贷款。采用SUR检验法对模型系数差异性进行检验。结果显示，两类农户违约成本对信贷可得的影响系数在1%的统计水平上存在显著差异，从而验证了 H_{2a} 假设。从控制变量的回归结果来看，性别、受教育程度、家庭劳动力人数、是否为村里大姓、家里是否有党员均对农户的信贷可得性有着显著的正向影响，这和以往的研究结论一致，在此不再赘述。

表 4-4 风险处置、违约成本对信贷可得的影响

Variable	M11	M12	M13
Dpl	1. 842 *** (4. 515)	2. 751 *** (4. 073)	1. 454 ** (2. 372)
Cst	1. 787 *** (4. 337)	2. 584 *** (4. 050)	1. 417 *** (3. 184)
Age	0. 994 (−0. 998)	0. 987 (−1. 090)	0. 997 (−0. 403)
Gen	1. 322 ** (2. 014)	1. 393 (1. 283)	1. 252 (1. 303)
*Edu*1	2. 269 *** (4. 862)	3. 052 *** (6. 232)	1. 215 * (1. 912)
Edu2	2. 463 *** (5. 032)	4. 274 *** (6. 223)	1. 250 *** (2. 648)
Lab	1. 203 ** (2. 424)	1. 527 *** (3. 104)	0. 997 (−0. 030)
Fie	1. 351 * (1. 740)	1. 069 (0. 571)	1. 332 (1. 238)
Nam	1. 381 ** (2. 517)	1. 510 * (1. 751)	1. 344 * (1. 783)
Mcp	1. 468 ** (1. 976)	1. 419 (1. 616)	1. 978 *** (2. 884)
Ban	1. 970 (1. 534)	1. 840 (1. 123)	1. 964 (1. 219)
_cons	0. 088 *** (−6. 537)	0. 025 *** (−4. 887)	0. 231 *** (−2. 786)
N	1212	507	705
P_R^2	0. 101	0. 207	0. 153
SUEST	χ^2	7. 75 *** 、7. 48 ***	

注：***表示 $P<0.01$，**表示 $P<0.05$，*表示 $P<0.1$。

（二）普通农户和新型农户风险处置对农业收入影响的实证检验结果

本书首先采用独立样本 T 检验分析两类农户风险处置能力的差异，具体如表 4-5 所示。

表 4-5　普通农户和新型农户风险处置能力变量描述统计分析

Variables	*N*	*Thl*	*Fac*	*Dec*	*Ins*	*Mkt*	*Ptj*	*Mon*	*Mag*
新型农户	507	0.558	0.775	0.278	0.653	0.742	0.231	0.385	0.292
普通农户	705	0.318	0.437	0.495	0.362	0.333	0.550	0.336	0.262
离差	—	0.240***	0.338***	-0.217***	0.291***	0.408***	-0.320***	0.048*	0.030

注：T 检验，***表示 $P<0.01$，**表示 $P<0.05$，*表示 $P<0.1$。

从表 4-5 可以看出，在风险预防能力指标上，新型农户采用新技术和聘请专业人员（*Thl*）、采取防灾减灾措施（*Fac*）指标值均显著高于普通农户，但在从事分散化、多样化生产指标（*Dec*）上，普通农户显著高于新型农户，说明普通农户和新型农户在风险预防能力上存在异质性，这和前文理论分析结论一致。在风险转移能力上，新型农户参保农业保险（*Ins*）概率更大。说明新型农户更倾向于通过购买农业保险来转移风险。此外，新型农户农产品市场销路（*Mkt*）更加稳定，这也体现出新型农户在转移产品价格风险上更具有优势。在兼业（*Ptj*）选择上，新型农户显著低于普通农户，说明普通农户更倾向于非农忙时通过兼业打零工来转移农业经营风险。由此，在风险转移能力上，两类农户也存在异质性。在风险应对能力上，尽管新型农户具有较强的资金筹措能力（*Mon*），但在管理应对能力（*Mag*）上，新型农户和普通农户差异不显著并且均值相对较低，说明两类农户均缺乏有效的生产经营风险管理措施，在风险应对能力上表现不足。

为了进一步分析普通农户和新型农户在风险处置能力上的差异以及对农业收入的影响，本书采用式（4-2）对相关数据进行分析。首先进行共线性检验，方差膨胀因子（VIF）值均小于 5，说明回归模型不存在多重共线性问题。普通农户和新型农户风险处置对农业收入影响的回归分析结果如表 4-6 所示。

表 4-6　普通农户和新型农户风险处置对农业收入影响的回归分析结果

因变量	农业收入（*Rab*）							
模型	M21	M22	M23	M31	M32	M33	M41	M42
Age	-0.022 (-0.988)	-0.018 (-0.811)	-0.021 (-0.966)	-0.011 (-0.486)	-0.025 (-1.116)	-0.019 (-0.883)	-0.016 (-0.747)	-0.020 (-0.891)

续表

因变量	农业收入（*Rab*）							
Gen	0.562 (1.096)	0.550 (1.080)	0.534 (1.035)	0.614 (1.206)	0.594 (1.154)	0.705 (1.368)	0.647 (1.257)	0.773 (1.499)
*Edu*1	2.277*** (3.765)	2.391*** (3.977)	2.168*** (3.565)	2.253*** (3.753)	2.343*** (3.865)	2.201*** (3.616)	2.323*** (3.824)	2.422*** (3.957)
*Edu*2	2.728*** (4.270)	2.850*** (4.491)	2.835*** (4.414)	2.741*** (4.321)	2.929*** (4.578)	2.848*** (4.430)	2.918*** (4.547)	2.995*** (4.621)
Lab	0.711** (2.528)	0.687** (2.455)	0.660** (2.327)	0.688** (2.461)	0.707** (2.507)	0.653** (2.296)	0.668** (2.355)	0.763*** (2.696)
Fie	0.392 (1.192)	0.446 (1.362)	0.366 (1.105)	0.212 (0.647)	0.174 (0.527)	0.305 (0.921)	0.265 (0.802)	0.333 (1.006)
Nam	0.557 (1.187)	0.686 (1.469)	0.592 (1.255)	0.537 (1.151)	0.521 (1.105)	0.579 (1.225)	0.437 (0.924)	0.617 (1.307)
Mcp	0.943** (1.969)	0.852* (1.787)	0.971** (2.015)	0.961** (2.019)	0.850* (1.768)	0.876* (1.814)	1.035** (2.143)	0.945* (1.959)
Ban	0.594 (0.821)	0.588 (0.818)	0.847 (1.164)	0.588 (0.820)	0.585 (0.807)	0.841 (1.155)	0.702 (0.966)	0.626 (0.861)
Typ×*Fac*	3.811*** (3.672)							
Typ×*Thl*		4.273*** (4.482)						
Typ×*Ptj*			−2.423** (−2.325)					
Typ×*Mkt*				4.768*** (4.691)				
Typ×*Ins*					2.705*** (2.791)			
Typ×*Dec*						−2.653*** (−2.660)		
Typ×*Mon*							1.771* (1.837)	
Typ×*Mag*								1.592 (1.531)

续表

因变量	农业收入（*Rab*）							
常量	-0.931 (-0.691)	-1.076 (-0.807)	-0.332 (-0.242)	-1.026 (-0.771)	-0.533 (-0.397)	-0.655 (-0.478)	-1.048 (-0.777)	-1.401 (-1.029)
N	1212	1212	1212	1212	1212	1212	1212	1212
R^2	0.250	0.259	0.241	0.260	0.246	0.240	0.242	0.241

注：括号内为 t-统计量，***表示 $P<0.01$，**表示 $P<0.05$，*表示 $P<0.1$。

表 4-6 中模型 M21～M23 为风险预防能力各变量对农业收入变量的回归结果，模型 M31～M33 为风险转移能力各变量与农业收入变量的回归结果，模型 M41、M42 为风险应对能力各变量与农业收入变量的回归结果。从模型 M21 和 M22 的回归结果来看，农户类型与是否采取防灾减灾措施的交互项（*Typ×Fac*）和是否采用新技术和咨询专业人员的交互项（*Typ×Thl*）系数均为正且在 1%的统计水平上显著，说明新型农户风险预防能力对农业收入的影响更为突出。由模型 M23 回归结果可以看出，农户类型与是否采用兼业打零工方式交互项（*Typ×Ptj*）系数为负且在 5%的统计水平上显著，说明普通农户更倾向于通过兼业打零工方式转移农业经营风险。结合上文 T 检验结果，两类农户在风险预防上存在显著差异，但综合比较来看，新型农户采用的措施更加全面、多元，从而具有更强的风险预防能力，对农业收入的影响强于普通农户，假设 H_{3a} 得证。从模型 M31 和 M32 回归结果来看，农户类型与是否有稳定的农产品销路的交互项（*Typ×Mkt*）系数和是否购买农业保险的交互项（*Typ×Ins*）系数均为正且在 1%的统计水平上显著，说明新型农户的风险转移能力对农业收入的影响更为突出。由模型 M33 回归结果可以看出，农户类型与从事分散化、多样化生产交互项（*Typ×Dec*）系数为负且在 1%的统计水平上显著，说明普通农户更倾向于采取分散化、多样化种植来转移风险。结合上文 T 检验结果，两类农户风险转移特征存在显著差异，但新型农户风险转移方式更为直接，具有更强的风险转移能力，因而对农业收入的影响强于普通农户，假设 H_{3b} 得证。从模型 M41 和 M42 回归结果来看，农户类型与资金应对交互项（*Typ×Mon*）系数为正且在 10%的统计水平上显著，农户类型与管理应对交互项（*Typ×Mag*）系数为正但不显著。再一次证明了新型农户尽

管在资金应对上具有优势，但两类农户在管理应对措施上均表现不足，说明两类农户在生产经营过程中没有采取有效的风险管理策略来应对风险，缺乏相应的风险应对能力。由于在资金应对上具有优势，新型农户风险应对能力对于农业收入的影响部分强于普通农户，由此假设 H_{3c} 部分得到验证。综合比较上述分析后仍可以得出，新型农户的风险处置能力普遍强于普通农户，更有利于增强其农业收入，因此假设 H_3 得证。

此外，从农户基本特征变量回归分析结果来看，农户受教育程度、家庭劳动力人数和家人有党员均对农户农业收入产生正向的影响，并且在多个回归模型里得到验证。农户受教育程度越高，接受新生事物能力越强，越容易掌握生产经营的专业知识和技术，从而有利于增加农业收入。劳动力人数越多，获得的劳动收入越多。家人有党员对农户收入有显著正向影响，党员身份不仅体现了农户在人际社会圈层内的认可度和影响力，也有利于农户获得更多有形和无形的资源，增强其获得收入的能力。

（三）普通农户和新型农户违约成本对信誉影响的实证检验结果

首先分析两类农户违约成本的差异，表 4-7 是相关变量的独立样本 T 检验结果。

表 4-7　普通农户和新型农户违约成本变量描述统计分析

Variables	*N*	*Blk*	*Sen*	*Dcn*	*Gan*	*Hor*
新型农户	507	0.935	0.282	0.773	0.538	0.722
普通农户	705	0.895	0.262	0.584	0.479	0.472
离差	—	0.040**	0.020	0.189***	0.059**	0.250***

注：T 检验，***表示 $P<0.01$，**表示 $P<0.05$。

从表 4-7 中可以看出，在违约现实成本指标上，尽管两类农户均担心因为违约而被列入征信“黑名单”（*Blk*），但两类农户指标值在 5%的统计水平上存在显著差异，说明新型农户普遍对自身征信状况更为重视。在村民是否因违约受到惩罚指标（*Sen*）上，两类农户选择概率较低并且差异不显著。这可能说明在农村信贷市场上，违约惩戒机制尚未有效发挥作用。在违约机会成本指标上，新型农户比普通农户更加担心失去持续贷款利率优惠（*Dcn*），更担心影响到未来预期收益（*Gan*），和前文理论分析结论一致。新型农户对社会信誉（*Hor*）的重视程度显著高于普通农户，由于新型农户社会关系网络更为广泛，违约所造成的社会信誉成本损失更大，因此，相较于普通农户，新型农户违约成本更大。

为了进一步分析普通农户和新型农户在违约成本上的差异显著性及其对信誉的影响，本书采用式（4-3）对相关数据进行分析。首先进行共线性检验，方差膨胀因子（VIF）值均小于5，说明回归模型不存在多重共线性问题。普通农户和新型农户违约成本对信誉影响的回归分析结果如表4-8所示。

表4-8 普通农户和新型农户违约成本对信誉影响的回归分析结果

因变量	信誉（*Rwi*）				
模型	M51	M52	M61	M62	M63
Age	-0.004 (-0.704)	-0.005 (-1.001)	-0.007 (-1.364)	-0.006 (-1.083)	-0.006 (-1.054)
Gen	0.488*** (3.938)	0.502*** (4.063)	0.466*** (3.746)	0.486*** (3.925)	0.476*** (3.820)
*Edu*1	0.942*** (6.413)	0.951*** (6.519)	0.950*** (6.482)	0.931*** (6.363)	0.940*** (6.417)
*Edu*2	1.332*** (8.568)	1.325*** (8.574)	1.316*** (8.482)	1.320*** (8.495)	1.293*** (8.319)
Lab	0.239*** (3.525)	0.219*** (3.246)	0.207*** (3.059)	0.203*** (2.993)	0.208*** (3.085)
Fie	0.086 (1.103)	0.088 (1.135)	0.118 (1.506)	0.093 (1.192)	0.085 (1.090)
Nam	0.435*** (3.892)	0.421*** (3.785)	0.363*** (3.240)	0.469*** (4.175)	0.340*** (3.029)
Mcp	0.076 (0.665)	0.080 (0.700)	0.074 (0.645)	0.129 (1.125)	0.022 (0.188)
Ban	1.496*** (8.307)	1.464*** (8.095)	1.632*** (8.864)	1.426*** (7.823)	1.472*** (8.098)
Typ×*Blk*	0.818** (2.050)				

续表

因变量	信誉（*Rwi*）				
$Typ \times Sen$		0.207 (0.834)			
$Typ \times Dcn$			0.536** (2.117)		
$Typ \times Gan$				0.584*** (2.664)	
$Typ \times Hor$					0.569** (2.448)
*Cut*1	1.589*** (4.091)	0.549* (1.699)	0.819** (2.503)	0.719** (2.206)	0.603* (1.869)
*Cut*2	3.680*** (9.185)	2.562*** (7.741)	2.913*** (8.618)	2.781*** (8.286)	2.662*** (8.026)
*Cut*3	5.721*** (13.740)	4.552*** (13.144)	4.944*** (13.963)	4.833*** (13.737)	4.708*** (13.529)
N	1212	1212	1212	1212	1212
P_R^2	0.105	0.087	0.106	0.105	0.102

注：***表示$P<0.01$，**表示$P<0.05$，*表示$P<0.1$。

表4-8中，模型M51、M52为现实成本各变量对信誉变量的回归结果，模型M61~M63为机会成本各变量与信誉变量的回归结果。从模型M51和M52回归结果来看，农户类型与是否担心列入“黑名单”的交互项（$Typ \times Blk$）系数为正且在5%的统计水平上显著，说明新型农户因担心违约被列入“黑名单”对信誉的影响更为强烈。农户类型与周围人员是否因违约受到法律惩罚（$Typ \times Sen$）的交互项系数为正，但在统计水平上并不显著。这一方面说明尽管新型农户对周围人因违约受到法律惩罚更为敏感，但和普通农户的感知区分度并不显著；另一方面也说明农村信贷市场上违约法律惩戒制度设计和执行还没有形成一定的威慑作用，还需进一步完善。因此，假设H_{4a}部分得证。从模型M61和M62的回归结果来看，在收益型机会成本测量上，农户类型与是否担心丧失持续贷款利率优惠的交互项（$Typ \times Dcn$）系数为正且在5%的统计水平上显著；与是否担心影响未来收益的交互项（$Typ \times Gan$）系数为正且在1%的统计水平上显著。说明新型农户比普通农户更担心未来各种利益

的丧失。从模型 M63 的回归结果来看，在信誉型机会成本测量上，农户类型与是否担心违约会对社会关系信誉产生影响的交互项（$Typ \times Hor$）系数为正且在 5%的统计水平上显著，说明新型农户更为担心信誉的丧失会对社会关系网络产生影响。因此，新型农户违约机会成本对于信誉的影响更强烈，假设 H_{4b} 得证。综合以上分析结果可以得出，相较于普通农户，新型农户违约成本更大，更有利于增强其信誉，假设 H_4 得证。

此外，从农户基本特征变量回归分析结果来看，农户为男性、受教育程度高、劳动力人口多、是农村里大姓和有亲属在金融机构工作均对农户信誉产生显著正向影响，并且在多个回归模型里得到验证。这主要是因为从事农业生产经营的农户大多是男性，并且受教育程度越高，越有利于农户遵纪守法，提高诚信度，从而增强其信誉。劳动力人口越多，越有利于形成标杆和产生示范效应，树立诚实守信的家风或者行规，从而对信誉产生显著正向影响。是村里第一大姓往往在当地具有一定的影响力和社会地位，注重信誉度和户群形象，因此会对信誉产生正向影响。有亲属在金融机构工作也对信誉产生较为显著的正向影响，主要是因为亲属的身份会要求农户具有诚信度并对其行为产生约束，从而增强其信誉，这些均和以往的研究结论一致。

（四）农业收入的中介效应检验结果

本部分通过中介效应检验模型分析风险处置能力对农户信贷可得性的作用机制，由于农业收入对农户的信贷可得有显著的积极影响，现有文献已经做了大量的研究，因此，本书不再单独检验农业收入对农户信贷可得的影响。在样本选择上，本书分别选取全体农户、新型农户和普通农户样本进行检验，以更好地探究农户风险处置能力影响信贷可得的内在作用机理。本书首先按照中介效应检验的通常做法选取全体农户的样本，借鉴 Baron 等（1986）提出的方法对加入中介变量前后模型的系数和拟合程度进行对比分析来验证中介效应。检验结果如表 4-9 所示，根据模型 M71 报告的结果，风险处置能力（Dpl）在 1%的统计水平下显著正向作用于农户的信贷可得，表明风险处置能力越高，越能促使农户获得足额信贷资金。通过对模型 M72 报告结果的分析，风险处置能力显著正向影响农户的农业收入，可见农户的风险处置水平高，对农户的农业收入有着积极影响。模型 M73 将风险处置与农业收入一起引入模型进行分析，根据回归结果，风险处置变量的系数依然显著，但影响系数变小，根据系数差异可知，风险处置能力可以通过提高农户的农业收入促进农户信贷可得。因此，假设 H_5 得证。

表 4-9　农户农业收入中介效应检验结果

Variables	M71	M72	M73
Dpl	0.611*** (4.515)	0.363*** (7.025)	0.334** (2.292)
Rab			0.982*** (10.941)
Cst	0.580*** (4.337)	0.037 (1.073)	0.524*** (3.169)
Age	-0.006 (-0.998)	-0.003 (-1.171)	-0.006 (-0.861)
Gen	0.279** (2.014)	0.112** (2.086)	0.228 (1.555)
*Edu*1	0.819*** (4.862)	0.421*** (7.088)	0.519*** (2.925)
*Edu*2	0.901*** (5.032)	0.395*** (6.240)	0.668*** (3.527)
Lab	0.185** (2.424)	0.165*** (5.418)	0.056 (0.699)
Fie	0.301* (1.740)	0.248* (1.701)	0.097 (1.113)
Nam	0.323** (2.517)	0.069 (1.348)	0.307** (2.248)
Mcp	0.384** (1.976)	0.032** (2.186)	0.243 (0.307)
Ban	0.678 (1.534)	0.052 (1.591)	0.529** (2.491)
_cons	-2.435*** (-6.537)	-0.052 (-0.371)	-2.698*** (-6.872)

续表

Variables	M71	M72	M73
N	1212	1212	1212
P_R2	0. 101	0. 219	0. 181

注：＊＊＊表示 $P<0.01$，＊＊表示 $P<0.05$，＊表示 $P<0.1$。

为了检验结果的稳健性以及农业收入在不同类型农户风险处置对信贷可得影响的中介效应占比，下面采用 SHB 检验法进一步将风险处置对分类农户信贷可得影响的直接效应、间接效应进行分解分析。从表 4-10、表 4-11 的检验结果可以看出，农业收入在新型农户、普通农户风险处置能力与信贷可得之间的中介效应占比分别为 64. 51%、40. 38%。综合比较分析后发现，农业收入在新型农户风险处置与信贷可得之间的中介效应占比更高，从而更有利于其获得银行足额信贷资金支持，由此假设 H_{5a}得证。

表 4-10　农业收入提升新型农户信贷可得的中介效应占比

效应分类	系数	标准误	*P* 值	中介效应比例（%）
总效应	1. 313	0. 312	0. 000	
直接效应	0. 467	0. 157	0. 000	64. 51
间接效应	0. 847	0. 192	0. 000	

表 4-11　农业收入提升普通农户信贷可得的中介效应占比

效应分类	系数	标准误	*P* 值	中介效应比例（%）
总效应	0. 716	0. 194	0. 000	
直接效应	0. 427	0. 181	0. 017	40. 38
间接效应	0. 289	0. 085	0. 000	

（五）信誉的中介效应检验结果

本部分检验违约成本对农户信贷可得的作用机制，同样由于信誉对农户的信贷可得有显著的积极影响，现有文献已经做了大量的研究，本书不再单独检验信誉对农户信贷可得的影响。农户信誉中介效应检验结果如表 4-12 所示，对模型 M81 报告的结果进行分析，违约成本（*Cst*）在 1%的统计水平下显著正向的影响农户的信贷可得性，可见农户的违约成本越大，越能缓解农户与金融机构之间的信息不对称，增强金融机构的信任，农户越容易获得贷款资金。通过对模型 M82 报告结果分析，违约成本显著正向影响农户的信誉，表明违约成本的增加会对农户的行为产生越来越大的约束作用，促使其更加重视还款义务。模型 M83 将违约成本变量与信誉一起引入模型进行分析，违约成本变量系数依然在 1%的统计水平上显著，但影响变弱，违约成本可以通过提高农户的信誉促进农户信贷可得。因此，假设 H_6 得证。

表 4-12　农户信誉中介效应检验结果

Variables	M81	M82	M83
Cst	0.580*** (4.337)	0.732*** (6.163)	0.372*** (2.638)
Raw			0.756*** (9.249)
Dpl	0.611*** (4.515)	0.183 (1.057)	0.597*** (3.922)
Age	-0.006 (-0.998)	-0.007 (-1.235)	-0.005 (-0.754)
Gen	0.279** (2.014)	0.478*** (3.602)	0.142 (0.966)
*Edu*1	0.819*** (4.862)	0.988*** (6.599)	0.568*** (3.159)
*Edu*2	0.901*** (5.032)	1.328*** (8.559)	0.527*** (2.718)
Lab	0.185** (2.424)	0.239*** (3.473)	0.131 (1.630)
Fie	0.301* (1.740)	0.194 (1.540)	0.267 (1.168)
Nam	0.323** (2.517)	0.361*** (3.185)	0.222** (1.973)
Mcp	0.384** (1.976)	0.013 (0.107)	0.354* (1.852)
Ban	0.678 (1.534)	1.427*** (7.199)	0.043 (1.198)

续表

Variables	M81	M82	M83
_cons	-2.435*** (-6.537)	— —	-3.549*** (-8.829)
P_R^2	0.101	0.097	0.157

注：***表示 $P<0.01$，**表示 $P<0.05$，*表示 $P<0.1$。

为了检验结果的稳健性以及信誉在不同类型农户违约成本对信贷可得影响中的中介效应占比，同样采用 SHB 检验法进一步验证，从表 4-13、表 4-14 的检验结果可以看出信誉在新型农户、普通农户违约成本与信贷可得之间的中介效应占比分别为 45.76%、32.28%。通过比较说明，信誉在新型农户违约成本与信贷可得之间的中介效应占比更高，由此假设 H_{6a}得证。

表 4-13　信誉提升新型农户信贷可得的中介效应占比

效应分类	系数	标准误	P 值	中介效应比例（%）
总效应	1.145	0.260	0.000	
直接效应	0.621	0.201	0.000	45.76
间接效应	0.524	0.117	0.000	

表 4-14　信誉提升普通农户信贷可得的中介效应占比

效应分类	系数	标准误	P 值	中介效应比例（%）
总效应	0.675	0.166	0.000	
直接效应	0.458	0.167	0.000	32.28
间接效应	0.217	0.048	0.000	

（六）稳健性检验

1. 基于变量替换的检验

为了验证风险处置、违约成本对农户信贷可得影响的相关结论的稳健性，本书采取替换变量的检验方式，进一步验证结论的可靠性。具体来说，将因变量“是否获得足额贷款”替换为“是否获得贷款资金”。表 4-15 报告了检验结果，从结果来看，农户的风险处置能力、违约成本的提高对其从金融机构获取信贷资金的影响相对获得足额信贷资金的影响更加明显，因此本章的结论具有稳健性。

表 4-15 基于替换变量稳健性检验

Variable	M1a	M1b	M1c
Dpl	2.436*** (5.184)	2.924*** (2.847)	1.792*** (3.123)
Cst	2.208*** (4.487)	2.373*** (3.048)	1.907*** (3.363)
Age	1.015* (1.810)	1.032 (1.224)	1.015* (1.669)
Gen	1.601*** (2.808)	1.639 (1.085)	1.442** (1.997)
*Edu*1	1.313** (2.358)	2.622*** (2.613)	1.148 (1.248)
*Edu*2	2.257*** (2.974)	3.534*** (2.738)	1.109*** (2.817)
Lab	1.054 (0.530)	1.226 (0.763)	0.961 (−0.361)
Fie	1.775 (1.204)	1.145 (0.702)	1.852 (1.440)
Nam	1.396** (1.979)	1.215 (0.453)	1.393* (1.766)
Mcp	1.301* (1.878)	1.096 (0.189)	1.809* (1.912)
Ban	1.322 (1.379)	1.231 (1.351)	1.466 (1.266)
_cons	0.209*** (−3.387)	0.115* (−1.683)	0.311** (−1.961)
N	1,212	507	705
P_R^2	0.134	0.150	0.102
SUEST	χ^2	6.98***、5.22***	

注：***表示 $P<0.01$，**表示 $P<0.05$，*表示 $P<0.1$。

此外，本章采用替换变量法对分类农户的风险处置能力对其农业收入的影响进行稳健性检验。具体而言，将对农业收入变量进行替换，将“最近三年平均农业收入”替换为“最近三年年均总收入”，并将改变后的变量代入多元回归模型进行检验。表 4-16、表 4-17、表 4-18 报告了检验结果，分析表明，检验结果均支持前文的研究结论。

表 4-16 替换变量稳健性检验（a）

Variables	M2a	M2b	M2c
Age	-0.044 (-1.629)	-0.039 (-1.455)	-0.046* (-1.721)
Gen	-0.044 (-0.070)	-0.015 (-0.024)	-0.252 (-0.401)
*Edu*1	3.116*** (4.189)	3.215*** (4.339)	2.833*** (3.833)
*Edu*2	3.122*** (3.974)	3.060*** (3.911)	3.180*** (4.075)
Lab	1.995*** (5.766)	2.026*** (5.884)	1.876*** (5.440)
Fie	0.296 (0.730)	0.467 (1.158)	0.286 (0.710)
Nam	1.485** (2.572)	1.571*** (2.733)	1.538*** (2.682)
Mcp	1.195** (2.028)	1.341** (2.285)	1.251** (2.136)
Ban	2.495*** (2.805)	2.374*** (2.680)	2.982*** (3.375)
Typ×*Fac*	5.759*** (4.511)		
Typ×*Thl*		7.168*** (5.389)	
Typ×*Dec*			-5.192*** (-4.101)

续表

Variables	M2a	M2b	M2c
_cons	6.250*** (3.768)	6.058*** (3.685)	7.058*** (4.224)
N	1212	1212	1212
R^2	0.250	0.259	0.228

注：***表示 $P<0.01$，**表示 $P<0.05$，*表示 $P<0.1$。

表 4-17　替换变量稳健性检验（b）

Variables	M3a	M3b	M3c
Age	-0.030 (-1.113)	-0.049* (-1.803)	-0.041 (-1.563)
Gen	-0.013 (-0.021)	-0.054 (-0.085)	0.147 (0.237)
*Edu*1	3.044*** (4.146)	3.139*** (4.215)	2.852*** (3.888)
*Edu*2	3.094*** (3.988)	3.333*** (4.240)	3.172*** (4.094)
Lab	1.973*** (5.773)	2.004*** (5.784)	1.800*** (5.256)
Fie	0.540 (1.351)	0.575 (1.413)	0.423 (1.062)
Nam	1.485*** (2.602)	1.441** (2.488)	1.493*** (2.623)
Mcp	1.250** (2.147)	1.086* (1.838)	0.990* (1.703)
Ban	2.520*** (2.872)	2.537*** (2.851)	3.064*** (3.492)
Typ×Mkt	7.642*** (6.148)		
Typ×Ins		3.354*** (2.816)	

续表

Variables	M3a	M3b	M3c
Typ×Ptj			-7.853*** (-6.532)
_cons	5.888*** (3.619)	6.254*** (3.793)	6.231*** (3.777)
N	1212	1212	1212
R^2	0.260	0.246	0.240

注：***表示 $P<0.01$，**表示 $P<0.05$，*表示 $P<0.1$。

表 4-18 替换变量稳健性检验（c）

Variables	M4a	M4b
Age	-0.036 (-1.328)	-0.043 (-1.574)
Gen	-0.060 (-0.095)	0.050 (0.079)
Edu1	3.115*** (4.194)	3.065*** (4.053)
Edu2	3.384*** (4.312)	3.284*** (4.103)
Lab	1.901*** (5.483)	2.044*** (5.849)
Fie	0.481 (1.190)	0.402 (0.984)
Nam	1.250** (2.158)	1.525*** (2.615)
Mcp	1.418** (2.403)	1.218** (2.045)
Ban	2.559*** (2.879)	2.699*** (3.007)
Typ×Mon	0.395* (1.735)	
Typ×Mag		0.076 (0.059)

续表

Variables	M4a	M4b
_cons	5.066*** (3.071)	5.740*** (3.413)
N	1212	1212
R^2	0.242	0.241

注：***表示 $P<0.01$，**表示 $P<0.05$，*表示 $P<0.1$。

2. 基于不同估计方法的检验

采用更换模型的方法将有序 Logit 模型替换为有序 Probit 模型检验分类农户违约成本对信誉的影响是否具有稳健性，通过对表 4-19、表 4-20 内模型的检验结果进行分析，虽然各变量影响系数大小略有变化，但是检验结果均支持前文的研究结论。这表明研究结果具有稳健性，检验中影响系数的变化可能源于模型本身的不同假设和模型参数的不同设定。

表 4-19　更换方法工具稳健性检验（a）

Variables	M5a	M5b
Age	-0.002 (-0.600)	-0.003 (-0.850)
Gen	0.281*** (3.955)	0.292*** (4.118)
Edu1	0.526*** (6.212)	0.540*** (6.404)
Edu2	0.768*** (8.547)	0.771*** (8.619)
Lab	0.137*** (3.525)	0.127*** (3.280)
Fie	0.057 (1.271)	0.053 (1.177)
Nam	0.259*** (3.990)	0.252*** (3.897)
Mcp	0.057 (0.869)	0.058 (0.883)

续表

Variables	M5a	M5b
Ban	0.838*** (8.189)	0.808*** (7.914)
Typ×Blk	0.497** (2.060)	
Typ×Sen		0.108 (0.757)
*Cut*1	0.933*** (4.143)	0.317* (1.688)
*Cut*2	2.152*** (9.376)	1.496*** (7.854)
*Cut*3	3.340*** (14.139)	2.653*** (13.502)
*LR chi*2	325.02	268.98
P-value	0.0000	0.0000
N	1212	1212
P_R^2	0.102	0.085

注：***表示 $P<0.01$，**表示 $P<0.05$，*表示 $P<0.1$。

表 4-20 更换方法工具稳健性检验（b）

Variables	M6a	M6b	M6c
Age	-0.003 (-1.016)	-0.002 (-0.802)	-0.003 (-1.076)
Gen	0.285*** (4.001)	0.284*** (3.988)	0.269*** (3.756)
*Edu*1	0.524*** (6.186)	0.529*** (6.259)	0.547*** (6.462)
*Edu*2	0.754*** (8.382)	0.744*** (8.302)	0.774*** (8.615)
Lab	0.114*** (2.936)	0.121*** (3.105)	0.117*** (2.994)
Fie	0.053 (1.181)	0.048 (1.075)	0.064 (1.414)
Nam	0.281*** (4.322)	0.199*** (3.055)	0.222*** (3.406)

续表

Variables	M6a	M6b	M6c
Mcp	0.081 (1.222)	0.022 (0.332)	0.055 (0.831)
Ban	0.796*** (7.763)	0.827*** (8.094)	0.914*** (8.860)
Typ×Gan	0.391*** (3.059)		
Typ×Hor		0.393*** (2.897)	
Typ×Dcn			0.394*** (2.752)
*Cut*1	0.378** (2.000)	0.347* (1.847)	0.455** (2.388)
*Cut*2	1.589*** (8.242)	1.556*** (8.136)	1.690*** (8.679)
*Cut*3	2.780*** (13.992)	2.746*** (13.898)	2.869*** (14.287)
LR chi2	332.74	320.01	337.37
P-value	0.0000	0.0000	0.0000
N	1212	1212	1212
P_R^2	0.105	0.101	0.106

注：***表示 $P<0.01$，**表示 $P<0.05$，*表示 $P<0.1$。

五、研究结论与讨论

（一）研究结论

本章构建了风险处置与违约成本分别通过农业收入和信誉提升普通农户和新型农户信贷可得的理论分析框架，利用河南省农户信贷状况调查数据实证检验风险处置与违约成本对农户信贷可得的影响以及农业收入和信誉特征在二者之间的中介效应。研究结果表明：

（1）风险处置、违约成本对普通农户和新型农户信贷可得具有显著正向影响，且对新型农户的影响更强。风险处置与违约成本分别通过农业收入与信誉的中介作用增强农户信贷可得，并且新型农户农业收入和信誉的中介效应更强，更容易获得银行足额信贷资金支持。

（2）新型农户和普通农户风险预防和转移能力存在差异。新型农户更倾向于通过采取防灾减灾措施、采用新技术、聘请专业人员、购买农业保险、加入产业链等多种方式预防和转移风险，普通农户更倾向于采用分散化、多样化生产以及兼业打零工的方式预防和转移风险。在风险应对能力上，两类农户管理应对能力均表现较弱，说明两类农户均缺乏风险发生后的应急管理能力，缺少应对风险的管理措施。综合分析后发现，新型农户采取的方法和措施更加全面、多元，因此其风险处置能力强于普通农户，更有利于增加其收入。

（3）普通农户和新型农户违约成本存在差异。新型农户拥有更广泛的社会关系网络、注重商业信誉、更担心未来收益，所以违约机会成本较高。新型农户商业和经济活动较多，更为担心因违约列入银行“黑名单”后会对其生产经营造成更严重的影响，因此，惩戒的现实成本较大。法律惩戒对两类农户约束不足且差异不显著，这在一定程度上说明农村金融市场上违约法律惩戒机制建设和实施尚未形成一定的威慑作用，有待进一步完善。综合分析后发现，新型农户违约成本相对较大，更有利于增强其信誉。

（二）讨论

本章研究了风险处置、违约成本对普通农户和新型农户信贷可得的影响以及经济资本特征（农业收入）和社会资本特征（信誉）的中介作用，丰富和拓展了有关农户借贷问题的相关研究。

（1）通过研究可知，两类农户风险应对能力相对薄弱，因此在生产经营过程中要提高风险管理意识，尤其要注重提升风险管理能力，完善生产经营应急管理措施，通过采取多种风险应对方案，如购买农业保险、申请农业补贴等以降低风险冲击，稳定并提高农业收入水平。

（2）针对农村金融市场法律惩戒性不足的问题，政府相关部门应进一步完善农村金融市场上违约惩戒机制等相关法律法规建设，增加违约惩戒的法律约束力和执行力，发挥法律法规的威慑作用，增加信贷违约成本。金融机构不仅要注重农户征信体系建设，更应注重违约惩戒法律后果的宣传，如失信会被列入失信“黑名单”，带来社会信誉丧失等不良后果，建立“守信光荣，失信可耻”的信用环境。此外，金融机构之间也要加强征信数据的共建共享，形成合力，减少信贷违约行为的发生。

（3）农户要注重加强法律法规学习，增强自身信用意识，培养诚实守信的良好品质，注重信誉积累，提升自身信用等级。此外，通过建立职业农民培训机构，使农户掌握现代化的农业发展理念、生产经营技术和管理手段，激发农户生产的创造力，促进普通农户向现代职业农民转变，成为实现农业现代化的主力军，助力乡村振兴。

第五章

基于经济和社会资本特征中介的兼业农户信贷可得研究

随着农村改革的不断深入，农户分化的类型更加多元。除了普通农户和新型农户，兼业农户逐渐成为主流农户群体，兼业农户从事自主经营、创新创业和外出务工等兼业方式已成为农民致富和农村经济发展的主要推动力。兼业农户的性质和纯农户存在较大差别，纯农户以农业生产为主，因而面临农业生产经营风险，并考虑违约成本的大小；兼业农户从事多种经营并逐渐偏离传统农业生产，因此，对兼业农户的研究视角与纯农户不同。

数字技术的应用使数字普惠金融得以快速发展，而农户兼业化趋势对兼业农户资金融通能力提出了更高的要求。相较于纯农户，兼业农户多采取自主经营、创新创业和外出务工等兼业方式，更受惠于数字普惠金融提供的各项服务，他们利用数字普惠金融工具和手段进行交易和借贷的可能性更大，因此，从数字普惠金融发展视角研究其对兼业农户信贷可得的影响具有重要的价值和现实意义，可进一步扩展对农村金融市场的研究视角。

近年来，我国普惠金融工作在推动乡村振兴、促进“三农”发展中取得了显著成绩，但其覆盖率低、交易成本高等瓶颈问题也逐渐暴露。随着我国数字经济的发展，以大、智、云、物、区等为代表的数字技术与金融业务深度融合，打破了传统普惠金融服务的时空限制，提高了普惠金融的触达能力（樊文翔，2021）。北京大学互联网指数显示，数字普惠金融具有更强的地理穿透性和地区覆盖度，这为经济落后地区发展普惠金融提供了有利契机（宋伟，2022）。加之，农村地区的互联网普及率不断上升，截至 2023 年 12 月，农村地区互联网普及率为 66.5%，较 2022 年 12 月提升 4.6 个百分点。[①] 这为农村地区发展数字普惠金融提供了重要的基础保障。

---

① 《中华人民共和国 2023 年国民经济和社会发展统计公报》，国家统计局官网发布。

随着乡村产业振兴战略的推进，农业产业结构发生巨大变化，原有的“靠天吃饭”的单一生产模式被打破，农业实现多业态、多样化发展，农户群体非农就业和创新创业意识不断增强，农户分化态势明显。农业农村部在全国范围内的农村固定观察点统计数据显示，目前农户群体呈现出显著的差异性，纯农户数量持续减少，占比从 11.18%降至 2.90%；2023 年发布的《数字金融助力乡村振兴发展报告》显示，超过 60%的农户有非农兼业收入。农户从事自主经营、创新创业和外出务工等已成为农民致富和农村经济发展的主要推动力。而农户兼业化趋势的发展，对兼业农户资金融通能力提出了更高的要求。如何提升兼业农户融资能力、缓解其信贷约束，对促进农村经济发展、全面推进乡村振兴具有重要的现实意义。因此，在农户兼业化日趋明显的背景下，数字普惠金融是否以及如何影响兼业农户的信贷可得具有重要的研究价值。现有文献多集中探讨数字普惠金融对整体农户信贷可得的影响（樊文翔，2021；傅秋子等，2018；田红宇等，2021），缺少对兼业农户信贷可得影响的相关研究，对其内在作用机制的研究更加缺乏。

鉴于此，本书在第四章对纯农户信贷可得的研究基础上，进一步探讨数字普惠金融发展对兼业农户信贷可得的影响以及兼业农户经济资本特征（多样化收入）和社会资本特征（社会互动）在两者之间的中介作用机理，并利用中国家庭追踪调查（CFPS）数据进行实证检验。研究结论有助于明晰数字普惠金融对兼业农户信贷可得的影响以及内在作用机理，对促进数字普惠金融均衡发展，增强金融机构对兼业农户的信贷信任并提升其信贷可得，进而实现乡村振兴具有重要的理论和实践意义。

一、关系和制度信任逻辑下兼业农户经济和社会资本特征的选择

（一）兼业农户与纯农户的比较分析

根据前文所述，纯农户主要是指从事农业生产的农村常住户，主要包括普通农户和新型农户。普通农户大多数是散户，以传统农业生产经营为主。普通农户的主要特征：从户籍和受教育背景来看，普通农户一般拥有本地户

籍，教育水平往往偏低；从土地经营和种植特征来看，普通农户的土地经营规模相对较小、土地细碎化现象较为普遍，种植农产品种类相对较少，以粮食、蔬菜等为主，产出品多用于家庭自主消费；从组织结构和运作效率来看，普通农户往往呈现出合作意识不强或合作效果不佳的情况，整体组织化程度较低，这也使得他们在面对自然和市场风险时，抵御能力相对较弱。

新型农户，即新型农业经营主体，主要从事规模化、专业化的农业生产。新型农户具有不同于普通农户的特征：在农业生产方面，具有机械化水平高、生产技术先进、生产要素合理配置、管理理念先进等特征；在农户培养与劳动分工方面，能充分利用其自有的资源，培养一批有知识、懂技术、会经营的新型职业农民，并通过引进乡贤、农村能人等领班带头发展农村产业，促进农业劳动力资源的合理利用，提高农业生产效率，推进农业产业深化发展；在农业经营方面，具有适度规模经营、集约化经营、专业化程度高、市场化程度高等特征。

兼业农户指家庭成员既从事农业生产活动，又在非农领域就业以获得收入的农户。兼业农户的主要特征：第一，农业生产与非农业生产并存。兼业农户既从事农业生产，又从事其他非农业生产活动，如工业、商业、服务业等。这种并存现象使得兼业农户的生产结构更加多元化，收入来源也更加多样化，体现了兼业农户对市场变化的敏锐洞察力和适应能力。他们能够根据市场需求和自身条件，灵活地调整农业和非农业的生产比例，以实现家庭收入的最大化。第二，农业生产规模相对较小。由于兼业农户需要将部分精力和资源投入非农业生产中，因此他们的农业生产规模相对较小，土地经营面积也较少。虽然兼业农户农业生产规模较小，但他们通常会通过精细化管理、提高土地利用率等方式，实现单位面积的产出最大化。此外，他们还会积极引进新品种、新技术，以提高农产品的质量和竞争力。第三，生产目的多样化。与纯农户相比，兼业农户的生产目的更加多样化，不仅为了满足家庭的生活需求，更为了获取额外的收入以改善家庭生活水平。因此，他们在选择农作物种植和养殖品种时，更多地考虑市场需求和经济效益。同时，他们还会根据市场价格波动情况，灵活调整生产计划和销售策略，以实现最佳的经济效益。

普通农户、新型农户和兼业农户特征的对比分析见表 5-1。

表 5-1　普通农户、新型农户和兼业农户特征的对比分析

特征	普通农户	新型农户	兼业农户
生产规模	较小	较大	较小
技术水平	较低	较高	有高有低
经营管理方式	传统方式	现代化、专业化	传统与现代结合
社会资本	人际圈层信誉	商业圈层信誉	社会圈层信誉
收入来源	农业生产	规模化的农业生产	农业生产与其他非农业活动并存
生产目的	满足生活需求和获得一定农业收入	获得较高的农业经济效益和市场竞争力	获得农业和非农收入，家庭收入多样化
风险应对能力	较低	较高	较高
信贷可得性、信贷规模	较低、较小	较高、较大	较高、适中

（二）兼业农户经济和社会资本特征的选择

正如上文不同类型农户特征分析所述，农户类型不同，其对应的经济和社会资本特征也会有所区别。相较于纯农户，兼业农户从事创新创业、自主经营和外出务工等多种生产经营方式，逐渐偏离传统农业生产，因此，其收入来源较为广泛，既有来自农业的收入，又有来自非农业的收入。与纯农户相比，兼业农户收入具有多样性特征，本章用多样化收入作为兼业农户经济资本特征变量。兼业农户由于身处多个生产领域，在不同的领域拥有更多的人脉，社交网络更为广泛，使得他们更容易获取信息和资源，社会互动能力较强；兼业农户通过社会互动增加他们的知识储备，提升自身的社会价值，因此兼业农户社会互动意识更强。由此，本章用社会互动作为兼业农户社会资本特征变量。尽管不同类型农户经济和社会资本特征不同，但是都是以关系信任和制度信任作为底层逻辑和理论基础。

综上所述，本章以兼业农户为研究对象，分析数字普惠金融对兼业农户信贷可得的影响及其内在作用机制，并利用中国家庭追踪调查数据进行实证

检验。具体研究内容如下：第一，探讨数字普惠金融对兼业农户信贷可得的影响及多样性收入和社会互动的中介机制，明晰数字普惠金融影响兼业农户信贷可得的路径和内在作用机理；第二，结合宏观统计数据和微观调查数据，实证检验数字普惠金融对兼业农户信贷可得的影响以及多样化收入和社会互动特征的中介效应，为数字普惠金融推动农村经济发展提供数据支撑和经验证据；第三，分析数字普惠金融对不同地区以及不同程度兼业农户信贷可得影响的差异，有助于推动数字普惠金融的区域协调发展，明晰农户兼业化的发展趋势，助力乡村振兴目标的实现。

二、理论分析与研究假设

（一）数字普惠金融对兼业农户信贷可得的影响

数字普惠金融通过使用大数据、人工智能和区块链等数字技术实现高普惠、高便捷的金融服务，是对传统普惠金融的改革和创新，主要包括三个维度：覆盖广度、使用深度以及数字支持服务程度（邱格磊等，2023）。覆盖广度指数字普惠金融的地区覆盖程度，主要通过开设电子账户数等体现，如绑定的银行账户数或互联网支付账户数；使用深度指地区居民对数字普惠金融的使用程度，主要通过使用互联网金融的服务频率来衡量；数字支持服务程度指数字普惠金融的便利化以及实用性水平，主要通过交易的便利性及成本性等来衡量。

从本质上讲，兼业是农户根据自身特征以及外部经济因素约束下追求收益最大化做出的理性选择（郝海广等，2010）。兼业农户可通过创新创业、自主经营和外出务工等方式得到工、农、商等多个行业发展的红利，实现农业生产风险的分散以及家庭劳动力资源的最优配置，使收入增加、稳定性增强（蔡洁等，2019）。兼业农户外出务工使其自我认知以及知识经验得以提升（石智雷等，2013），并带来新的文化和思想，更容易打破农村原有的地缘和环境限制，使经济活动和文化交流增加，加速农民增收。兼业农户通过自主经营和创新创业等从业活动，促进农业科技创新和技术推广应用，加快推进农村产业经济发展和文明进步（孙治一等，2021）。

现阶段，兼业已成为推动农村经济发展的主流从业模式。兼业农户生产经营的重要前提是获得充足的信贷资金支持。有文献表明，农村金融市场依然面临信贷资金供给不足的问题（杨汝岱等，2011；李明贤等，2022；易福金等，2023）。而数字普惠金融的发展有助于缓解兼业农户的信贷约束，促进信贷可得。首先，数字普惠金融通过电子账户开设和移动支付等数字手段增加覆盖广度和使用深度，而兼业农户涉及工、农、商等多个行业，广泛的经济活动促使农户开展线上交易，并增加电子账户使用频率，进而有利于金融机构对其进行授信评估，增强兼业农户信贷可得（周利等，2021）。其次，数字普惠金融拓展了信贷、支付、理财、保险以及消费金融等金融服务范围，提供了更加丰富的应用场景，降低了金融服务门槛，有利于兼业农户获得金融支持。最后，数字普惠金融的数字支持服务程度有利于减少兼业农户经营活动所产生的交易费用，数字支持服务程度依托互联网技术，实现对信贷、支付等业务的线上受理，降低对 ATM 机、营业网点等线下载体的依赖，有利于提升金融服务便利性和服务效率，降低交易成本，有利于兼业农户获得信贷资金支持。

综上所述，数字普惠金融与农户兼业的内外部环境发生作用，有利于农户突破兼业融资约束，获得信贷资金支持。由此，本书提出以下假设：

H_1：数字普惠金融正向促进兼业农户的信贷可得。

（二）多样化收入在数字普惠金融影响兼业农户信贷可得中的中介效应

多样化收入指通过不同的经济活动，获得来自多个渠道的收入。多样化收入结构有助于减少对单一收入来源的依赖，提高兼业农户经济稳定性。相关研究表明，收入的多样化能够减少农户对生态资源的依赖性（段伟等，2015）、维持收入稳固增长（王群勇等，2022）。Adem 等（2020）认为，收入的多样化可以分散兼业农户经营风险，提高其收入和经济福利水平。顾雨辰等（2021）认为，人力资本以及改革开放政策对农户收入的多样化具有正向影响。兼业农户具有从业灵活性和创新能力，善于寻找和利用不同就业机会，通过从事农业以及非农业活动以应对外界变化，其收入来源更加稳定可靠，并能够将不同领域的资源和技能进行整合，实现多赢效应（蔡青芸，2024）。

数字普惠金融能够增强兼业农户投资创业的积极性，兼业农户通过开设电子账户等方式可以在线销售农产品、参与电商活动或从事其他线上服务等多渠道就业，进而增加收入。数字普惠金融的发展也催生了一些新型创业机会，如直播带货、短视频带货等，有利于农户发现市场上潜在商机，开展创业活动（周洋等，2017）。数字普惠金融有利于农户获得更加丰富的兼业信息和资源，为农户兼业发展创造新机遇。相关研究表明，地区数字普惠金融参与用户越多，移动支付等功能越完善，当地创业活跃度越高，越有利于激发兼业农户创业就业（张勋等，2019；谢绚丽等，2018），从而使收入来源更加多样化。普惠金融的数字化服务程度通过数字化手段减少交易支付成本，快捷的信息获取有利于降低兼业农户因信息不对称而面临的各类经营风险，促进兼业农户经营交易活动增加，继而增加多样化收入（鹿光耀等，2022）。

兼业农户多样化收入的增加有利于增强其还款能力和还款意愿。而还款能力和还款意愿是衡量农户信贷可得的重要指标（任乐等，2023）。兼业农户通过多样性收入可以减少对单一业务的过度依赖，降低经济风险，有利于兼业农户获得金融机构的信贷支持。多样化的收入也有助于兼业农户扩大经营规模，提高生产效率，有助于金融机构提升其信用额度，获得更多贷款，因此兼业农户多样化的收入有利于增加其信贷可得。

综上所述，数字普惠金融通过提升兼业农户创业积极性、减少因信息不对称而面临的经营风险等方式增加多样化收入，提升其融资能力，进而促进信贷可得。由此，本章提出以下假设：

H_{2a}：数字普惠金融促进兼业农户的多样化收入。

H_{2b}：数字普惠金融通过多样化收入促进兼业农户的信贷可得。

（三）社会互动在数字普惠金融影响兼业农户信贷可得中的中介效应

社会互动是一种较为复杂的社会现象，指社会上个人与个人、个人与群体、群体与群体之间通过信息的传播而发生的相互依赖的社会交往活动（郑杭生，2003），会对个人决策产生影响进而决定行为选择。目前文献对于社会互动的研究多集中于其对农户借贷渠道和形式（马光荣等，2011）、商业保险投保与保费支出（李丁等，2019）、农户金融素养（柳松等，2023）、风险金融资产投资（易行健等，2023）等方面的影响，与兼业农户信贷可得相关的研究较少。

数字普惠金融有助于农户拓展信息渠道，方便快捷地进行信息传递与分享，进而增进农户的社会互动水平。陈晓芳等（2021）认为，数字普惠金融为农户带来更多的社会互动机会，通过数字平台交流、分享资源等方式促进就业信息的传递，进而促使农户社会互动性提高。同时，数字普惠金融借助互联网平台，突破了传统意义上面对面线下互动交易的局限。人们通过互联网技术可以便捷地进行在线交流，降低资金往来成本，实现足不出户的人情交往（郭士祺等，2014），从而使社会互动的方式更加多元化。此外，数字普惠金融数字支持服务使资金流通更加快捷，有利于促使农户外出务工，拓宽了家庭社会网络规模，提高了社会互动水平（Juanjuan T 等，2022）。

相较于纯农户，兼业农户往往具有较强的社会互动能力，能够增加金融机构对兼业农户的信息获取度，因而更容易获得金融机构的信任，有利于贷款合同的签订和执行（冯文秀，2023）。同时，拥有更多社会互动的兼业农户拥有更广泛的人脉和社会网络，更有可能获得正规信贷，甚至更有利于其在信贷价格谈判中拥有更多选择权（粟勤等，2021）。兼业农户可以通过社交网络等社会互动平台展示自己的能力和经验，吸引潜在贷款人的注意，提高自身的信誉度和可信度，为获得信贷积累社会资本。因此，社会互动有利于增加兼业农户信贷可得。

综上所述，数字普惠金融通过拓展兼业农户信息获取渠道、提供便捷资金往来和支付等方式促进兼业农户的社会互动，进而提升金融机构对兼业农户的信任度，促进信贷可得。由此，本章提出以下假设：

H_{3a}：数字普惠金融正向促进兼业农户的社会互动。

H_{3b}：数字普惠金融通过社会互动正向促进兼业农户的信贷可得。

基于上述分析，本书提出数字普惠金融通过多样化收入、社会互动的中介作用影响兼业农户信贷可得的理论分析框架，具体如图 5-1 所示。

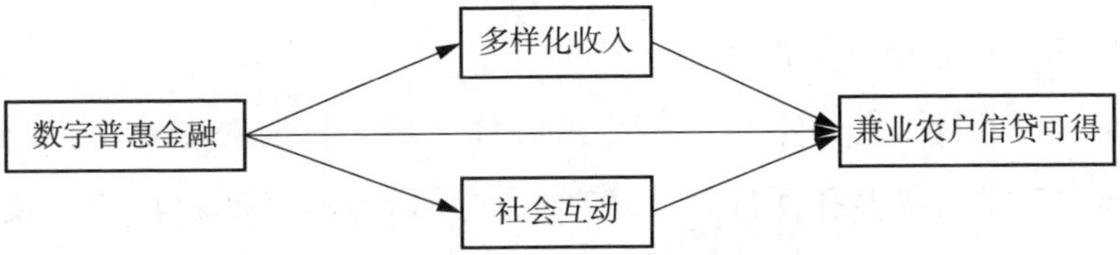

图 5-1　理论分析框架

三、研究设计

（一）样本选择与数据来源

本书采用 CFPS 数据进行实证检验。CFPS 是由北京大学中国社会科学调查中心开展的一项大规模居民调查，该调查于 2010 年正式启动，每两年进行一次，目的是通过调查个体、家庭和村庄三个层次的样本获得说明中国社会、人口和经济特征变化的有关数据。本书选用了 2016 年、2018 年以及 2020 年三年的 CFPS 微观面板数据。根据研究需要，主要使用个人问卷以及家庭问卷调查数据，同时对原始数据做以下处理：①删除城镇户口居民，将样本限定在农村居民范围内；②剔除核心变量中存在缺失的样本；③将家庭问卷中财务问答人[①]确认为户主，并用户主编号匹配个体和家庭数据；④由于本书的研究对象是具有劳动能力的农村人群，故只保留 16~65 岁的样本数据，经过筛选和清洗共得到 7413 个面板数据集。

数字普惠金融发展状况利用北京大学数字金融研究中心发布的数字普惠金融指数衡量，该指数通过合成蚂蚁金服 2011—2020 年的微观数据得出，共涉及省、市、县 20 余个指标。参考郭峰等（2020）的做法，本书采用 2015 年、2017 年和 2019 年数字普惠金融的省级面板数据[②]。

① 根据 CFPS 官方工作人员给出的建议以及结合本书的研究主题，2012 年以后的数据库可用“财务回答人”作为家庭户主。

② CFPS 在调查年份调查的信息主要是农户在过去 12 个月的经济状况，因此 2016 年、2018 年和 2020 年的 CFPS 调查数据主要反映农户在 2015 年、2017 年和 2019 年的经济状况。

（二）变量定义与描述性统计分析

1. 变量定义

（1）兼业农户信贷可得

兼业农户信贷可得是本章的核心被解释变量。目前对兼业农户的概念没有标准界定，本书借鉴孔祥智等（2021）和武舜臣等（2023）关于兼业农户的分类，将家庭收入中20%-80%来自农业的农户定为兼业户，其中包括家庭收入50%-80%来自于农业的农业兼业户（一兼农户，农业为主，非农为辅）和家庭收入20%-50%来自于农业的非农业兼业户（二兼农户，非农为主，农业为辅）。同时，基于问卷中被访者对“您家现在是否有尚未还清的银行贷款”的答案赋值，若答案为“是”，则将兼业农户的信贷可得赋值“1”，否则赋值“0”。

（2）数字普惠金融发展状况

数字普惠金融发展状况是本章的主要解释变量，同时该变量可细分为三个维度：覆盖广度、使用深度和数字化服务程度。本书采用2015年、2017年和2019年三年的省级数字普惠金融指数来衡量中国数字普惠金融的发展状况（尹振涛等，2021）。

（3）多样化收入

由于兼业农户本身的特殊性，本章采用多样化收入衡量兼业农户的收入，同时选取家庭收入来源衡量兼业农户的多样化收入，兼业农户收入来源主要包括五类：工资性收入、经营性收入、转移性收入、财产性收入和农林牧渔总收入。本书借鉴鹿光耀等（2022）的做法，用收入多样性指数，即生物种类多样性指数——辛普森指数计算兼业农户的多样化收入。该指数既考虑收入来源多样化又兼顾收入来源均衡性。测算公式是 $D_{ij} = 1 - \sum_{n=1}^{k}\left(\frac{Z_n}{Z}\right)^2$，其中，$Z$ 为总收入，Z_n 为第 n 类收入量，k 为收入种类数。

（4）社会互动

中国农村社会是一个典型的人情关系社会，亲朋好友之间的礼尚往来是维系关系的重要手段，因此本章采取家庭礼金支出衡量兼业农户社会互动水平。借鉴陈晓芳等（2021）的做法，将兼业农户家庭礼金支出根据中位数分组，若大于中位数，则认为兼业农户社会互动水平较高，赋值“1”，否则赋值“0”。

（5）控制变量

根据已有研究（张龙耀等，2019；黄祖辉等，2009），本章的控制变量主要分为两类，即户主特征变量和家庭特征变量。户主特征变量包含户主性别、年龄、年龄平方、学历情况、党员属性、婚姻状况及健康状况。家庭特征变量包含家庭规模、家庭总房产、家庭总金融资产。此外，本章还控制了省份虚拟变量，并将样本所在省份的经济带划分为西部边远、中部内陆以及东部沿海三个地区虚拟变量。

本章各变量的设定以及说明如表 5-2 所示。

表 5-2 变量指标设定及说明

变量		变量说明
被解释变量	兼业农户信贷可得（*Get*）	兼业农户有待偿银行贷款赋值为 1，否则赋值为 0
解释变量	数字普惠金融（*DFI*）	数字普惠金融总指数的对数
	覆盖广度（*Cov*）	数字普惠金融覆盖广度指数的对数
	使用深度（*Usa*）	数字普惠金融使用深度指数的对数
	数字化服务程度（*Dig*）	数字普惠金融数字化服务程度指数的对数
户主特征变量	性别（*Gen*）	男性户主赋值“1”，否则赋值“0”
	年龄（*Age*）	调查时间减去户主出生年份
	年龄平方（*Agesq*）	户主年龄平方除以 100
	学历情况（*Edu*）	小学及以下赋值为 1，初高中赋值为 2，大学及以上赋值为 3
	党员属性（*Mcp*）	中共党员户主赋值为 1，否则赋值为 0
	婚姻状况（*Mar*）	已婚状态户主赋值为 1，否则赋值为 0
	健康状况（*Hea*）	不健康赋值为 1，一般赋值为 2，良好赋值为 3
家庭特征变量	家庭规模（*Lab*）	家庭总人口数
	家庭总房产（*Hou*）	家庭拥有总房产数超过中位数赋值为 1，否则赋值为 0
	家庭总金融资产（*Fin*）	家庭拥有总金融资产超过中位数赋值为 1，否则赋值为 0
中介变量	多样化收入（*Sim*）	用辛普森指数计算
	社会互动（*Soc*）	社会互动水平超过中位数赋值为 1，否则赋值为 0

2. 描述性统计分析

表5-3是本章变量的描述性统计分析结果。从表中可见，兼业农户的信贷可得均值是0.107，表明兼业农户的信贷可得性整体水平不高，仍需增加普惠金融支持。数字普惠金融总指数对数均值为5.525，标准差为0.172，表明数字普惠金融发展程度存在一定差异。在户主特征变量部分，兼业农户户主为女性的比例较高，不同于户主大部分为男性的传统农户，兼业农户男性大多外出经营，女性对家庭情况更加熟知且户主身份有利于其在家便宜行事；户主的平均年龄介于43岁和44岁之间且绝大多数户主为已婚；学历的均值为1.375，表明受访兼业农户的学历水平较低，介于小学和初高中之间；受访农户的家庭总人口均值为4.801，规模适中；收入多样性指数的均值为0.366，表明农户兼业类型存在一定多样化，收入具有多样性。

表5-3　描述性统计分析结果

变量名	N	Med	Sd.	Min	Max
Get	7413	0.107	0.309	0.000	1.000
DFI	7413	5.525	0.172	5.264	6.017
Cov	7413	5.423	0.215	5.081	5.952
Usa	7413	5.400	0.317	4.830	6.087
Dig	7413	5.910	0.108	5.717	6.136
Gen	7413	0.484	0.500	0.000	1.000
Age	7413	43.856	12.767	16.000	65.000
Agesq	7413	20.864	10.868	3.240	42.250
Edu	7413	1.375	0.529	1.000	3.000
Mcp	7413	0.030	0.169	0.000	1.000
Mar	7413	0.900	0.300	0.000	1.000
Hea	7413	2.563	0.740	1.000	3.000
Lab	7413	4.801	1.884	1.000	11.000
Fin	7413	0.499	0.500	0.000	1.000
Hou	7413	0.475	0.499	0.000	1.000
Soc	7413	0.485	0.500	0.000	1.000
Sim	7413	0.366	0.191	0.000	0.650

（三）模型设计

为验证数字普惠金融对兼业农户信贷可得的影响，本章采用 Logit 模型进行实证分析。模型设定如下：

$$Get_{ij}^{*}=Logit(Get_{ij})=\mathrm{Ln}\frac{P(Get_{ij}=1)}{(Get_{ij}=0)}=\beta_0+\beta_1\mathrm{lnd}_{ij}+\beta_2C_{ij}+\mu_j+\varepsilon_{ij} \qquad (5-1)$$

在模型（5-1）中，Get_{ij}表明第 j 个省份第 i 个兼业农户家庭是否有尚未还清的银行贷款；lnd_{ij}为兼业农户对应省份数字普惠金融指数，指数越大，表明该地区数字普惠金融水平越高；C_{ij}为户主层面和家庭层面的控制变量；μ_j为省份固定效应；ε_{ij}为随机误差项。

为检验数字普惠金融通过收入、社会互动影响兼业农户信贷可得的中介机制，本书借鉴方杰等（2017）的做法，进行中介效应检验，方法如下：

$$\begin{cases}Get_{ij}^{*}=\alpha_{01}+\alpha_{11}\mathrm{lnd}_{ij}+\alpha_{21}+\lambda_{1j}+\delta_{1ij}\\ M^{*}=\alpha_{02}+\alpha_{12}\mathrm{lnd}_{ij}+\alpha_{22}+C_{ij}+\lambda_{2j}+\delta_{2ij}\\ Get_{ij}^{*}=\alpha_{03}+\alpha_{13}\mathrm{lnd}_{ij}+\alpha_{23}+C_{ij}+\alpha_{33}M+\lambda_{3j}+\delta_{3ij}\end{cases} \qquad (5-2)$$

在模型（5-2）中，Get_{ij}、lnd_{ij}与 C_{ij}变量含义同模型（5-1），$M=\{Sim, Soc\}$、$M^{*}=\{Sim, Soc^{*}\}=\{Sim, Logit(Soc)\}$ 为中介变量，λ 为省份固定效应，δ 为随机误差项。

本书运用检验 $Z_a{}^{*}Z_b$ 显著性的方法检验中介效应是否存在，借鉴 MacKinnon 等（2012）的研究，使用乘积分布法验证 $Z_a{}^{*}Z_b$ 的显著性。具体做法是：使用 R 软件 RMediation 包中的 medci 函数，运用乘积分布法检验置信区间是否包括 0，以此验证是否存在中介效应，如果置信区间不包括 0，则说明存在中介效应。

四、实证分析

（一）数字普惠金融对兼业农户信贷可得影响的实证检验结果

表 5-4 说明了数字普惠金融对兼业农户信贷可得的影响。其中模型 M11～M14 是没有加控制变量的回归结果，模型 M21～M24 是加入控制变量的

回归结果。

模型 M11 和模型 M21 的回归结果显示，无论是否加入控制变量，数字普惠金融均能够显著促进兼业农户信贷可得，与我们的预期一致，假设 H_1 初步通过检验。进一步分析发现，数字普惠金融三个分维度指数，即覆盖广度、使用深度和数字化服务程度也在 1%的显著性水平上对兼业农户信贷可得具有正向影响，并且相较于使用深度，覆盖广度和数字化服务程度对兼业农户获得信贷支持的影响更大，这是因为信贷资金的获得更易受金融服务的触达能力和便捷性的影响。一方面数字普惠金融覆盖广度的扩大，增加了兼业农户使用金融服务的可能性；另一方面数字化技术的应用有效提升了数字普惠金融服务的便捷性。

同时，大多数控制变量的回归与预期一致。户主特征层面，户主年龄和信贷可得正相关，年龄平方和信贷可得负相关，表明中年兼业户主获得银行信贷的概率更大。户主的学历和信贷可得显著正相关，即兼业农户的学历越高，信贷可得越高，这与吴雨等（2021）的研究结论相符。家庭特征层面，家庭人口规模在 1%的水平上显著促进兼业农户信贷可得，说明兼业农户的家庭人口越多，其信贷可得性越高，这也体现了我国农村地区“人多力量大”的家庭特点。家庭总金融资产和兼业农户信贷可得负相关并且在 1%的水平上显著，这是由于金融资产越多的家庭往往自由资产越多，当有融资需求时会优先选择内部融资，外部融资需求较小，该结果支持了“啄序融资”理论的结论。

表 5-4 基准回归结果分析

因变量	兼业农户信贷可得（*Get*）							
	M11	M12	M13	M14	M21	M22	M23	M24
DFI	0.131*** (0.022)				0.131*** (0.024)			
Cov		0.098*** (0.017)				0.097*** (0.018)		
Usa			0.078*** (0.012)				0.078*** (0.014)	

续表

因变量	兼业农户信贷可得（Get）							
	M11	M12	M13	M14	M21	M22	M23	M24
Dig				0.112*** (0.019)				0.114*** (0.019)
Gen					-0.003 (0.007)	-0.003 (0.007)	-0.003 (0.007)	-0.003 (0.007)
Age					0.004* (0.002)	0.004* (0.002)	0.004* (0.002)	0.004** (0.002)
Agesq					-0.006** (0.003)	-0.006** (0.003)	-0.006** (0.003)	-0.007*** (0.003)
Mcp					0.014 (0.021)	0.013 (0.021)	0.018 (0.021)	0.014 (0.021)
Edu					0.013* (0.007)	0.014* (0.007)	0.012 (0.007)	0.011*** (0.007)
Mar					-0.004 (0.016)	-0.004 (0.016)	-0.004 (0.016)	-0.004 (0.016)
Hea					-0.006* (0.005)	-0.006* (0.005)	-0.006* (0.005)	-0.006* (0.005)
Lab					0.007*** (0.002)	0.007*** (0.002)	0.007*** (0.002)	0.007*** (0.002)
Fin					-0.042*** (0.007)	-0.042*** (0.007)	-0.040*** (0.007)	-0.040*** (0.007)
Hou					0.004 (0.007)	0.004 (0.007)	0.004 (0.007)	0.004 (0.007)
_cons	-9.239*** (1.322)	-7.184*** (1.000)	-5.876*** (0.716)	-7.546*** (1.158)	-10.110*** (1.504)	-7.974*** (1.166)	-6.717*** (0.906)	-8.534*** (1.276)
N	7298	7298	7298	7298	7267	7267	7267	7267
Pseudo R^2	0.0752	0.0750	0.0764	0.0706	0.0925	0.0922	0.0935	0.0942

注：***、**、*分别表示在1%、5%、10%的水平上显著；回归结果已转化为边际结果；括号内是稳健标准误。

（二）多样化收入和社会互动的中介效应检验结果

表5-5中首先检验了多样化收入变量在数字普惠金融总指数、覆盖广度、使用深度以及数字化程度方面对兼业农户信贷可得影响的中介效应，从检

验结果看，数字普惠金融总指数以及三个分维度指数 $Z_a{}^{*}Z_b$ 统计量 95%置信区间均不包含 0，由此可见，多样化收入在数字普惠金融与兼业农户信贷可得之间存在中介效应，假设 H_{2a} 和 H_{2b} 得证。其次检验了社会互动变量在数字普惠金融总指数、覆盖广度、使用深度以及数字化程度方面对兼业农户信贷可得影响的中介效应。从检验结果看，数字普惠金融总指数以及三个分维度指数 $Z_a{}^{*}Z_b$ 统计量 95%置信区间也均不包含 0，由此可见，社会互动在数字普惠金融与兼业农户信贷可得之间存在中介效应，假设 H_{3a} 和 H_{3b} 得证。

表 5-5　多样化收入、社会互动的中介效应置信区间检验

	解释变量	直接效应	间接效应	总效应	95%置信区间	结论
Sim 中介效应检验	*DFI*	0.0178***	0.0008***	0.0186***	[0.00531, 0.01]	存在中介效应
	Cov	0.0134***	0.0012*	0.0146***	[0.00735, 0.03]	存在中介效应
	Usa	0.0578***	0.0055**	0.0633***	[0.00634, 0.01]	存在中介效应
	Dig	0.0523***	0.0042**	0.0565***	[0.00515, 0.09]	存在中介效应
Soc 中介效应检验	*DFI*	0.1877***	0.0130***	0.2007***	[0.00602, 0.01]	存在中介效应
	Cov	0.1651***	0.0136**	0.1787***	[0.00423, 0.01]	存在中介效应
	Usa	0.5769***	0.0637**	0.6406***	[0.00089, 0.008]	存在中介效应
	Dig	0.5409***	0.0116*	0.5525***	[0.00546, 0.01]	存在中介效应

注：***、**、*分别表示在 1%、5%、10%的水平上显著。

（三）异质性检验

1. 地区异质性

焦云霞（2022）采用多种方法发现，数字普惠金融地区差异在国内呈逐渐下降的趋势，并且数字普惠金融发展水平低的地区正逐步趋近高水平地区。张嘉怡等（2022）通过实证发现，不同区域的数字普惠金融具有一定的差异性，并且数字普惠金融发展对中西部地区的产业结构变迁具有显著促进作用。为了进一步分析数字普惠金融对兼业农户信贷可得的影响是否存在区域差异，本书将 31 个省份以及直辖市按照经济带划分为西部边远地区、中部内陆地区和东部沿海地区做异质性分析。

按照西部边远地区、中部内陆地区和东部沿海地区的地域差异进行回归得到表5-6中模型M31、M32、M33的回归分析结果。模型M31表示数字普惠金融对西部边远地区兼业农户信贷可得的影响，模型M32表示数字普惠金融对中部内陆地区兼业农户信贷可得的影响，模型M33表示数字普惠金融对东部沿海地区兼业农户信贷可得的影响。从结果来看，数字普惠金融促进兼业农户信贷可得存在地域差异，对西部边远地区和中部内陆地区的促进作用最显著，而对东部沿海地区的影响并不显著。这可能说明相较于中西部地区，东部沿海地区较为发达，非农化较为普遍，因此数字普惠金融对兼业农户信贷可得影响较弱，而西部边远地区和中部内陆地区农户群体占比较大，农户兼业化程度较深，能够更多地受益于数字普惠金融的影响，普惠金融可触及性较强。

表5-6　地区异质性和兼业程度异质性回归结果

因变量	兼业农户信贷可得（*Get*）				
	M31	M32	M33	M41	M42
DFI	0.108** (0.049)	0.062** (0.034)	0.080 (0.033)	0.053 (0.055)	0.069*** (0.026)
控制变量	*YES*	*YES*	*YES*	*YES*	*YES*
固定效应	*YES*	*YES*	*YES*	*YES*	*YES*
N	2625	2272	2485	1591	5791
Pseudo *R*2	0.0238	0.0517	0.0471	0.0411	0.0204

注：***、**分别表示在1%、5%的水平上显著。

2. 兼业程度异质性

为进一步解释数字普惠金融对不同程度兼业农户信贷可得的影响，本书在农户兼业分类基础上，进一步将其划分为一兼农户和二兼农户进行异质性分析，得到表5-6中模型M41、模型M42的回归分析结果，模型M41表示数字普惠金融对一兼农户信贷可得的影响，模型M42表示数字普惠金融对二兼农户信贷可得的影响。从结果来看，数字普惠金融促进兼业农户信贷可得存在兼业程度差异性，相较于一兼农户，数字普惠金融对二兼农户的促进作用更显著，主要原因可能是随着经济发展和城市化进程，非农产业带来的收益显著大于农业产业，兼业农户作为理性逐利人，选择提高其兼业程度，进而获得较高的收入并有利于信贷可得。

（四）稳健性检验

1. 基于变量替换的稳健性检验

为检验研究结论的稳健性，采用替换变量法进行稳健性检验。具体做法是对社会互动变量的测量由"家庭礼金支出"替换为"交通通信费用支出"，并代入模型进行检验。表 5-7 展示了回归结果。从回归结果看，数字普惠金融总指数以及三个分维度指数 $Z_a{}^*Z_b$ 统计量 95%置信区间均不包含 0，由此可见，更换测量方法的社会互动在数字普惠金融与兼业农户信贷可得之间亦存在中介效应，与前文估计结果一致。因此，结果具有稳健性。

表 5-7　稳健性检验回归结果（a）

	解释变量	直接效应	间接效应	总效应	95%置信区间	结论
Soc	*DFI*	0. 2637***	0. 0434***	0. 3071***	[0. 00433，0. 01]	存在中介效应
	Cov	0. 1857***	0. 0233*	0. 2090***	[0. 00375，0. 01]	存在中介效应
	Usa	0. 4275***	0. 0525***	0. 4800***	[0. 00632，0. 02]	存在中介效应
	Dig	0. 5354***	0. 0242**	0. 5596***	[0. 00473，0. 02]	存在中介效应

注：***、**、*分别表示在 1%、5%、10%的水平上显著。

2. 基于计量模型更换的稳健性检验

在本章中，兼业农户信贷可得是 0-1 变量，因此采用离散模型分析，而非线性概率模型，既可选择 Logit 模型，也可选择 Probit 模型分析。二者的差异是 Logit 模型假定服从 Logistic 分布，而 Probit 模型假定服从标准正态分布。前述实证部分均采用 Logit 模型进行分析，本处采用 Probit 模型进行稳健性检验。表 5-8 展示了回归结果，其中数字普惠金融总指数系数显著为正，分指数覆盖广度、使用深度和数字化服务程度也显著为正，与前文估计结果一致，进一步验证了前述研究结论的稳健性。

表 5-8 稳健性检验回归结果（b）

因变量	兼业农户信贷可得（*Get*）							
	M51	M52	M53	M54	M61	M62	M63	M64
DFI	0.332*** (2.91)				0.409*** (3.14)			
Cov		0.369*** (4.06)				0.442*** (4.27)		
Usa			0.121* (1.95)				0.142** (2.01)	
Dig				0.641*** (3.64)				0.576*** (3.15)
Gen					0.010 (0.24)	0.011 (0.27)	0.009 (0.23)	0.011 (0.26)
Age					0.038*** (2.86)	0.037*** (2.79)	0.039*** (2.95)	0.040*** (3.05)
Agesq					-0.053*** (-3.52)	-0.052*** (-3.47)	-0.054*** (-3.59)	-0.055*** (-3.66)
Mcp					0.047 (0.39)	0.068 (0.58)	0.028 (0.24)	0.029 (0.25)
Edu					0.067 (1.58)	0.049 (1.16)	0.086** (2.04)	0.098** (2.51)
Mar					-0.170* (-1.91)	-0.164* (-1.85)	-0.175** (-1.98)	-0.177** (-2.00)
Hea					-0.054* (-1.89)	-0.054* (-1.90)	-0.053* (-1.88)	-0.052* (-1.83)
Lab					0.050*** (4.59)	0.050*** (4.50)	0.051*** (4.67)	0.052*** (4.69)
Fin					-0.260*** (-6.35)	-0.260*** (-6.36)	-0.256*** (-6.26)	-0.246*** (-6.01)
Hou					-0.062 (-1.50)	-0.065 (-1.57)	-0.058 (-1.40)	-0.051 (-1.25)
_cons	-3.083*** (-4.88)	-3.252*** (-6.56)	-1.901*** (-5.63)	-2.543** (-2.45)	-4.020*** (-5.52)	-4.110*** (-7.04)	-2.590*** (-5.94)	-1.524 (-1.36)
N	7413	7413	7413	7413	7382	7382	7382	7382
Pseudo R^2	0.0973	0.1123	0.1253	0.0954	0.1453	0.1378	0.1534	0.1423

注：***、**、*分别表示在1%、5%、10%的水平显著。

五、研究结论与讨论

（一）研究结论

随着乡村产业振兴战略的深入推进，兼业农户成为推动农业现代化、产业化发展的主流群体，同时以数字技术为核心的数字普惠金融在我国迅速发展，数字普惠金融能否有效提升兼业农户信贷可得具有重要的研究意义。本书基于中国家庭追踪调查微观数据，实证检验数字普惠金融对兼业农户信贷可得的影响及内在作用机制。研究结论如下：

首先，数字普惠金融显著促进兼业农户信贷可得。具体表现为数字普惠金融通过移动支付和互联网技术扩大金融服务覆盖广度，进而有利于金融机构对兼业农户进行授信评估；拓宽信贷、移动支付、消费金融等金融服务范围，提供更加丰富的应用场景，降低金融服务门槛；通过数字支持服务程度降低金融交易成本，有利于兼业农户获得信贷资金支持。

其次，机制检验结果发现，数字普惠金融通过多样化收入和社会互动显著增加兼业农户的信贷可得。具体表现为数字普惠金融通过带动所在地区产业发展和激发兼业农户多渠道就业积极性等方式增加多元化收入，通过拓展信息获取渠道和提供便捷资金支付方式等促进社会互动，提升兼业农户融资能力和信誉度，进而增加信贷可得。

最后，异质性检验结果发现，数字普惠金融增加兼业农户的信贷可得存在地区异质性和兼业程度异质性，对西部边远地区、中部内陆地区和二兼农户的促进作用最为显著。

（二）讨论

本章以兼业农户作为研究主体，探讨了数字普惠金融通过多样化收入与社会互动影响兼业农户信贷可得的内在作用机制。

（1）与第四章中所研究的纯农户经济资本特征（农业收入）相比，兼业农户的经济资本特征（多样化收入）更有助于提高农户家庭经济的稳定性，减少单一行业的波动对农户家庭经济造成的影响。同时，兼业农户在进行非农业活动时，能够学习新的技能和知识，提高自身的素质与能力。因此，农户要转变就业观念，提高创新创业意识，积极投身各类职业技术和专业技能培训，向兼业化方向转变。

（2）纯农户的社会资本（信誉）主要依赖长期在农村人际圈层中所形成的声誉和口碑，与农户个体品德有关，相对独立；而兼业农户的社会资本（社会互动）既受农户传统习俗的影响，又因为他们同时涉足非农业领域，其信任基础更加多元。此外，由于兼业农户的多业态从业特征，其往往与不同行业的人进行沟通和合作，有助于他们获取更多的信息和资源。因此，兼业农户的社会互动特征更具有价值和影响力，在日常生产经营中，更要注重养成诚实守信的良好品质，注重商业信誉积累，提升自身信用等级。

（3）第四章和第五章基于关系信任和制度信任的底层逻辑，系统性研究了纯农户和兼业农户的信贷可得以及不同的经济和社会资本特征所具有的中介作用，但均是从实证检验角度做出的对农户信贷可得的验证性分析，缺少实践案例应用。数字信息技术的发展，催生数字信任并演变为基于关系信任、制度信任和数字信任的融合信任，指导农户借贷底层逻辑的信任理论发生改变，必然指导农户借贷模式发生变革。因此，如何基于数字信任以及融合信任的底层逻辑，探索有关农户借贷模式的创新与实践应用，对数字普惠金融更好服务乡村振兴具有重要的示范效应和实践价值。

第六章

数字信任观下区块链赋能农业供应链金融模式创新与实践

党的十九大以来，实施乡村振兴战略成为我国新发展阶段实现农业农村现代化的重大决策部署。乡村振兴的关键是“依托乡村特色优势资源，打造农业全产业链”（2021 年中央一号文件），其必备条件是解决好农业供应链的融资问题。农业供应链金融依托农村新型经营组织和核心企业，将广大长尾农户纳入产业链条并据此发放贷款，具有闭合的交易结构、垂直的管理模式和自偿性的资金链条等特质，开辟了农业产业链融资的新路径。农业产业链融资，不仅可以有效促进农业产业发展和农民增收，而且有助于带动广大农户上链成为新型农业经营主体，相较于针对单一农户的信贷模式，该模式能够有效满足多个农户的信贷需求，提高资金利用效率，提升金融服务的普惠性和可及性，改善农民融资难题，具有以链带面的普惠金融服务效应，有效拓宽金融服务的覆盖范围。

近年来，数据技术和生产要素深度融合重塑农业价值链条，不断拓展农业产业的边界。区块链作为一种分布式数据存储技术，具有链上信息共享、数据不可篡改和合约自动执行等特质，开创了一种在不可信的竞争环境中低成本建立数字信任的新型计算范式和协作模式（Hassija et al. , 2020；Gleim et al. ,2021），在技术上缓解了传统供应链金融中信息孤岛、信用断层等信息约束问题（匡后权等，2023；周茂君等，2018），被称为“信任的机器”。目前，区块链在不同供应链场景下得到广泛应用，各大商业银行相继进行“区块链+供应链”融资模式的创新实践，在农业产业领域也进行了一系列探索，不仅确保农业全产业链信息安全、可追溯和可持续性（Alonso et al. , 2020），而且利用区块链信息无损传递和权限配置优势进行跨层授信，满足供应链末端小微企业和一般农户的融资需求。因此，基于区块链的农业供应链金融服务模式成为未来农户信贷模式发展的必然趋势。

一、基于区块链的农业供应链金融服务模式创新

（一）农业“区块链+供应链”信息平台搭建与治理

为使区块链技术能有效增信农业供应链金融，首先要解决好平台资源的配置问题，这不仅是开展农业“区块链+供应链”金融交易的基本前提，也是破解瓶颈约束的技术保障。因此，需要搭建一个区块链嵌入下，能够使各参与主体信息共享、即时交易、实时监控和自动执行的农业“区块链+供应链”信息服务平台，以实现有效的资源配置，充分发挥区块链技术的数字信任优势和供应链治理的制度信任优势，进而破解区块链增信农业供应链金融的瓶颈制约。

1. 信息服务平台参与主体设置

农业供应链金融的实质是金融机构以供应链上核心企业的资信为担保，为参与供应链真实交易的上下游供应端和销售端农户、商户和小微企业提供资金帮助。因此，农业供应链金融的主要参与主体包括核心企业（收购或加工企业、批发市场等）、上游供货端（农户、基地、合作社、农业新型经营组织等）、下游销售端（农超、农贸、餐饮、消费者等）和仓储物流等供应链链内主体以及提供融资服务的金融机构。此外，为了保障信息服务平台的有效运行和合规性，其参与主体还应包括提供技术支持和运维的区块链科技公司以及实施政府监管的相关部门等供应链链外机构。他们在信息服务平台上作为参与节点并按照各自设定好的权限进行运营和管理。

2. 农业“区块链+供应链”融合治理结构设计

农业“区块链+供应链”信息平台的治理首先要依托有效的治理结构。治理结构是明确治理边界和治理行为，协调不同治理主体交易活动开展的框架构建。选择一定的治理结构是为了明确治理主体之间的权责分配，决定行使治理决策和行为的权限，以有效应对各种不确定性因素的影响。“区块链+供应链”信息平台的治理结构决定了链内各节点企业的角色分工和任务安排，实

现了各类交易活动的非市场化协调。传统供应链治理结构的划分多考虑链内企业的组织形态、业务关联以及供应链密度等因素。但随着区块链技术在供应链领域的广泛应用，区块链技术对供应链治理产生一定冲击并重塑传统供应链治理结构。从技术层面来看，区块链是一个由不同对等节点共同参与的“去中心化”的分布式数据库系统，也是一个开放式的超级账本系统，通过分布式账本技术有效推动供应链治理向智能化方向发展，但同时也可以作为一种技术治理手段和治理机制加持供应链治理。基于区块链技术的组织系统模式——中心化自治组织（Decentralized Autonomous Organization，DAO）打破了过去传统中心化组织的科层制度与封闭的组织形态（陈加友，2021），实现了高度的分布式自治，从而形成更加高效的供应链治理结构。

（1）DAO 组织治理结构的内涵

DAO 被认为是 Web3.0 时代人们在社会生产协同形式与组织管理样态方面的最新尝试（杨啸，2023），是通过一系列共识机制实现“去中心化”自主运行或管理的组织。该组织结构彻底改变了过去传统组织管理的形态，既没有中央管理者，也没有层级式管理（陈加友，2021），它可以在无干预或管理的情况下实现自治。丁文文等（2019）认为，DAO 是将组织不断迭代的管理和运作规则以智能合约的形式逐步编码在区块链上，从而在没有第三方干预的情况下，使得组织按照预先设定的规则实现自运转、自治理、自演化，从而实现组织最大效能和价值流转的组织形态。这种组织形式增强了抵御外界攻击的能力，降低了中心化机构的风险并且因为组织节点之间遵循平等、自愿的原则，从而打破了以科层制度为组织形式的官僚制度。因此，与科层制中心化治理相比，其呈现出去中心化、信息共识和技术自治等特征。

（2）农业“区块链+供应链”融合治理结构设计

区块链的发展催生出去中心化组织（陈加友，2021），打破了市场、科层、中间网络组织的界限，建立了去中介、去信任的治理结构，有效契合了供应链组织的结构特征。因此，基于 DAO 组织特征以及供应链结构特征，本书构建“区块链+供应链”分布式网络结构，即在农业供应链的主体架构下，基于DAO组织结构理念，通过区块链底层技术和功能发挥，将农业供应链上各主体结构进行相互递进与融合，从而构建一个去中心化、高度自治、安全透明的扁平化分布式网络结构。

具体来说，在农业“区块链+供应链”分布式网络结构下，利用区块链底层技术和功能，农业供应链上的供应商、生产商、批发零售商、仓储物流、金融和监管部门等参与主体可以被看作去中心化分布式组织中的个体。基于DAO组织结构设置规则，各参与主体通过智能合约的预先设置条款明确相应身份、权利和义务。各参与主体上链后，分布式网络结构自动形成，各交易主体利用相应的区块链平台相链接，从而开展各类基于供应链的场景交易和服务，例如，供应链上农产品交易、供应链融资业务、农产品或者生物资产溯源以及农业供应链监管等（郭上铜等，2021）。在“信息无疑”下以“点对点”的方式进行直接交易和分布式记账，节点成员可以根据身份授权随时调阅储存在区块链上的任何组织决策、日常管理、交易经营、物流存储以及资金往来变动情况等数据资本信息，信息披露公开透明，实现链上成员共同参与治理，改变了传统供应链链式交易结构单线联系的治理弊端，使组织框架更加扁平化，从而打破现实与虚拟的边界，实现了组织治理的线上线下协调和链上链下协作（陈加友，2021）。同时，由于其具有去中心化、Token认证、分布式记账、共识以及身份识别等属性，农业供应链上某些参与主体因为某种原因退出或者离开后，供应链依然能够继续自主运行下去，保证供应链经营连续性（曹冰雪等，2021）。这种组织形态重新定义了人和人之间、人和组织之间的关系，每个个体在组织中的地位更加平等并且可以发布提议和参与决策。农业供应链分布式网络结构以技术“自律”代替了传统治理的“他律”，实现了以代码之治代替传统之治，从根本上规避了由于信息不对称引发的供应链高额治理成本（龚强等，2021）。

农业“区块链+供应链”分布式网络组织架构如图6-1所示。

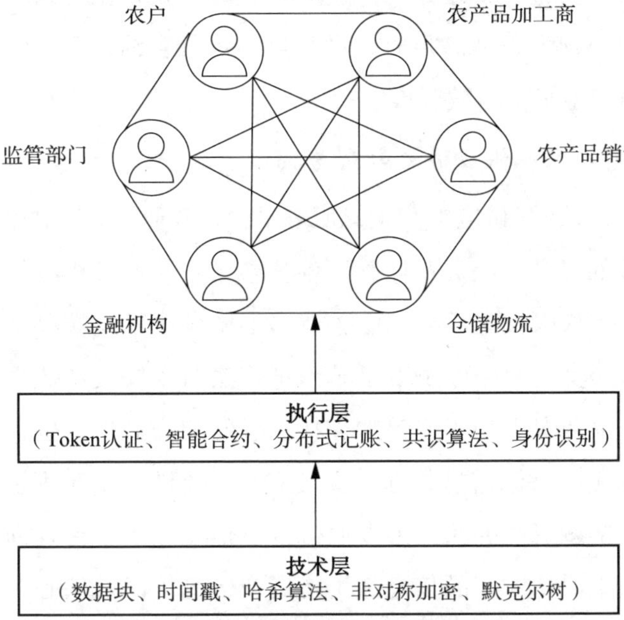

图 6-1　农业“区块链+供应链”分布式网络组织架构

（二）区块链增信农业供应链金融交易平台功能及交易流程设计

1. 区块链增信农业供应链金融交易平台功能

搭建农业“区块链+供应链”信息服务平台关键在于平台治理功能的发挥。可根据区块链自身技术优势以及供应链治理需要，通过设置权限管理模块、数据存储模块、溯源追踪模块以及智能合约执行模块，在平台参与主体协作运行下发挥其信息优势和治理优势。权限管理模块主要对平台参与用户及其权限进行管理。对注册上链的供应链企业以及与其有业务往来的所有节点企业的信息进行审核，根据其角色和职责赋予不同的信息查询和使用权限，并随着业务的开展，调整不同用户的相关权限。数据存储模块主要用于实时获取供应链金融交易数据，并将其存入预设区块中，及时更新数据。同时，根据预设程序按照目标管理策略对供应链数据直接管理。溯源追踪模块主要是及时追踪链上资金、农产品等的实时流转情况，保障资金流、信息流的连贯记录和随时观测，以便及时监测资金及农产品的流向（胡晓峰，2021）。智能合约执行模块主要通过编程方式将达成共识的条款转化为以计算机代码表示的程序规则，当预设条件满足时，系统自动执行合约，保障农业供应链交易以及供应链融资业务地有效开展。

2. 区块链增信农业供应链金融交易流程

依托农业“区块链+供应链”信息服务平台，农业供应链金融各参与主体可以开展供应链的交易、融资及监管。各类参与主体通过权限管理模块进行注册、身份认证和权限设定后，核心企业与上游各级供应端以及下游各级销售端节点间的各类交易业务以及电子单证都将实时生成交易数据区块并被分布式存储。农产品或者生物资产等的交接、仓储和物流信息也会被即时溯源追踪，并形成相应的物流信息数据，实现交易物流链上全流程记录。金融机构开展农业供应链融资业务时，可以通过双链信息服务平台查询功能对有资金需求用户的链上交易农产品信息、生物资产信息等以及核心企业签发的电子单证等进行数据核实、信息验证，核心企业可根据交易合作伙伴的资信情况对其进行信用背书，金融机构进而在智能合约执行模块完成资金需求用户相应的信用贷、电子单证拆分质押贷或者动产抵押贷款，并根据链上数据权限及时查询和监控链上资信数据变动信息、资金流向以及清算情况，有利于实施风险管控。工商、税务、交管以及审计等监管部门也可作为参与节点接入信息平台，并享有特定的信息查审和追溯权限，甚至可以通过智能合约技术，把监管条例写入区块链底层代码，实现实时监管和共同监管。区块链科技公司作为区块链底层技术和服务提供者，主要负责提供区块链技术支持、物理设施配置、系统建设和日常维护，只能查看系统基本配置数据和运维数据，并对信息和系统的正常运行负责，进而降低链上数据信息泄露的风险。

农业“区块链+供应链”信息服务平台见图6-2。

（三）农业“区块链+供应链”融资信任机制构建

基于农业“区块链+供应链”信息服务平台，本部分分别从链前、链中和链后构建区块链增信农业供应链金融信任机制，如图6-3所示。

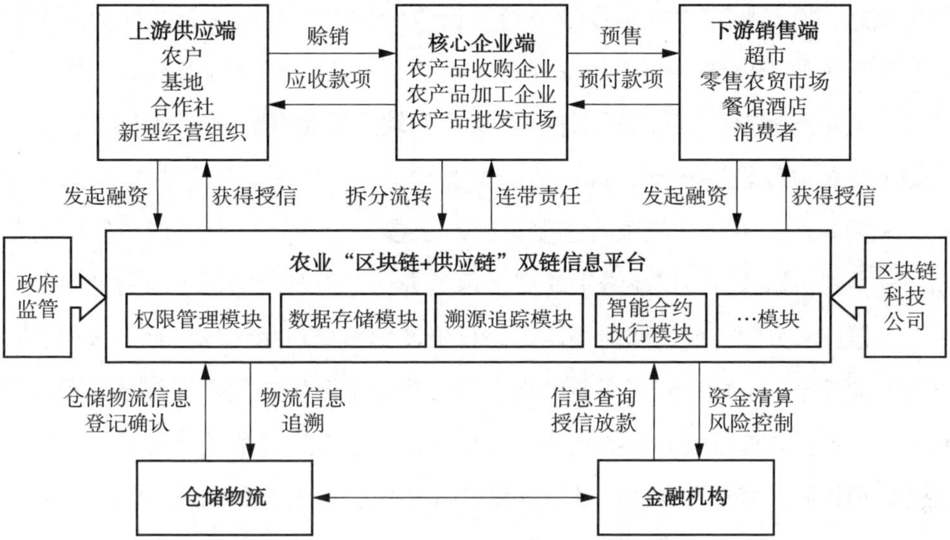

图 6-2　农业"区块链+供应链"信息服务平台

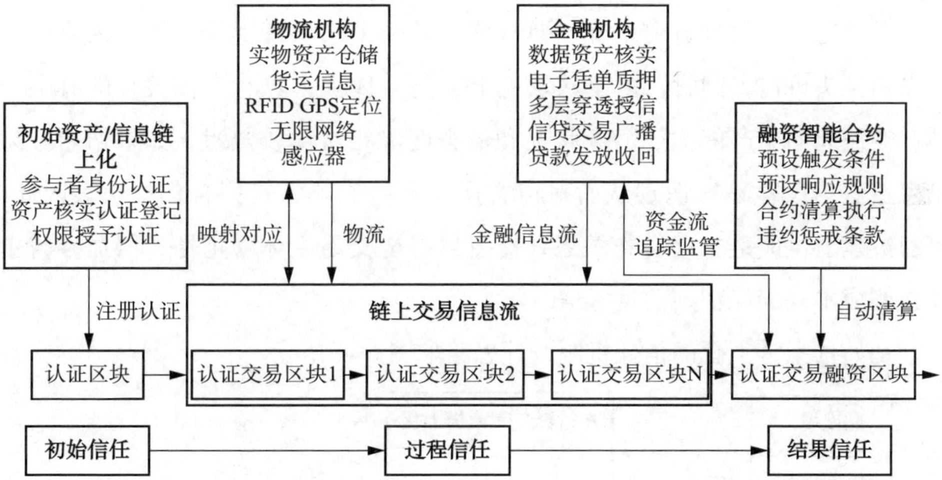

图 6-3　农业"区块链+供应链"融资信任机制

1. 初始信息链上化的供应链参与主体认证

数据本身的真实可信，是区块链应用于供应链治理的重要前提。区块链系统本身可信任，并不等于输入的初始数据值得信任，来自系统外的道德和信任风险仍然存在。因此，要建立区块链信任，首先要解决的是如何让链外信息保真上链的问题，但区块链技术本身并不能有效防范来自系统外的数据伪造风险，有必要通过机制设计来给予保障。对于参与主体真实性问题可通过身份认证给予保障。身份认证通过各类注册权证、经营许可权证、居住权证等信息进行核对认证并将信息上传认证区块，保证信息的真实记录，同时对链上成员颁发数字证书，确保成员的身份真实。此外，为了保障信息的安全性和隐私性，可建立权限管理制度。对于参与区块链平台管理与使用的交易主体，则根据各自在供应链中的交易角色进行链上身份与链下身份的对照验证，保证权限分配与成员职能相匹配，权限设置主要包括读取数据的权限、提交交易的权限、审核和验证交易的权限等，并基于区块链数据存储技术和密钥技术实现数据读取权限的精细化划分，具备信息泄露情况的验证与追溯功能并设置惩罚机制，避免潜在的信息泄露和滥用权限的风险（Mistry et al.，2020）。

资产认证可通过外部具有公信力的机构来给予保证，尤其是对于成员复杂且信用信息缺乏的农业供应链节点组织，可通过基层社区、村委会、评估机构等第三方机构进行资产和信息核实，并将电子认证上传区块，保障上链信息的源头可信。同时，由于区块链上参与主体多为具有合作关系的有限个体，对彼此的生产能力、财务状况和信誉度等相对比较熟悉，如果初始交易信息造假，很容易被识别从而对声誉产生严重影响，丧失合作机会。因此，可通过建立供应链长期合作关系，保持供应链交易主体稳定性，增加参与主体造假成本来确保初始信息可信。

初始信息链上化的信任机制设计思路如图 6-4 所示。

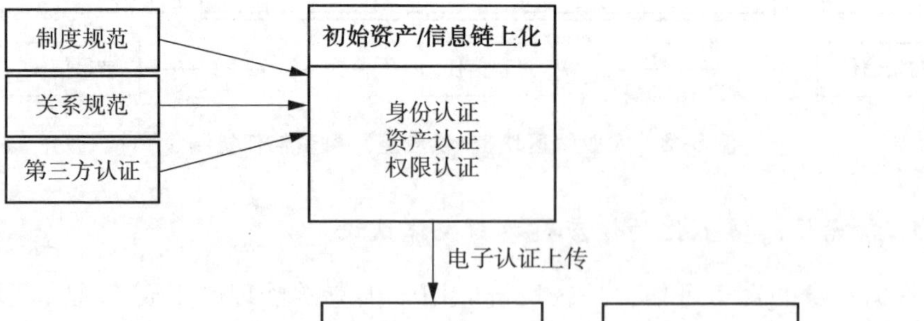

图 6-4　初始信息链上化的信任机制设计思路

2. 链上链下资产映射对照的信用保证体系设计

区块链技术能够保证链上交易票据和单证流转状态的真实记录，但无法解决现实中的信任问题，因此，并不能保证供应链交易场景中链下交易资产的存在以及资产转移的真实性，存在虚假交易的可能，需要通过机制设计加以解决，即通过溯源认证机制、交易认证机制和信用认证机制来保障产品真实性、交易真实性和信用可靠性，进而解决链上数字信息与链下实物映射对照一致性问题。

对于产品的真实性和溯源问题，由于每个产品对应唯一的电子 ID，从种子种植或者原材料投入、生长（加工）、获取到农产品输出的整个生产过程，以及产品在运输过程中产生仓储信息和货运信息，均可通过 RFID 物联网、GPS 定位等技术自动连接到该产品的电子 ID 上并存储在区块链信息服务平台，供应链成员、终端消费者和金融机构等均可根据约定的权限，查阅该产品在供应链上的流转信息，从而保障农产品的可溯源性。

对于交易真实性问题可利用区块链的共识算法，通过区块链的多节点记录，结合物联网、云存储以及人工智能技术对链上交易数据和链下实物信息进行核对、鉴别和追踪，保证信息真实且无法篡改，解决交易真实性的验证问题（段伟常，2018）。具体来讲，供应链内成员在线产生交易后，链上自主生成包含交易资产信息的元数据区块，具体内容包括实物资产的属性、规格、状态、生产日期、生产者、收购者等信息，并以分布式的方式进行记录存储，以保持数据的可信度和一致性。链下实物资产则通过分配唯一的 ID 标识符或标签，如序列号、二维码等，与链上的数字信息进行关联。当交易资产发生变动时（如物流和仓储信息变动、运输状态更新、所有权转移等），会及时更新链上交易数据信息，以确保实物资产与链上数据的同步性。链上主体可通过查询接口随时查询实物资产与链上数据信息，定期验证实物资产与链上记录之间的一致性，达到“账实相符”的目的。

对于信用可靠性问题则利用核心企业良好信誉进行信用背书，并使其成为链上其他参与主体信用的可靠保证。具体来讲，基于平台所生成的交易认证区块信息，处于供应链上下游具有融资需求的小微企业和长尾农户，可利用供应链核心企业所生成的订单、仓单、应收账款和预付账款等电子单证进行分割质押融资。金融机构则通过信息服务平台进行交易信息查阅和身份验证，并通过平台完成信用分割和跨层授信，为进一步开展农业供应链融资业务提供信用认证。链上链下资产映射对照的信用保证机制设计思路如图 6-5 所示。

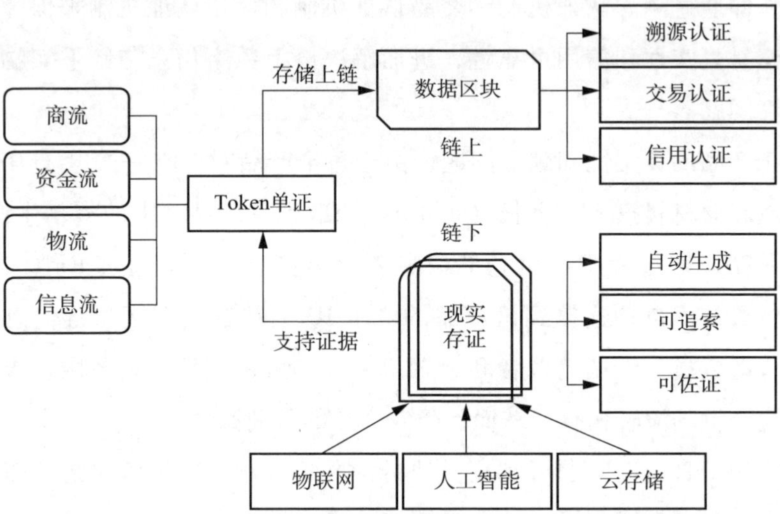

图 6-5　链上链下资产映射对照的信用保证机制设计思路

3. 融资智能合约设置与执行风险管控体系设计

运用区块链智能合约技术，将供应链融资合约条款写入计算机程序，并根据预设条件自动执行贷款的发放和支付条件满足时贷款的自动化清算。因此，智能合约执行的有效性关键在于合约设置客观如实，并尽量降低人为因素的干预。针对合约设置中的代理风险问题，可通过设置激励约束机制和访问控制机制给予解决。激励约束机制即通过建立合理的物质和精神激励方案，例如提供更低的融资利率和获得信用分享的收益等方式充分满足核心企业的利益诉求，并尽可能与农业供应链参与主体利益捆绑一起，使其有动力为共同利益行事，避免道德风险的发生。同时，约束与激励并行，通过与智能合约设置者签订保密协议、商业道德协议等具有法律惩戒性的书面合同以及定期合约代码审计等，有效约束合约设置当事人的行为表现，降低人为风险。

访问控制机制则根据要完成的任务要求，设置适当的访问权限，使特定参与者根据任务对应权限，访问和修改相应智能合约程序和内容，并经过多重签名机制达成合约参与者间的协商和共识，以确保合约的一致性和安全性。

对于智能合约自动执行的技术风险问题，可以通过设置“风险熔断纠错机制”，即在智能合约底层技术中嵌入执行中断触发条件，一旦发生合约执行风险，就会自发触动风险控制阈值，进而冻结、中断或者终止合约执行，并结合区块链去中心化管理的特征，通过链上多主体共同监督共同参与，迅速发现问题，纠正错误或者升级修复系统，以减轻技术风险“执行到底”所带来的损失或不良后果。此外，融资智能合约执行过程中，关键要把握好资金流向以及解决清算问题。区块链的数字货币溯源技术能够有效追踪贷后资金的使用流向，并形成数字货币信息流通轨迹记录，便于贷后资金的使用追踪和监管，规避融资主体变更贷后资金用途的道德风险问题，提升信贷资金使用安全性。同时，在资金流转过程中，智能合约中要明确设计信贷资金清算的条件和标准，并利用智能合约技术自动进行资金的清算和划转，实现交易资金自动转账，赔付合约自动执行，进而简化清算流程，化解融资合约的执行风险。

融资智能合约设置与执行风险管控机制设计思路如图 6-6 所示。

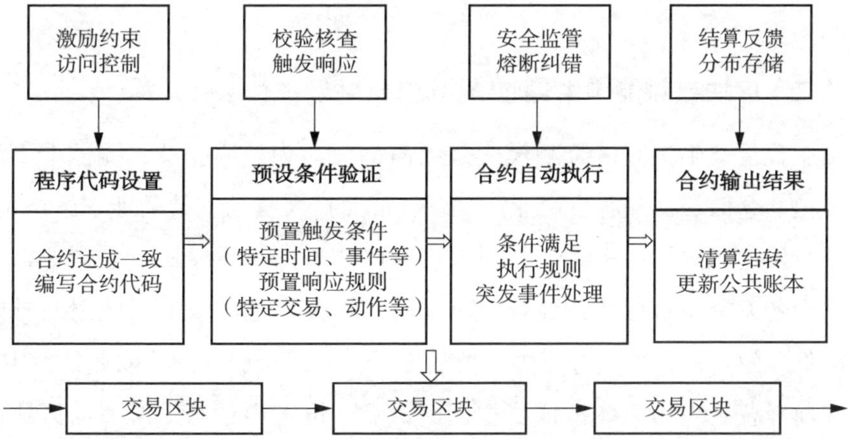

图 6-6　融资智能合约设置与执行风险管控机制设计思路

二、山东曹县区块链赋能肉牛供应链金融模式实践与探索

（一）区块链赋能肉牛供应链金融概况

山东是我国重要的肉牛主产地之一，2021 年初，山东沿黄肉牛产业集群被农业农村部、财政部纳入“2021 年农业优势特色产业集群建设名单”，菏泽曹县等 6 个县市被纳入肉黄牛产业集群建设范围。肉牛是优质资产，以其高个体价值、优秀的抗病能力和易于销售等特征著称，但由于养牛的高成本和大额投资，加之养殖行业缺乏有效的担保措施，传统肉牛质押融资模式存在很多风险，比如牛只多次抵押、抵押资产变现难和监管困难等，导致肉牛经营户长期以来面临资金短缺，融资困难重重。借助区块链和物联网技术打造的农业供应链金融服务平台能够有效应对上述挑战。通过防拆监测项圈、智能称重系统和监控摄像头等物联网设备，该平台可以实时收集和监控肉牛的健康状况、体重、所在位置等关键信息，实现对肉牛生命特征的全方位看管。此外，区块链技术还能对肉牛的相关数据进行整合和记录，确保肉牛资产所有权清晰，减少信息不对称现象，提高生物资产的可信度。基于这些可靠链上数据，商业银行能够为肉牛养殖场提供相应的贷款服务，从而减轻肉牛养殖业的融资压力和融资成本，为区块链增信农业供应链金融提供了典型的案例场景。

（二）区块链赋能肉牛供应链金融具体做法

山东曹县肉牛供应链金融模式是以商都恒昌为核心企业，涵盖上下游养殖、种植、仓储、交易客户产业链，以链带面扩大贷款支持的涉农经济范围。恒丰银行发起成立了山东省乡村振兴产业联盟、山东省富民兴农产业振兴联盟，整合各方资源，形成产业合力。同时，结合当地的农业保险财政补贴政策，降低养殖户的保费资金压力，撬动银行信贷资金服务现代农业经营主体。

在菏泽曹县生物活体抵押贷款创新试点，恒丰银行与上海万向区块链股份有限公司以及集肉牛养殖和肉制品深加工为一体的商都恒昌有限公司合作，三方通过融合区块链及物联网等数字技术，创新性地构建了以统一规划、品

种选择、饲养管理、检察防疫和销售为基础的“龙头企业+基地+农户”区块链肉牛育肥养殖模式，成功解决了生物活体资产确权难、抵押难、监管难的问题，打造从养殖到出售的全供应链金融模式，在严格的风险管控下，为肉牛养殖户提供专项融资，以支持其购进活牛、持续养殖以及从事其他生产经营活动。具体做法如下：

1. 建立“数字牛”数字资产

基于区块链和物联网等数字技术，菏泽曹县的肉牛资产实现了生物资产数字化。首先，利用区块链“数字孪生”技术，为每头牛建立线上对应的“数字牛”。这一过程通过区块链的身份认证与分布式记账机制，确保了“数字牛”的可信度，有效实现了其抵押与存证的功能。其次，每头牛的身份信息都被准确无误的上传至数据区块中，在银行中登网实现有效抵押与存证，将肉牛这一生物资产数字化，使其具备了成为合格抵押物的基础，确保活体“抵得了”。

2. 生物资产实时监控与风险防控

借助物联网与区块链的结合，引进先进的监控项圈技术，实现对肉牛从购置到养殖再到销售的全流程不间断监控，并且在 2021 年 7 月引进第二代“数字孪生”技术——耳标，不仅节约了更多的成本，而且通过手机客户端，每头牛全天 24 小时的活动量、实时体温等数据都能直接被饲养员掌握，对于活动和体温异常的牛，饲养员能及时进行风险管控和干预，一旦发现异常，饲养员可以立即采取措施进行风险管理和干预，确保活体资产的安全可控，实现活体“看得住”。同时，依托大数据与人工智能技术，通过对项圈和耳标收集的肉牛活体数据进行分析，实现了对牛只在栏情况、健康状况、生长趋势地持续监测，从而实时预测潜在的风险，并通过“肉牛管家溯源管理系统”进行管理，实现活体资产风险“防得了”。例如，如果系统检测到某头牛某天突然活动量大幅减少，并且体温出现了异常升高，系统则会自动发出预警提示该牛可能出现健康问题，及时通报养殖户进行查看并采取诊疗措施，从而有效防控风险。

3. 授信评估和贷款发放

由于传统肉牛养殖农户现金交易较多，账上交易流水欠缺，导致金融机构不能有效获得养殖户交易以及资金的相关信息，无法合理授信，而基于区块链的肉牛供应链金融将实现资金流动的透明和高效。基于区块链肉牛数字资产，恒丰银行推出“好牛快贷”“沿黄肉牛贷”等专属融资产品，根据“数字牛”所代表的资产价值以及养殖户的养殖规模、经营状况等因素，为养殖户核定授信额度，发放贷款。“好牛快贷”服务方案弱化对农户自身资质的审查，强化对肉牛养殖价值链的整体判断，基于肉牛优质资产抵押价值核定授信额度，探索对养殖产业价值链的整体评价，在确保风险可控的前提下为养殖户提供贷款支持。因此，在该农业供应链金融模式下，养殖场通过将“数字牛”档案数据信息共享给金融机构，基于这些数据信息，金融机构可以对养殖场进行信用评估，进而发放对应额度贷款，并提供相应金融服务，实现资金“贷得了”。

4. 风险管控和交易结算

借助区块链的不可篡改和可追溯特性，金融机构可以更加准确地评估经营风险，降低信贷风险。通过协议约定核心企业的监管责任和回购责任，降低抵押品价值风险。使抵押授信期限与抵押品持续增值区间相对一致，进一步降低抵押率评估风险，提高金融服务的可及性。同时，通过“数字客户经理”提高了贷后管理的效率、有效降低了贷款风险，确保了整个贷款流程的风险控制得当，实现风险“控得住”。此外，基于区块链的肉牛供应链金融还可以提升肉牛产业链上下游企业之间的资金使用效率，比如肉类加工企业通过“数字牛”实现对肉牛养殖的全流程信息获取，可以精准判断肉牛的出栏时间、品质和数量，从而进行资金的合理调配和订单预定，提高资金利用效率。

在交易结算环节，基于区块链的智能合约可以自动执行交易结算，减少人为因素的干扰，确保资金安全和透明。综合来说，基于区块链的肉牛供应链金融一方面可以通过肉牛链上“数字化”，确保养殖户的肉牛资产链下抵押唯一性，提升养殖户的信誉度，实现数字技术增信并据此发放信用贷款，有效解决生物资产重复抵押难题；另一方面，基于数字技术建立的手机客户端，可以实现肉牛数据即时上传，养殖户信息收集更加准确，并且可以通过客户端及时发现肉牛养殖过程中出现的风险，降低银行的信贷风险，从而有效破解养殖户融资难和贷后管理的问题。

5. 实施成效

恒丰银行通过依托“龙头企业+基地+农户”的肉牛养殖模式，成功地向山东菏泽曹县推出了总额达600万元的农业专项贷款——“好牛快贷”，这一举措有力地支持了当地的肉牛养殖业，有效稳定了上游的肉牛供应来源，确保了产业链前端的原料充足。专项贷款切实解决了众多养殖户长期面临的资金难题。许多原本因资金短缺而难以扩大养殖规模、更新养殖设备的养殖户，借助“好牛快贷”得以购入更多优质的肉牛品种，改善牛舍环境，运用先进的数字养殖技术，实现了肉牛存栏量稳步增长，养殖户养殖积极性提高，企业的肉牛收购量得以保障，为后续的屠宰加工售卖等生产环节奠定了坚实基础。此外，为了进一步深化金融服务，恒丰银行积极构建恒昌养殖业供应链金融云平台，覆盖生产的全部环节，为养殖户提供了更加高效、便捷且贴合产业实际需求的金融服务。企业可以通过该平台，实时掌握上下游的资金流、信息流等情况，精准安排生产计划、优化库存管理、降低运营成本。

目前，在整个曹县肉牛产业链层面，基于区块链的“肉牛智慧养殖+活体抵押”贷款项目已启动，贷款金额高达1亿元，为产业发展注入了强大动力。在第一产业方面，养殖户不仅扩大了养殖规模，还积极引入智能化养殖设备和数字化管理系统，实现了肉牛养殖向智慧数字化养殖的转型升级，极大提高了养殖效率和肉牛品质，使得曹县的肉牛养殖产业更加标准化、科学化、智能化。在第二产业方面，稳定且优质的肉牛供应，促使屠宰加工企业提升生产工艺，扩大生产规模，增加产品附加值。在第三产业方面，随着肉牛产业规模的扩大和品质的提升，围绕肉牛养殖、加工衍生出的物流运输、餐饮、旅游等服务业也蓬勃发展。通过提供信贷资金支持，促进当地第一、第二、第三产业的融合发展，拓展了产业链条和增值空间，有效增加农民收入的同时，也减轻了农业民营企业的负担，助力当地农业产业振兴与发展。

第七章

融合信任观下农户借贷模式创新与实践

本书第四章、第五章和第六章在第三章农户借贷信任理论分析的基础上，分别基于关系信任、制度信任和数字信任的逻辑，进行农户信贷可得性的检验，以及探讨基于区块链的农户供应链金融模式创新，但现阶段农户借贷信任的逻辑是融合信任的逻辑，如何基于融合信任观，探讨农户借贷模式的创新与实践更具研究价值和研究意义。

本章基于融合信任观的底层逻辑，分别从经济资本、社会资本和数据资本视角，探讨农户线下信息线上化的银行网贷交易模式创新，并以河南兰考普惠金融“一平台四体系”模式为例进行实践应用；探讨银政结合的数治化普惠金融服务模式创新，并以浙江兰溪马涧镇数字乡村银政服务模式建设为例进行实践应用，从而满足不同场景下不同类型农户的信贷需求。通过模式创新和案例推广和应用，为农户借贷模式的创新和数字普惠金融服务模式的实践提供经验借鉴和应用参考，助推乡村振兴战略目标的实现。

一、基于农户线下信息线上化的银行网贷交易模式创新与实践

长久以来，由于广大农户群体受自身的特性、经营的属性以及交易成本等因素的影响，往往被传统金融体系忽视或难以触及，加之信息不对称，使金融机构难以建立对农户的信任，降低了对农户借贷的积极性，导致农村金融发展相对滞后。因此，如何更便捷地了解农户的经济和社会资本特征、行为偏好和信贷需求对促进农村金融市场的发展至关重要，这也是普惠金融工作的主要目标。近年来，数字普惠金融以其广覆盖、高效率和可触达性有效降低了普惠金融的服务成本，为经济落后地区发展普惠金融提供有利契机，发展成为广泛涵盖交易支付、借贷、理财和保险等多个领域的金融服务手段。

数字普惠金融服务模式得以有效实施的最根本前提是尽可能多地获取农户的各类信贷特征信息。通过数字技术、信息工具等数字化手段，收集广泛、多元的经济和社会资本等信贷特征信息形成数据资本信息，金融机构可以更好地了解农户的生活状态和金融行为，从而为不同类型的农户定制适合的金融解决方案。由于广大农户居住分散，农业经营方式单一，缺乏足够的金融历史数据和信用记录，不具有完整的信用信息，传统的风险评估模型往往难以准确评估他们的信用风险。因此，数字普惠金融需要首先解决如何获取农户信贷特征信息的问题，即依托数字技术，结合相应的制度设计，合理有效地将采集的农户线下经济和社会资本信息转化为线上数据资本信息，进而借助大数据风控模型，更准确地评估农户的信用状况、行为动机和偏好等特征信息，推行规模化的授信评级和线上信贷资金发放，从而实现"打通最后一公里"的普惠效应。

（一）基于农户线下信息线上化的银行网贷交易模式创新

1. 农户线下信息线上化的作用

具体来说，农户线下信息线上化的作用主要表现在以下几个方面：

（1）缓解信息不对称程度并降低金融风险

推动农户数字普惠金融的发展，要解决的最根本问题就是获取广大农户经济和社会资本等多样化的信贷特征信息。这里提到的信贷特征信息，涉及农户的家庭收入、社会网络、信誉信用和收入结构等多个要素，而这些要素往往是相互关联、相互影响的。前文研究发现，农户经济资本特征（农业收入、多样化收入）和社会资本特征（信誉、社会互动）作为重要的特征信号，显著影响不同类型农户信贷可得。本书所做的理论和实证研究只是选择了经济资本和社会资本特征中的代表性特征，因此，反映的信息不能全面揭示农户的特点和信用状况。而通过数字技术和金融科技手段将农户线下信息线上化，可以将农户多维信息进行有效采集，形成既反映农户经济资本特征，又反映农户社会资本特征等的线上数据资本信息，实现多个信贷特征信号的互补增强，从而有效降低银行与农户之间的信息不对称程度，降低金融风险。

农户能够利用信贷资金提升生产经营能力，扩大生产规模，进而形成良性循环，有利于进一步促进数字普惠金融工作的开展。

（2）精准画像助推产品和服务模式创新

互联网、大数据、人工智能等数字技术地有效运用在农村金融领域带来了革命性的变革，降低了获取广大农户信息的成本，也促使农户经济和社会资本等信贷特征信号得以有效获取。金融机构不仅可以通过农户线下信息线上化，获得农户家庭收入情况、信誉状况、社会互动以及是否参与农业经营组织等多方面的信息，还可以通过互联网和信息技术，在线自动生成农户线上信贷交易信息数据、社交网络互动数据、消费习惯数据、浏览和购物行为数据等多样化的数据资本信号特征信息，有助于生成农户信贷特征的真实画像，实现对农户多维特征的真实映射，使农户的信息特征更加立体化，从而全面客观地进行评价。这些信息的获取能够使金融机构全面客观判断农户的风险类型和信用状况，从而降低金融机构服务农村金融市场的顾虑，也促使金融机构开始关注农村金融市场，不断拓展各种业务应用场景，并根据其特点进行产品和服务模式创新，为用户提供适合的金融产品和服务，这种精准的金融服务大大提高了数字普惠金融服务的精准性，为农户打造更具有针对性的金融解决方案，提供更加便捷、高效的金融服务。

（3）推动农村金融接纳并促进农户可持续发展

数字普惠金融致力于通过利用先进技术，将金融服务扩展到更广泛的农村地区和农户，同时利用移动支付、区块链、大数据分析等先进技术，不仅提高了金融服务的可及性和效率，同时也为金融机构提供了更多的机会和潜力来满足农村地区不断增长的金融需求。通过对农户线下信息线上化的大数据信息进行归类分析，金融机构能够更加精准地了解和评估农村地区不同类型农户的金融需求和风险，可以为农户提供定制化的金融服务。例如，通过评估农户的土地利用情况和预测农作物收入，金融机构可以为农户设计出更具有可持续性的农业贷款与保险方案，帮助他们更好地理解金融产品和服务，并提高他们的金融素养。这样不仅可以帮助农户更好地应对自然灾害等风险，也能够激发他们的生产热情，进而有助于推动农村地区的金融接纳，提高农户的金融获得能力和金融服务的可及性，促进可持续发展。

2. 农户线下信息线上化的银行网贷交易实现途径设计

商业银行作为普惠金融主力军，要低成本服务好广大农户，就必须解决好农户的信息约束和与此相应的制度约束问题。由前文分析可知，传统关系信任模式下，银行信贷主要依据关系信任模式，即根据农户线下特有的血缘地缘等人际圈层社会资本来进行风险管理，无法解决更多“长尾农户”和“陌生人交易”问题（陈熹，2018）。大数据和互联网信息技术的运用无限拓展了交易活动的边界，因此，借助于互联网信息平台，就可以对农户各类线下信息进行收集、转化和沉淀，同时也可以进一步积累更多的线上化信息，由传统的关系信任模式向关系信任、制度信任和数字信任相融合的融合信任模式转变，如图 7-1 所示。

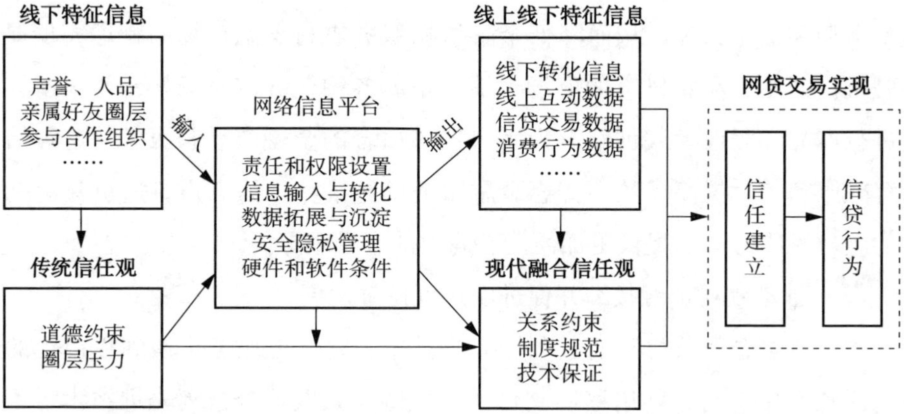

图 7-1 基于农户线下信息线上化的银行网贷交易实现路径设计

通过前文所述，获取农户多样化的经济、社会和数据资本特征信息成为普惠金融目标实现的最重要一环。而在广大农村地区，能够反映农户信贷特征的信息本就匮乏甚至没有，加之农村网络配套设施远不及城市，一般涉农网贷平台无法对该类没有线上信息的农户评价和放贷，广大“长尾农户”往往被隔离在外。从目前各网络电商平台和网贷平台所提供的信贷服务来看，其服务范围并没有涵盖没有线上信息的农户，这些农户成为涉农网贷平台的

"服务盲点"。因此，在农村数字普惠金融实践中，如何将农户线下信息线上化，从而形成农户线上大数据信息，是促成农户网贷交易实现的重要保证，也是"打通最后一公里"，实现数字普惠效应，保障普惠金融商业可持续性发展的关键。鉴于此，本部分探讨作为普惠金融主力军的商业银行，如何通过农户线下信息线上化网络服务平台搭建，实现银行网贷交易模式的创新。

（1）农户线下信息线上化信息服务平台的搭建

农户线下信息线上化信息服务平台是农户网贷交易得以实现的基础技术保障和实施载体，也是农户经济和社会资本等特征信息采集、积累、提取和评价的重要信息处理媒介。因此，要实现农户网贷交易达成，前提是需要搭建数据和信息共享的网络信息服务平台。在平台搭建和管理上，需要明确信息服务平台的责任主体和功能权限。由于普惠金融在农村金融市场上的发展带有"普惠"性质，一直以来，以盈利为根本目的的各互联网金融平台对广大农户的关注度相对不足。因此，在责任主体设置上，应明确网络信息平台参与主体，主要包括人民银行、商业金融机构、金融科技公司、农户等，即人民银行主导政策推进和负责监管，包括通过政策引领和目标设置等推动金融机构开展业务，并实施金融监管，确保各类网贷交易的合规运营方式。金融科技公司负责底层技术支持和平台搭建，通过系统设置、计算机代码编程、App 程序设计等底层技术的开发与应用，为农户信用信息采集、网贷业务开展提供技术支持和基本保障。商业金融机构通过系统在线参与并开展各类线上网贷业务，以及通过系统平台进行农户信用信息采集并据此授信评级，发放贷款以及从事普惠金融政策推广和其他金融业务的开展等，包括线上贷、保险、支付结算、理财等，以满足不同类型农户群体的融资需求。广大农户则通过金融机构登记或者手机终端 App 信息采集等方式进行信息上传，积累在线数据资本。

（2）基于线下信息线上化的农户网贷交易模式设计

①农户线下信息线上化的实现路径。基于信息服务平台，金融机构可实现对农户各类线下信息的采集、积累、转化和分类评价。农户线下信息线上

化是实现农户网贷交易的前提和主要保障。农户线下信息线上化不仅是农户线下信息到线上的简单挪移，而且是信息获取方式的转变与拓展，是在农户线下经济资本和社会资本信贷特征信息（收入状况、信誉评价状况、亲属好友圈层状况、参与合作组织类型等）线上数据显性化的基础上，对农户线上互动和交易行为的持续记录、拓展与沉淀，以期形成较为完整地刻画农户特征的线上大数据信息，从而改变原来线下信息单纯靠人际关系圈层信任的传统借贷信任模式，转变为依靠人际关系、制度、交易规则和大数据信息相互融合为基础的融合信任观下的网贷交易模式。

综上所述，农户网贷交易达成首先需要实现农户线下信息线上化。根据信息系统理论分析农户线下信息线上化的实现路径，即通过信息的输入、转化、拓展、沉淀和输出五个环节设计农户线下信息线上化的实现路径。具体来讲，信息的输入阶段是农户各类信息线上化的首要阶段，这个阶段主要通过金融机构基层工作人员对农户信息进行系统采集，或者通过手机终端 App 进行在线注册生成电子信用信息账户，将有关农户个体基本特征、家庭状况、信誉状况、亲属好友圈层状况、是否参与合作组织、借贷情况、农业保险参保情况、经营状况以及其他相关数据信息录入系统。金融机构工作人员及相关人员利用信用信息平台对各类信息进行核查验证，将有关农户的电子信息进行有效转化，建立农户的电子信用信息档案，就此生成农户的线上数据基本信息并激活线上账户。同时，农户线下信息线上化，不仅是线下数据的简单挪移，也是对农户线上互动和交易行为持续的拓展与沉淀。因此可以通过在线实时抓取农户的消费、交易、线上社交网络互动等线上信息，并自动记录到信用信息档案中，实现即时拓展线上数据信息，而且农户线上大数据一旦生成就形成数据沉淀不可篡改，农户因办理各种业务需要征信或者调取线上大数据信息时，可随时根据线上数据包中的信息进行调取和输出，以满足各类金融服务的需求。

②农户线上大数据信息信用评价。农户信用信息服务平台以数字技术为基础，将农户线下各类信用信息有效转化为线上大数据信息，金融机构可借助数据挖掘技术和大数据信息处理功能，将农户线下转化数据、信用特征数

据、各类交易数据、线上社交网络互动数据、消费行为数据等农户经济、社会和数据资本信息进行有效筛选、识别并进行信用信息评价等级。农户信用评价是用于评估农户的还款能力和还款意愿的重要指标依据。通过信用评级，金融机构可以更好地评判农户的可靠性和风险水平，并根据信用情况决定是否发放贷款。同时，依据优质、中等和风险等信用评定等级可以决定与不同类型的农户建立不同程度的信任关系，以便进行各类金融活动。

③融资授信与信贷交易实现。农户的信用评级可作为金融活动、农产品交易活动和其他需要资信认证活动的征信评定依据，尤其在农户借贷交易中是主要的资信认定证明。根据农户的信用评定等级，金融机构可据此判定农户的授信额度，并有效控制信贷风险，能够提供更合理和个性化的金融信贷服务。例如，对于优质农户，金融机构可以提供更高额度的信贷额度，并且为其提供更加灵活和优惠的贷款产品，对于中等和风险农户，金融机构可以采取更加审慎的方式，根据实际情况提供适当的信用额度和贷款条件。最后，农户可以通过网上平台进行借贷申请，并根据自身的信用状况和需求，选择适合自己的贷款产品和条件。而金融机构则可以通过信用评价信息，更加准确地确定授信额度，并监控贷款的还款行为，从而降低风险并确保完成相应的信贷行为，顺利完成网贷交易。

除此之外，在网贷信用平台的运行和服务提供上，还可以进一步优化以提升网贷交易的整体效率和服务水平。例如，在用户体验优化上，网络信用信息服务平台与传统信用服务平台相比更加智能化，因此在平台设计上可以更加注重用户体验，设计简洁易用的界面，提供个性化的金融服务推荐，满足不同客户的需求。同时，应支持多样化的交易方式和支付方式，建立完善的用户服务体系，保证在线客服、投诉处理、普惠宣传等服务，保障用户权益，提升用户满意度和便利性。同时，还要设立严格的数据管理制度，保障用户数据的隐私性和安全性，防止数据泄露和滥用，严格遵守相关的数据保护法律法规，以保证信用信息服务平台的平稳运行。

(3) 农户网贷交易风险管理体系构建

农户网贷交易得以实现除了需要根据农户线下信息线上化的多样化信息

评级授信外，还需要通过风险管理体系的构建降低信贷风险，保证信贷资金有效回收。风险管理体系构建主要包括两部分内容：失信惩戒机制构建和贷款风险分担机制构建。

①失信惩戒机制构建。在农户信用评级授信获得贷款后，在用贷过程中，需要对其线上信用信息的分析、处理和信贷风险进行在线实时管控。具体可依托在线实时追踪的农户大数据信用信息平台，将可信农户和非可信农户进行有效分离，同时对非可信农户的风险特征与类型进行刻画和分析，实现对网贷农户信任风险的在线实时管控。贷款风险管控的关键是如何设计失信违约农户惩戒机制，从而增加农户失信违约成本，减少其违约行为发生的概率，降低坏账风险。包括信用惩戒和联合惩戒，甚至是停止放贷，实施贷款熔断。

目前，社会上有关违约不还款惩罚的方式比较多，尤其在互联网和大数据时代背景下，跨行联合惩戒开始实施，比如对违约贷款人在出行、住宿、通信、车辆登记、婚姻登记等方面给予限制。但目前惩戒手段主要还是金融机构同业制裁，即个人信用惩戒，如果贷款人违约不还款，则会被拉入金融机构征信“黑名单”，金融机构不会再为其办理一切授信和贷款业务。这些都可以通过对贷款人电子信用信息档案的线上信用评级来实现。对农户进行信用评级后，一旦农户发生违约行为，金融机构就能够及时采取降低甚至取消个人信用评级的惩戒行动，不再为其贷款，从而降低银行未来信贷可能面临的风险。此外，金融机构通过信用评级增加了对农户信誉的认知度，进而提升了金融机构对农户还款意愿的辨别能力。而对于守信农户，可采用提升信用评定等级，适度提高授信额度和降低贷款利率等措施来加以激励，促进交易主体持续信任关系的达成，促使多次借贷交易行为的发生。

②贷款风险分担机制构建。贷款风险分担机制的构建主要是为了解决非可信农户不良贷款坏账责任和损失分担问题。主要设定政府、涉农网贷金融机构以及第三方保险担保等多方参与的信用风险分担方式方法选择以及分担比例优化等问题，减少金融机构的顾虑和风险。本书认为可建立“银证保担四位一体”的信贷风险分担机制，具体思路如图 7-2 所示。

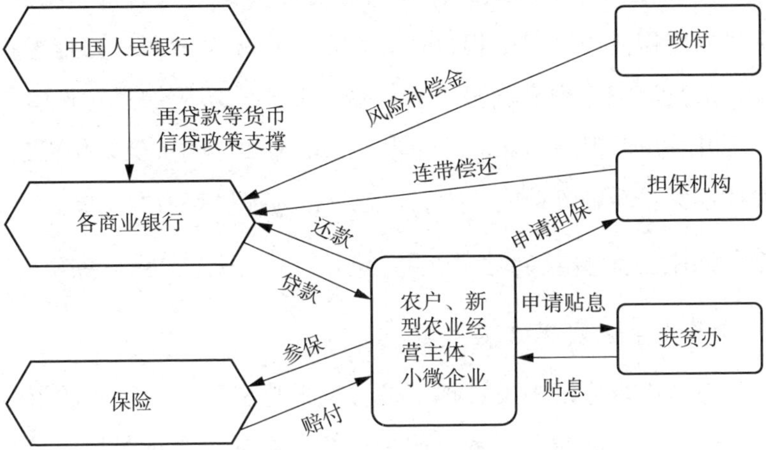

图 7-2 “银政保担四位一体”风险分担体系

政府部门设立信贷风险补偿基金，为金融机构给农户提供信贷资金支持给予保障。政府部门还应出台相应的风险补偿政策，建立风险补偿机制。一旦金融机构在发放贷款过程中面临贷款风险，不能及时收回贷款时，风险补偿基金能够有效弥补其损失，降低信贷风险，有效解决金融机构发放贷款的后顾之忧。此外，扶贫办等政府扶贫机构可以利用扶贫资金等给予农户一定的贴息优惠，减轻农户的信贷负担。

中国人民银行作为管理机构，为了提升各商业银行发放贷款的积极性，可以为各商业银行拨付专项的帮扶再贷款，用于农户和小微企业贷款发放，降低各商业银行在贷款实施过程中的信贷风险。对于违约不还款的农户，还应积极推动“还款有益、违约惩戒”的社会惩戒约束机制的构建，尤其在互联网和大数据时代背景下，跨行联合惩戒开始实施，增加了违约的连带责任，从而有效避免农户出现违约行为，降低贷款风险。

银行应多关注农户的信贷问题，积极探索金融工具创新，开展无抵押担保信用贷款，基于互联网平台开展线上网贷业务，使金融机构在提供金融服务时更加方便快捷，降低服务成本，提升服务效率，为农户提供更多的资金支持，助力农户致富发展。

此外，还应加强第三方中介服务平台和服务体系建设。第三方作为中介方为金融供需方提供担保，从而保障农户的融资交易行为得以实施。因此，保险担保机构应积极拓展保险担保业务功能，积极探索第三方抵押担保服务模式创新，加快第三方中介服务平台建设。此外，还应加强对保险担保的宣传力度，提升农户对保险担保的认知水平，增加农户购买保险担保的主动性，更好地发挥银保互动融资功能，为农户融资行为提供有力的支撑。

（二）河南兰考普惠金融“一平台四体系”模式实践与探索

1. 兰考普惠金融实践概述

河南兰考是焦裕禄精神发源地，是习近平总书记第二批党的群众路线教育实践活动联系点。同时，兰考县作为传统农业县，是我国县域经济典型代表。2016 年 12 月，兰考县获批成为全国第一个国家级普惠金融改革试验区。作为国内首个普惠金融改革试验区，兰考县是国家精准扶贫、金融惠农政策有效落实的示范县，其普惠金融服务对象主要为农村乡镇企业、农村产业和农户家庭，该试验区建设的目标就是在改革试验区内建立和完善有关农户的普惠金融服务和保障体系，实现服务对象百分之百全覆盖，促进农户脱贫致富、农业高效发展、农村现代文明建设，成为推动农村经济发展和乡村振兴的重要改革试验区。经过多年实践，兰考探索形成了以数字普惠金融综合服务平台为核心，以金融服务体系、普惠授信体系、信用信息体系、风险防控体系为主要内容的普惠金融“一平台四体系”模式，找到了一条破解农村基本金融服务缺失、农民贷款难的有效路径。金融服务在便捷、普惠、高效地送达群众的同时，实现了与农村产业、乡村治理地深度融合，有力地助推了兰考率先脱贫与乡村振兴，成为兰考全面小康、农业农村高质量发展的重要支撑。2019 年，普惠金融兰考模式入选中组部编写的《贯彻落实习近平新时代中国特色社会主义思想在改革发展稳定中攻坚克难案例》和中央党校教学案例，并由银保监会普惠金融事业部发文推广。

2. 兰考普惠金融“一平台四体系”模式实践与探索

在兰考县推动改革试验区建设的众多规划方案中，农户信用信息中心建设和农户信用贷款业务的开展是主要举措。其主要的创新就是农户线下信息线上化的信用信息采集和农户“先信贷，再信用”的普惠授信贷款模式，并以此为主体，形成了以数字普惠金融综合服务平台为核心，金融服务体系、普惠授信体系、信用建设体系、风险防控体系为主要内容的“一平台四体系”兰考模式。

（1）创新“一站式”数字普惠金融服务平台

针对普通农户金融接触难和传统金融成本高、效率低等问题，兰考县依托数字技术，先打造“普惠金融一网通”公众号，进行金融知识宣传，实现金融知识和政策触手可及。之后通过数字化技术，将“一网通”平台升级为“普惠通”手机App，提供“账户管理、融资、理财、缴费支付、惠农补贴、金融消费者权益保护”等“一站式”移动金融服务对接金融机构的各种产品，并进一步加载普惠授信在线服务、金融超市等功能，打造全流程线上金融服务，使以往难以触及的科技金融走到面前，从而实现用户一站式进入就能获得各种金融服务的信息。并且通过设计打卡考勤、服务站业务实时掌握、服务站机具使用情况统计、普惠授信业务线上受理、农户信用证电子化等多种功能，从而整合全县普惠金融数据，打造方便快捷的数字普惠金融服务平台。

（2）创新“先信贷，再信用”的普惠授信体系

由于农民存在融资难、融资成本高、农民信用数据缺少、抵押品欠缺等问题，兰考县普惠授信体系转变“信用+信贷”的传统信贷理念，按照“宽授信、严启用、严管理”原则，将信贷前置，创新推出“信贷+信用”普惠授信产品，构建“先信贷，再信用”的服务模式，从而针对一般农户、贫困户、新型农户和兼业户等不同类型的农户群体，推出不同的信贷产品。具体包括：授信环节，金融机构为农户普遍授信，发放普惠金融授信证；启信环节，符合讲信用、有正当生产经营项目、“两无一有”的农民，按银行要求填报相关信息，即可启用授信额度，同时采集信用信息，使农户线下信息线上化，开展三级评级和授信，即A/AA/AAA三级模式；用信环节，农户信息真实性审核通过后，即可获得免抵押免担保利率不高于当下利率的小额信贷支持，并按照“一次授信、三年有效、随借随还、周转使用”的原则周转使用；还信环节，建立“守信激励、失

信惩戒”的信用信贷相长机制，农民如约偿还贷款，随着信用的积累和信用等级的提升，其授信额度也会随之增高，同时，对恶意违约，拖欠债务的农户，实施联合制裁措施，实现信用信贷相长，促进信用体系与信贷机制良性互动，有效打破了农民小额信贷门槛，缓解了农村融资难、融资贵问题。

（3）全力推进农户信用信息体系建设

信用信息体系建设是兰考模式重要的农户信用建设方式。通过授信、启信、用信和还信四个环节，信息采集、信用村三级评价，将农户线下信息线上化，从而使农户有自己的信用记录，形成自己的信用档案、信用评级和信用身份，实现信用信贷相长，并且开展特色“社会荣誉+金融服务”信贷模式等，全面推进农户信用信息体系建设。具体工作包括：

一是开展“三信”评定。在县人行成立信用信息中心，依托河南省农村和中小企业信用信息系统，2017 年开始多次采集农户、小微企业信用信息，农户信息涵盖 168 项指标、中小微企业信息涵盖 447 项指标，系统开发信用评级功能，供金融机构查询。同时，组织开展信用户、信用村、信用乡镇评定（“三信”评定），对农户评级分为 A、AA、AAA，分别对应 3 万元、5 万元、8 万元普惠授信额度。目前，兰考县已建立农户信用信息电子档案 16.03 万户，建档率 95.23%；建立中小企业信用档案 17876 个，建档率 100%。“信用户”评定覆盖 83.06%的农户，“信用村”评定覆盖 68.68%的行政村。

二是实施信用信贷相长行动。将信用体系与普惠授信紧密结合，引导农民在使用贷款中积累信用记录、培养信用习惯，实施守信激励，对按时还本付息农户适度提升信贷额度，实现信用与信贷互促相长的良性循环，激励农户守信的积极性。

三是开展“社会荣誉+金融服务”信贷模式。综合运用政府部门、社会团体等社会评优评先成果，开发信贷产品、提高荣誉获得者的授信额度，争取省农担公司针对获得县级（含）以上表彰的劳动模范、三八红旗手、五一劳动奖章获得者、青年五四奖章获得者等先进模范人物、致富带头人，年担保费率降低，提升荣誉吸引力和含“金”量，引导群众树立诚实守信道德风尚，形成良好社会风气与金融生态相互促进的良性循环。

（4）构建全方位的普惠金融服务体系

兰考县信用信息中心由县政府统筹领导，形成了以中国人民银行、发改委、金融办等30个主体为主的县、乡、村三级常态工作组织并构建了县乡村三级联动的金融服务体系，打造了“基层党建+普惠金融”的服务平台。并以此为基础建立了信息跨部门采集共享机制，制定了符合兰考县地域特点的农户、企业信用信息指标体系，共17大类303项指标，实现了信息全覆盖。从而通过数字普惠使农民得到存款服务、贷款服务、理财服务、消费者权益保护等一系列完整的金融服务。具体工作包括：

县级层面，成立县金融服务中心，建设数字普惠金融小镇，引导县域金融机构入驻，推动打造“一站式”金融服务，实现普惠授信、农村产权抵押登记、还贷周转金等相关普惠金融业务的集中办理。目前已入驻银行、证券、保险、担保等单位，设立窗口22个。

乡级层面，在16个乡镇（街道）设立乡级普惠金融服务中心，选派金融机构业务骨干到各乡镇挂职金融副乡长，开展业务指导，服务中心入驻便民服务大厅，配备1名金融专干和1名大厅工作人员，专项开展普惠金融工作。

村级层面，在464个行政村，依托党群服务中心建设普惠金融服务站，由村级协管员开展日常工作，延伸金融服务半径，主要发挥“4+X”功能（“4”是指贷款推荐和贷后协助管理，信用信息采集和失信联合惩戒，数字普惠金融推广和基础金融服务，政策宣传和金融消费权益保护；“X”是指各主办银行提供的特色金融服务）。村级服务站由村级协管员开展日常工作，延伸金融服务半径。实行主办银行制度，开展业务培训，配套出台服务站工作制度，规范服务站运营，提升村级服务站服务质量。同时，发动驻村工作队员和包村干部作为普惠金融工作的先锋队、推动者和宣传队，深入田间地头，宣传金融政策。如今，村级普惠金融服务站已成为推送普惠金融服务的“桥头堡”，让农户切实体会到普惠金融政策带来的实惠，普惠金融“驻”进了百姓心里，“联”紧了党群血脉。

（5）风险防控体系

由于传统信贷业务导致银行承担风险过高、风险权责分配不均、业务模式僵化等问题，兰考县创新性提出“银行+政府+保险公司+担保公司”的四方联动风险防控管理机制，如果贷款违约率不断增加，政府就会承担更多的责任，从而减少银行的担忧。此外，兰考县还建立了联合惩戒机制，加大对失信人员的信用惩罚力度，降低其信用等级，对其个人失信信息张榜公布并将其列入金融机构“黑名单”。此外，通过“信贷隔离”机制，兰考县政府还根据自身风险承担能力，设定普惠授信不良贷款“隔离”的容忍点，实行对普惠授信不良率超过5%的行政村及超过4%的乡镇暂停新增授信，以此形成对农户的约束，促使农户和乡镇保持良好信用，有效防控普惠授信中不良资产的潜在风险。具体工作包括：

一是建立风险分担机制，设立信贷风险补偿金，撬动金融机构多倍放款，设立还贷周转金，降低贷款主体资金周转成本。建立普惠授信风险分段分担机制，政府风险补偿金承担比例随着不良率上升而递增，提高金融机构放款积极性。如表7-1所示，将贷款不良率分为2%以下、2%~5%、5%~10%、10%以上四个段位。不良贷款率≤2%时，不良贷款损失由主办银行全部自担；对于超出2%但未超出（含）5%的部分，主办银行承担20%，保险机构承担20%，担保机构承担20%，政府部门承担40%；对于超出5%但未超出（含）10%的部分，主办银行承担10%，保险机构承担20%，担保机构承担20%，政府部门承担50%；对于超出10%的部分，保险机构承担20%，担保机构承担20%，政府部门承担60%，主办银行不需要承担。

表7-1 普惠授信风险分段分担比例

不良贷款率	主办银行	保险机构	担保机构	政府部门
不良贷款率≤2%	100%	0	0	0
2%<不良贷款率≤5%	20%	20%	20%	40%
5%<不良贷款率≤10%	10%	20%	20%	50%
不良贷款率>10%	0	20%	20%	60%

二是设立风险预警机制，充分发挥村两委干部、协管员对村民日常活动和信用状况较为了解的优势，在贷款审核、项目考察、还款提醒、逾期追缴

等方面发挥关键作用，形成“贷中贷后有管理、信贷风险有预警”的长效机制。

三是创设风险熔断机制，设立普惠授信不良贷款隔离点，对不良率超过5%的村、4%的乡镇（街道）暂停新增授信。

四是建立失信惩戒机制，出台《金融领域失信惩戒办法》（失信惩戒“铁五条”），将失信者列入失信被执行人“黑名单”，予以公布“曝光”，5年内不予新增授信，并限制参与评选社会荣誉资格，提升失信成本。

五是建立联合追偿机制，成立公安、法院、金融等多部门参与的联合追偿小组，对不良贷款严格依法追偿，维护县域金融生态。

兰考县普惠金融“一平台四体系”模式形成以来，“政府引导、市场主导、广泛参与、合作共赢”的普惠金融推进机制日益完善，农村地区金融服务不足、农民贷款难、数字金融水平低等问题得到较好地解决，农村基层金融服务持续增强。2023 年底，兰考县金融机构各项存、贷款余额分别为 445.95 亿元、440.71 亿元，较试验区建设之初分别增长 140.6%、276.3%，余额存贷比达到 98.82%，较试验区建设之初提高 35.6 个百分点，存贷款指标稳居开封市五县首位，金融服务乡村振兴水平持续提升。

二、基于银政结合的数治化普惠金融服务模式创新与实践

基于第三章的分析，农户借贷背后的信任逻辑是系统性的信任逻辑，是“关系信任+制度信任+数字信任”相融合的农户借贷信任系统。因此，要解决好乡村振兴中的农户借贷问题，关键是要发挥关系、制度和数字技术的联动优势，创新农村金融服务模式，重构金融服务生态。近年来，随着普惠金融服务乡村振兴战略的推进，农村金融的角色发生了根本性的转变，不仅要提供金融产品与服务，更要融入乡村治理，才能发挥更大的金融服务社会效能。因此，探索农村金融与乡村治理有机融合，构建数治化的金融服务生态系统，有利于实现农村金融服务便捷化、全面化，成为未来乡村数字化普惠金融改革和发展的方向。鉴于此，本书构建基于融合信任观的金融机构和乡村治理协同发展的数治化金融服务模式，如图 7-3 所示。

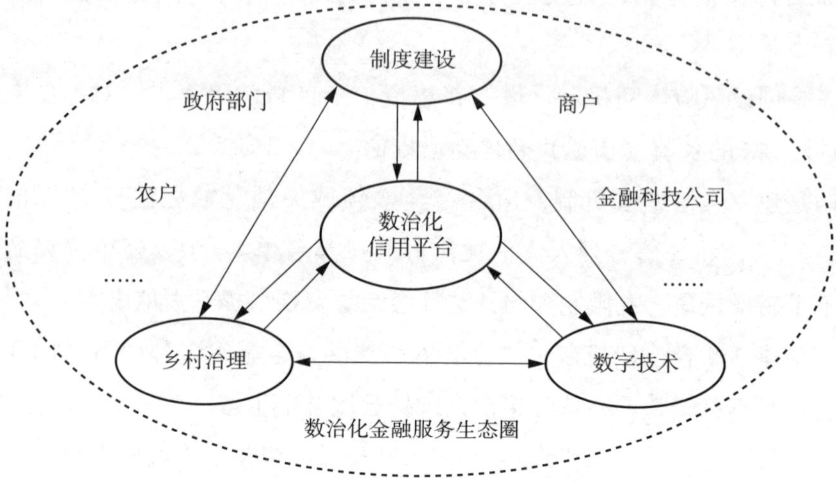

图 7-3　数治化金融服务模式

（一）基于融合信任观的数治化普惠金融服务模式创新

金融机构和乡村治理有机融合的关键是将金融服务有效融入农村日常生活场景中，通过数治化金融服务生态圈构建，创新银行和政府共同合作开发的数治化金融服务模式。该模式以制度建设为引领，乡村治理为依托，数治化信用平台为载体，通过数字化技术赋能，构建数治统一、场景融合、服务全面的金融生态系统，它不仅为金融机构参与乡村治理提供了出发点和结合点，而且为农村数字化普惠金融改革创新与实践提供了新的思考和借鉴。

1. 数治化金融服务平台搭建

数治化金融服务模式运行的首要前提是搭建数治化金融服务平台，通过平台搭建，为乡村治理、农村金融以及各类信息线上化、数字化提供有效载体，提升各类参与主体的服务和使用效能，提高信用信息融合应用的互通、互认、互信水平，重构金融服务生态系统。

（1）数治化金融服务平台参与主体

乡村基层治理部门、金融机构、农户、小微企业商户和金融科技公司等是数治化金融服务生态圈中重要的参与主体，扮演着不同的角色并发挥各自不同的作用，共同构建了数治化金融生态系统。乡村基层治理部门和金融机构是平台的主要管理和操控主体。乡村基层治理部门不仅是数治化金融服务平台的监管者和政策制定者，为保障各类活动有效开展制定政策法规和监督管理，同时也是平台的运行使用者，通过平台开展各类党务和政务活动，提升地方政府的基层治理效能。金融机构主要通过平台开展各种金融服务、金融宣传等，同时协助基层治理部门开展各种活动。农户和小微企业商户作为数治化金融服务平台的基础参与者，也是数治化金融服务圈中普惠金融服务的重要对象。金融科技公司是数治化金融服务模式的底层技术设计者和技术支持者，通过数字技术的研发和应用，保障数治化金融服务平台的安全运行。

（2）数治化金融服务平台运行

数治化金融服务平台运行需要各参与主体各司其职，实现服务平台的稳定运行。首先，乡村基层治理部门通过建立健全的法律制度和监管体系，提供政策支持和资源保障，引导和规范金融生态圈的发展，同时利用数治化信息平台，开展各类政务活动，实现政务服务、社保、工商、税务、不动产登记以及水电气缴费便民服务一体化服务，提升基层治理效能，推动乡村治理现代化建设。其次，金融机构通过平台和基层治理机构的数据共享和分工协作，实时动态地获取农户的相关信息，精准刻画农户画像并进行诚信评价，从而有针对性地提供金融服务，提升金融机构在农村业务推广的便利性。最后，数字技术的运用最终也需要以信用服务平台为依托。例如，数治化信息平台可以为农户建立大数据信用档案，利用数字技术将农户经济和社会资本信用信息、生活行为数据信息和生产交易数据信息等各类信息进行在线记录，分析和评估风险，为金融机构对农户评估授信提供数据支撑。

农户作为数治化金融服务的基础参与者，也是数治化金融服务圈中普惠金融服务的重要对象。通过数治化金融服务平台的应用，农户不仅可以方便快捷地进行各种日常缴费、政务事项的办理，而且能够更加便捷地获取相应的金融服务，实现资金存取流通和信贷交易的便捷化和透明化。而且，农户可以通过数字化金融服务平台获取更多的金融信息和知识，提高金融素养和资金管理能力，更好地保障自身的金融权益，促进农村经济的发展和乡村治理。

小微企业商户是金融服务平台的主要参与者与受益人，借助数治化金融服务平台，小微企业商户不仅可以实现政务、税务事项办理，通过在线信贷服务获得信贷资金支持，还可以通过服务平台进行业务推广和宣传，通过数字化技术拓展线上线下的业务渠道，实现销售和交易的便捷和高效。同时，商户也可以借助数治化平台技术优化经营管理，提高效率和降低成本，实现商业价值的最大化。

金融科技公司是数治化金融服务模式的推动者和支持者。金融科技公司通过数字技术的研发和应用，开发数治化金融服务平台并提供底层技术运营保障，实现政府服务和金融服务的数字化、智能化和个性化，满足不同商户、农户金融主体的需求和偏好。同时，金融科技公司还可以通过数据计算技术分析金融服务市场的潜在机会和风险，为金融机构防控风险和风险决策提供科学依据，促进数字化技术创新和服务创新。

因此，数治化信息服务平台在帮助金融机构扩大信用贷款投放覆盖面、提高信贷可得性的同时，也能提升乡村治理效能，促进乡风文明建设，进而实现信息共享下的多方共赢，促进数字化政务服务与金融服务的水平提升和融合发展。

2. 融合信任观下数治化金融服务模式构建

数治化金融服务模式是以制度建设为引领，以乡村治理为依托，以数治化信用平台为载体，通过数字化技术赋能，实现乡村治理与农村金融融合发展的数字化金融服务模式创新。该模式通过政策法规规范制度信用，使乡村治理积累关系信用和数据技术建设数字信用实现了关系、制度和数字信任的有机融合，构建了场景融合、数治统一、服务全面的金融生态系统，促进了农村数字化普惠金融改革与创新实践。

（1）以制度建设为引领，规范制度信用

数治化金融服务模式的创新要加强顶层设计，通过制度建设，发挥制度稳定性和可靠性的信用优势，保障各项活动的开展。因此，制度建设贯穿整个数治化金融服务体系建设全过程。首先，要推进乡村信用体系的制度建设。通过完善乡村信用法规制度，明确社会信用评价的标准和方法，构建守信激励和失信联合惩戒机制，约束违约行为，引导诚信文化，提高诚信意识和信用水平，使诚实守信逐步成为自觉行为规范。其次，在信用信息化建设上，通过政策和制度建设，打破政务数据信息与金融机构征信数据信息隔离的现象，通过数字化技术实现政务金融数据信息共享，把基层治理机构的治理优势和金融机构的金融服务优势有机结合起来，实现政务资源和金融资源集成共享、优化分配、深度合作。最后，信息服务平台的搭建同样需要制度统筹设计，建立责任分担机制。明确服务平台各参与主体（乡村基层治理机构、金融机构、商户、金融科技公司、农户等）的责任与权限，制定相应的平台治理制度和标准，并确定信息平台的框架结构、功能职责和管理模式等，确保数字化信息服务平台的有效运行。同时，在平台数据治理层面，要明确数据使用的责权利，即数据的产生者、使用者、拥有者和管理者的数据使用权限，通过制度设计优化数据管理，发挥数据价值的同时要保障数据的隐私性和安全性等，保证数治化金融服务模式有效运行。

（2）以乡村治理为依托，积累关系信用

现代化的乡村治理体系不仅要把农村建设成为管理有序、服务完善、文明祥和的社会生活共同体，更要成为提升农村社会信用，促进农村经济发展的重要抓手。首先，乡村治理体系的参与主体扎根于农村社区，熟悉社区中个体的道德素质、人品信誉、关系圈层以及是否违法乱纪等个人化信息，能够有效辨别出社区中存在诚信问题或者失信倾向的个体。而这些信息是在农户社会关系网络中天然形成的信用信息，对于金融机构较难采集，因此，乡村治理体系有助于金融机构对农户个体进行信用鉴别。其次，作为政府的基层组织，乡村治理体系的主体信用更高，当有信贷需求的农户个体申请贷款时，乡村治理体系可以充当“担保人”的角色，为借款农户进行信用背书，缓解农村信贷“担保人”缺失的困境。最后，由于乡村治理的服务对象是农户个体，其行为信息更容易被观测和追踪，因此，乡村基层治理体系能够帮助金融机构获得更多借款人的行为信息，实现对借款人的动态监督管理。此外，乡村治理体系本身也约束了借款人的行为，通过社会关系网络实现了对借款人的隐性约束，并通过道德谴责、社交关系舆论等非正式制度惩戒违约行为，督促借款人偿还或弥补违约行为造成的损失（刘鹏林，2022）。

（3）以信息技术为支撑，建立数字信用

信息技术革命对社会生活产生深刻影响，互联网、大数据、云计算和区块链等信息技术手段的运用使得社会信用体系建设呈现出数字化、平台化和智慧化的特征，有利于建立数字信用。首先，互联网技术实现农户社会资本信息线上化。运用数字化技术手段将农户基本信息、信誉信息、亲属好友圈层情况、参与合作组织类型等各类社会资本信息线上化，将社会关系信用转变为商业信用。其次，大数据可以实时记录农户行为数据信息。公共事务场景下，农户可通过办理社保、医疗、教育、生育、补贴等政务事项，积累个人政务大数据信息，生活场景下，通过记录消费、出行、交易、社交互动等生活大数据信息，实现了对农户个体行为的信用“画像”，积累数据信用。最后，区块链技术的运用实现农户生产交易真实可追溯，通过生产交易场景记录获得农户生产数据信息并进行信用背书，积累技术信用。例如，在农业供应链金融场景下，利用区块链技术，实现农产品追踪溯源，通过数字农业供应链，拓宽物流链路，实现供产销一体化。金融机构可利用区块链上交易信息和供应链上参与主体的关系网络资源开展农业供应链金融业务，通过链上数据资产核实、电子凭单质押、核心企业信用跨层穿透授信进行信贷资金发放，解决供应链末端农户的信贷需求问题。

社会信任谱系的不断演化促使农户借贷信任机制和借贷模式随之发生变化，农村金融从最初的非正规借贷、小额贷款发展到现在的数字信贷，金融服务的边界在不断拓展。而随着农村金融服务乡村振兴战略的推进，金融服务的角色发生了根本性的转变，不仅提供金融产品与服务，还要融入乡村治理，重构金融生态，与乡村基层治理共建共治共享，发挥更大的金融普惠价值。基于融合信任观的数治化金融模式通过构建制度建设为引领、乡村治理为依托、数字技术为支撑、信息平台为载体的金融服务生态系统（曾光辉，2022），实现了关系、制度和数字信任的有机融合，为金融机构融入乡村治理找到了出发点和结合点。对于金融机构，有利于其创新场景融合、数治统一、服务全面的金融服务模式，助推农村数字化普惠金融改革与创新实践。对于乡村治理，有助于推进其数字化和信息化变革，提升基层治理效能，促进乡村治理体系和治理能力现代化建设。对于农户，有利于提升其遵纪守法和诚信意识，注重积累社会信用，用好用活信用体系，获取贷款发展经济，从而推动农业、农村现代化建设，实现乡村振兴。

（二）浙江兰溪马涧镇数字乡村银政服务模式实践与探索

1. 马涧镇数字乡村银政服务模式概况

浙江省是全国范围内的数字经济发展高地，也是我国数字乡村建设的重点省份，作为国家数字经济创新发展试验区和共同富裕示范区，良好的数字化基础和共同富裕示范区的政策优势使以其研究数字普惠金融嵌入乡村机制和作用更具代表性（付亦丹等，2022）。浙江省兰溪市马涧镇位于浙江省中部偏西位置，是著名的杨梅之乡，其中大棚杨梅栽培面积已达1100多亩，占浙江省的80%。除杨梅种植业外，当地还不断完善杨梅汁等相关产品深加工产业链，具有良好的农业经济基础。在数字乡村建设中，马涧镇联合中国农业银行，开展数字乡村银政服务模式的实践与探索，成效显著，得到当地政府、商户和农户的一致好评，成为金融和乡村治理有效融合的典范。

中国农业银行与马涧镇政府展开金融数字合作，开发公众号“山水马涧”并在其上搭建“数字乡村”金融云平台。该平台包含“智村务”“惠生活”“聚财富”三大板块，“村庄治理线上化”“农村生活商圈”“金融惠农服务”三大服务场景，具备党务政务、生活便民和金融服务三大功能。平台搭建完成后，数字金融工作人员收集了4052名村民的基础信息，以“户”为单位，并在每户门前安装户联码门牌，打造以家庭为治理单元的城乡基层数字金融治理生态圈，从而实现数字化家庭治理下沉到家庭户，并且全面试行“数字化诚信积分”体系。根据环境治理、社区和谐、民生改善、特色产业、遵纪守法5个主要领域的39个具体指标，对村民诚信进行打分。积分高的农户在向银行贷款时可以享受普惠红利，包括低息贷款和贷款利率优惠。线上化乡村治理、金融惠农服务、农村生活商圈、诚信积分体系等功能，将农村的三大生活场景通过金融惠农服务有机结合在一起（徐拓远等，2022）。在中国农业银行的帮助下，镇政府在数字乡村系统上推出了“线上乡村治理”“政策法规课堂”“矛盾调解室”“农村生活服务”等模块，构建惠农商圈服务体系，使金融机构的服务融合于不同场景中，获取多维数据，进而实现信息流的场景化、动态化，精准动态构建农户画像和风险模型策略等，解决数治化金融服务模式下农户信贷的问题，政府和银行合作构建数治化乡村平台，村民通过平台的使用使其日常生活更加便利、丰富，有效推动了数治化金融平台金融业务的拓展。

2. 浙江兰溪马涧镇数字乡村银政服务模式具体做法

浙江省兰溪市马涧镇创造性开发出了融合“线上乡村治理”“农村生活服务”“金融惠农服务”三大核心服务于一体的数字乡村服务模式（见图7-4），并依托“诚信积分体系”将上述三大模块有机连接，通过数字乡村平台的实践，构建集线上乡村治理、农村生活服务、金融惠农服务三大服务场景于一体的平台体系。

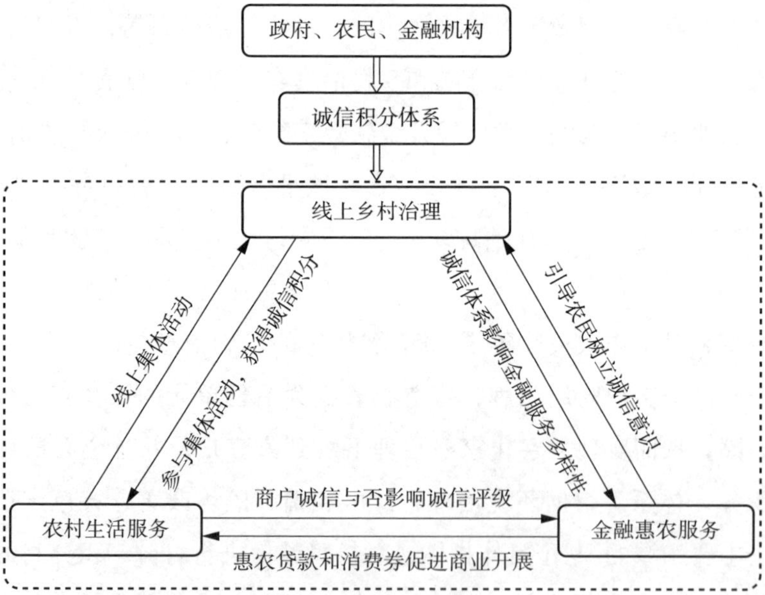

图7-4 马涧镇数字乡村服务模式

（1）线上乡村治理

基于政府与金融机构搭建的线上乡村治理平台，可以聚焦党务管理、村务管理和村民自治。在党务管理方面，以往召开党组织会议时，党员们需要克服距离、时间等诸多不便，集中到固定场所。过程中难免出现缺席等情况，而借助该平台可以在线开展党组织活动和党务会议，并定期更新党员墙、党员“五亮”、党性体检、党员学习记录、党员积分、党员联系户走访等党务信息。在村务管理方面，村委会可通过银行提供的数字化平台对村务实现智能化、公开化的管理。村民可在平台“办事厅”更有效地办理社保、补贴、保险等财务事项和生育、教育等生活事项，显著加快了以往低效率的办事流程。在村民自治方面，首先，平台实现了村民纠纷调解线上化。基于“议事厅”设立线上调解室，村民可以随时提交调节请求，在“调解室”进行纠纷调解。调解员接案后迅速展开调查取证并进行调解，并且将调解结果向平台反馈。线上“调解室”能够实现受理全天在线、调解全程记录等功能。其次，平台推动了志愿帮扶线上化。生活有困难的村民通过平台内的“微心愿”功能发布关于生活或者经济方面的需求，平台审核通过后，金融机构和政府可为其提供相应帮扶援助，推动金融服务的拓展。最后，在村庄文化建设线上化方面，通过在线上平台展示村民荣誉榜、能人榜、乡贤榜等信息可增强村民的归属感。此外，通过村友圈分享村内的趣闻和新鲜事，加强彼此间的互动和沟通交流。

（2）农村生活服务

生活服务模块旨在构建一个针对村民日常需求的“惠民生活圈”，该平台可以吸引周边村镇附近的餐饮店、便利店、农产品商店、理发店、乡村休闲旅游休闲点等商家与线上生活服务平台进行合作入驻。村民在对加入“惠民生活圈”的商铺扫码支付购物时，可以获得优惠，从而促进消费并提高农户消费满意度。此外，村民可以通过平台的“本地集市”功能实现线上开店、自产自销。还可以在“生活服务”功能实现水费、电费、燃气费的优惠缴纳，通过“金融支持”功能咨询相关的金融服务，比如信用贷款政策优惠等。农户还可以通过线上平台与其他农户、农业专家、企业家等交流有关农业方面的信息，分享交流相关经验。

此外，政府相关部门还在平台上及时发布有关田间技术、惠农、农户信贷和普惠金融的相关政策法规，并且以情景剧、小品、戏曲等生动形象的方式进行充分的讲解。村民进入这一模块在休闲娱乐的同时学习相关政策法规知识并获得相应的积分，积分高的村民可以优先享受政府的相关试点优惠以及贷款便利政策，同时积分可以兑换优惠券，用于在农村生活服务方面的消费优惠。而且不定时举行政策法规相关知识大赛，比赛中的前几名可以获得相应积分并获取礼品，而且能够荣登在村民荣誉榜，以此培养农户知法守法观念和信誉意识。

（3）金融惠农服务

马涧镇通过在每家每户推广“数智村码”门牌，以“村户基础数据体系”和“‘一村一码’+‘一户一码’应用场景”相互依托，构建乡村数字化金融服务平台，整合了贷款、存款、中间业务等金融服务，创新性地融合了百团联百村、“扩中提低”帮扶、数字村务等本地特色服务，从而实现村民只需通过扫描各家门口的“数智村码”就可以进行贷款、存款等金融业务的线上办理，实现农户办理业务从“最多跑一次”到“一次都不跑”的转变。并且通过“一码治理”，马涧镇全面实行“数字化诚信积分体系”。依托以环境治理、和谐稳定、民生建设、特色产业、遵纪守法五大项进行诚信打分，每月通过打分员进行积分统计。例如，中国农业银行联合马涧镇政府在垃圾分类、乡村治理、美丽庭院等对村民进行评分并在镇政府进行公示，银行通过线上平台协助基层乡村治理的同时，利用线上农户诚信积分进行信用评级，开展信用贷款、低息贷款等各项惠农业务。同时，可以对商户的诚信经营情况进行评价，针对有资金需求的商户，通过发放助农贷款以及惠农消费券帮助其扩大生产经营，发放惠农消费券等方式帮助商户开展各种促销和推广活动，增加商户客源，提升诚信经营的积极性。此外，还通过平台微银行功能让各类有金融需求的用户在线申请贷款、在线支付以及购买理财等，开展普惠金融的相关政策宣讲、诚信文化以及金融法规宣传等。

（4）服务成效

通过数治化信息服务平台建设，使农户办理行政事务、开展日常生活更加方便、快捷，同时在线积累农户的基本情况、社交关系、日常消费、生产经营以及村民自治评价等大数据信息，使农户的个体形象更加立体，使金融机构更科学、精准地对农户进行授信评级，增进与农户之间的信任关系，让更多有资金需求的农户获得信贷资金支持，有效解决资金缺口问题。此外，金融机构和基层治理部门通过平台开展各项合作，极大地提升了普惠金融服务效能。银行通过合作，可有效开展场景金融，提升了银行在农村业务推广的便利性，促使银行获取更加广泛的农户资源和信息，提升获取数据信息的效率，有力推动数治化金融服务模式的创新和应用。

在乡村治理方面，通过“数智村码”服务体系建设，结合数字化信息平台，共同打造智能化乡村治理模式。村民通过扫码查看村务公开等各类信息，保障了村民的知情权与参与感，增强村民对数字乡村治理的信任和参与度。此外，数字化的诚信积分体系对村民日常行为规范、参与乡村建设、遵守村规民约、遵守日常规范等多方面进行量化积分，村民的每一次积极行为都能转化为诚信积分，形成了良好的行为导向。为了获取更多积分，村民积极参与环境卫生整治、邻里互助、志愿服务等活动，乡村的整体环境变得更加整洁美观，营造出积极向上、文明有序的乡村氛围。并且，诚信积分与诸多福利、奖励、惠农金融服务挂钩，比如可以获得贷款利率优惠、参与评选各类荣誉、积分兑换奖励等，进一步激励村民自觉遵守规则、踊跃参与乡村事务，让数字乡村治理形成良性循环，助力乡村振兴战略目标实现。

第八章

研究结论与政策建议

一、研究结论

乡村振兴是我国的基本国策，要实现乡村振兴的国家战略目标，农村金融市场的健康发展至关重要。近年来，普惠金融政策的提出对促进我国农村金融市场的发展起到了关键性的推动作用。普惠金融在缓解农户信贷配给问题，促进农村经济增长中扮演着重要的角色。随着信息技术的发展，数字化、智能化和移动化成为普惠金融发展的大趋势。2016 年召开的 G20 峰会首次提出数字普惠金融的概念，与传统的普惠金融相比，数字普惠金融覆盖广、成本低、更加便捷有效，能够为广大用户提供跨地域、跨空间的金融产品和服务。因此，普惠金融与数字普惠金融成为促进农村金融市场发展，实现乡村振兴的主要手段。

本书基于传统普惠金融与数字普惠金融发展的现实背景，按照理论分析、实证研究、模式创新和案例实践的逻辑思路展开。在理论分析层面，遵循社会信任谱系顺序演化的规律，归纳不同阶段信任机制的演变逻辑以及对应农户经济和社会资本特征表现，并总结农户借贷模式的演变规律，解析农户借贷关系信任、制度信任和数字信任重构的三重维度及其内在逻辑关系，提出基于“关系信任+制度信任+数字信任”的融合信任观并构建融资信任机制，重构农户借贷信任的底层逻辑。在实证研究层面，基于关系和制度信任的底层逻辑，研究纯农户（普通农户、新型农户）和兼业农户的信贷可得性以及不同经济资本和社会资本特征的中介效应和作用机理，检验普惠金融服务不同类型农户信贷可得的成效。在模式创新和案例实践层面，基于数字信任逻辑，探讨“区块链+农业供应链金融”模式创新及其实践应用；基于融合信任逻辑，探讨农户线下经济和社会资本特征线上化的银行网贷交易模式创新及其实践应用，以及银政结合的数治化普惠金融模式创新及其实践应用，探索农户借贷模式的创新与实践经验。最后基于以上研究结论，提出相应的提升对策和建议。研究结论有助于创新农户借贷融合信任理论和融资信任机制，了解农村金融市场上不同类型农户信贷状况，厘清不同类型农户经济和社会资本特征影响农户信贷可得的内在作用机理，探索适用不同场景的农户借贷模式，进而促进农村数字普惠金融改革与实践，为全面服务乡村振兴战略提供数据支撑、理论借鉴、路径选择和实践经验。

本书的研究结论主要有以下几个方面：

（一）农户借贷融合信任观和融资信任机制构建的研究结论

本部分主要探讨农户借贷融合信任观和融资信任机制构建，旨在通过关系信任、制度信任和数字信任三者之间的有机融合，提出集稳定性、技术性和可靠性为一体的“关系信任+制度信任+数字信任”的融合信任观，以促进农户与金融机构之间信任关系的强化，并基于融合信任观，构建融资信任机制，为创新农户借贷服务模式提供理论基础和机制构建依据。主要研究结论如下：

提出关系信任、制度信任和数字信任三种信任模式下的融合信任观，实现社会圈层、制度法规、数字技术等多方面的相互融合，旨在建立一个更为开放、包容、可信的社会信任系统。主要包括三部分。第一，关系信任与制度信任的融合：关系信任基于人际伦理和情感因素，有助于人们对制度的理解和遵守。制度信任则通过法律规范保障关系信任，使建立在血缘、业缘等关系之上的信任获得法律保障。第二，关系信任与数字信任的融合：关系信任中的人际伦理和情感因素有助于数字信任的建立，促使信息技术设计遵循道德伦理。同时，数字技术的运用有助于关系信任的显性化和线上化，加强关系信任。第三，制度信任与数字信任的融合：法律制度与规范引导和约束数字信任，确保技术运用后参与主体交易行为的稳定性和可靠性。数字信任强化和重构制度信任，保证制度信任的法律约束力和强制性。融合信任观应是关系信任、制度信任和数字信任相互融合、彼此平衡的信任系统。关系信任体现在信任对伦理和情感的依赖，制度信任依靠外在控制力保障信任机制的稳定可靠，数字信任通过数据和算法保证信任依据的真实无疑。三者分别从“相信”“可靠”“真实”三个维度影响社会信任，共建“关系信任+制度信任+数字信任”的农户借贷信任系统。

基于融合信任观，重构农户与金融机构之间的信任关系，通过数字信任机制、制度信任机制和关系信任机制的多方融合，发挥融合机制的稳定性、技术性、可靠性的信用优势，创新农户借贷服务模式。首先，数字信任机制的融合强调了数字技术在建立融资信任中的关键作用。通过区块链分布式记账与共识机制、区块链智能合约机制、大数据身份认证机制和物联网溯源追踪机制增信制度信任和关系信任。这些机制通过数字技术和智能化，使制度的运作更加规范透明，保证制度严格有效落实，使各方关系线上化、显性化，降低了关系信任建立和维持的成本。其次，制度信任机制的融合强化了制度的约束力和强制性，通过权限设置机制、激励与约束机制、风险管控机制和容错与熔断机制功能的发挥增信数字信任和关系信任。这些机制不仅确保了金融系统运行的安全性、稳定性和可靠性，还通过明确的规章制度和惩罚措施，对数字技术的使用进行规范和约束，从而提升数字信任水平，维护关系信任的稳定和持久。最后，关系信任机制的融合探讨了如何通过关系增信机制和关系协调机制在制度信任和数字信任中发挥情感、协调和沟通作用以帮助建立、维护和加强信任。通过信誉评价、社交网络和口碑传播等方式，关系增信机制帮助提高参与者之间的可信度和共赢的机会。而关系协调机制则通过促进良好的合作、沟通和互动，帮助各方更好地协调合作、解决纠纷，促进信任关系的和谐与稳定。通过不同信任机制之间的互信增信，促进关系信任、制度信任和数字信任的有效融合，强化农户与金融机构之间的信任关系，为农户借贷模式创新提供机制构建依据。

（二）有关纯农户信贷可得的研究结论

近年来，随着农业现代化进程的不断推进，新型职业农民和农业经营主体不断涌现，农户分化态势明显，新型农户的比例不断上升。因此，本书在对纯农户信贷可得问题研究上，将纯农户分为普通农户和新型农户，对其风险处置能力与违约成本进行比较分析，并构建理论分析框架，利用河南省农户信贷状况调查数据实证检验风险处置与违约成本对农户信贷可得的影响以及经济资本特征农业收入和社会资本特征信誉在二者之间的中介效应。相关研究结论如下：

首先，农户风险处置和违约成本显著促进农户信贷可得，农业收入与信誉在风险处置与违约成本影响农户信贷可得中具有中介作用。并且，相较于普通农户，新型农户风险处置和违约成本对农户信贷可得的促进作用更强，农业收入和信誉在新型农户风险处置、违约成本与信贷可得之间的中介效应显著性更强，从而更有利于其获得银行信贷资金支持。

其次，新型农户与普通农户在风险处置能力上存在显著差异。新型农户在风险预防与转移能力上更具前瞻性，他们倾向于通过实施防灾减灾措施、采取农业新技术、聘请专家咨询、购买农业保险以及融入产业链等多种途径来预防和转移潜在风险。而普通农户则更多地依赖于分散化以及多样化等生产方式来应对风险。但在风险应对能力方面，无论是新型农户还是普通农户，都缺乏有效的风险管理措施。

最后，新型农户与普通农户在违约成本上存在显著差异。与普通农户相比，新型农户通常拥有更为广泛的社会关系网络，对信誉较为重视，更为担心未来的收益，这些特征使得新型农户在面临违约选择时，其潜在的违约机会成本相对较高，更有利于增强其守信意识，注重信誉。

（三）有关兼业农户信贷可得的研究结论

本部分以兼业农户为研究对象，基于中国家庭追踪调查微观数据和北大数字普惠金融指数，选取多样化收入和社会互动作为兼业农户经济资本特征和社会资本特征变量，实证检验数字普惠金融对兼业农户信贷可得的影响以及多样化收入和社会互动的中介作用。相关研究结论如下：

首先，数字普惠金融显著促进兼业农户信贷可得。具体为数字普惠金融通过融合移动支付和互联网技术，拓宽金融服务覆盖广度，为金融机构提供了更为全面的信息，有利于对兼业农户的授信评估。数字普惠金融还拓宽了信贷、移动支付以及消费金融等金融服务范围，为兼业农户提供了更多元化、更丰富的应用场景，从而降低了金融服务的使用门槛。通过提升数字支持服务的程度，数字普惠金融有效降低了金融交易成本，为兼业农户获取信贷资金支持提供了更为便捷的途径。

其次，实证检验了农户多元化收入和社会互动信贷特征在数字普惠金融影响兼业农户信贷可得中所具有的中介作用。机制检验结果表明，数字普惠金融通过多元化收入和社会互动显著增加兼业农户的信贷可得，多样化收入和社会互动在数字普惠金融与兼业农户信贷可得之间存在中介效应。

最后，异质性检验结果表明，数字普惠金融增加兼业农户的信贷可得存在地区异质性和兼业程度异质性，对西部边远地区、中部内陆地区和二兼农户的促进作用最为显著。相较于中西部地区，东部沿海地区较为发达，非农化较为普遍，因此数字普惠金融对兼业农户信贷可得影响较弱，而西部边远地区和中部内陆地区农户群体占比较大，农户兼业化程度较深，能够更多地受益于数字普惠金融的影响，普惠金融可触及性较强。

（四）农户借贷模式创新与数字普惠金融实践的研究结论

本部分基于前文的理论和实证研究，深入探讨了农户借贷模式创新与数字普惠金融实践。基于数字信任观，探讨“区块链+农业供应链金融”创新模式，基于融合信任观，提出农户线下信息线上化的银行网贷交易创新模式和银政结合的数治化金融服务创新模式，讨论不同场景下农户借贷交易模式的实现路径，并结合金融机构数字普惠金融实践，提炼相应的实践应用案例。具体研究结论如下：

1. 基于区块链的农业供应链金融服务模式创新与实践

本部分深入探讨了基于区块链技术的农业供应链金融服务模式创新，通过区块链技术在农业供应链金融中的应用，有效解决了传统农业供应链金融中的信息不对称、信用风险高和融资效率低下等问题，为农业产业链融资提供了新的解决方案。

首先，详细讨论了农业“区块链+供应链”信息平台的参与主体与治理，包括参与主体设置和融合治理结构设计。农业供应链金融的主要参与主体包括核心企业（收购或加工企业、批发市场等）、上游供货端（农户、基地、合作社、农业新型经营组织等）、下游销售端（农超、农贸、餐饮、消费者等）和仓储物流等供应链链内主体以及提供融资服务的金融机构。此外，为了保障信息服务平台的有效运行和合规性，其参与主体还应包括提供技术支持和运维的区块链科技公司以及实施政府监管的相关部门等供应链链外机构。在治理结构上，本书提出了“区块链+供应链”分布式网络结构，并探讨了其在农业供应链治理中的应用，强调了该组织结构在提高供应链治理效率和透明度方面的优势。

其次，对农业“区块链+供应链”交易平台功能及交易流程进行设计。在平台功能设置上，通过设置权限管理模块、数据存储模块、溯源追踪模块以及智能合约执行模块，在平台参与主体协作运行下发挥其信息优势和治理优势。介绍了依托农业“区块链+供应链”信息服务平台，农业供应链金融各参与主体开展供应链的交易、融资及监管的流程设计。

再次，基于农业“区块链+供应链”信息服务平台，本部分分别从链前、链中和链后构建区块链增信农业供应链金融信任机制。包括初始信息链上化的供应链参与主体认证、链上链下资产映射对照的信用保证体系设计，以及融资智能合约设置与执行风险管控体系设计。这些机制的设计旨在确保链上信息的真实性、交易的可靠性和融资的安全性，从而为农业供应链金融提供一个更加稳健和高效的服务模式。

最后，通过以山东曹县肉牛抵押贷款试点为例，提炼区块链赋能农业供应链金融服务模式实践应用。依托“龙头企业+基地+农户”的肉牛养殖模式，利用“数字孪生”技术和区块链智能设备，建设供应链金融云平台，通过链上“数字牛”实现链下肉牛资产的确权、监控和风险管理，促进了肉牛产业上下游企业之间的资金流动和交易结算的透明化，为肉牛养殖户提供了可靠的融资支持，提高了肉牛养殖业的融资效率，解决了肉牛养殖业融资难、融资贵的问题。

2. 农户线下信息线上化的银行网贷交易模式创新与实践

本部分提出基于农户线下信息线上化的银行网贷交易模式创新。这一模式的核心在于通过互联网技术将农户的线下信息转化为线上信用信息，从而更准确地评估农户的信用状况和信贷需求。

首先，详细阐述了农户线下信息线上化的作用，包括缓解信息不对称程度、降低金融风险、精准画像助推产品和服务模式创新，以及推动农村金融接纳和促进农村可持续发展。

其次，讨论了农户线下信息线上化的银行网贷交易实现途径。包括农户线下信息线上化信息服务平台的搭建，基于线下信息线上化的农户网贷交易实现模式设计，包括信息的输入、转化、拓展、沉淀和输出五个环节，以及农户线上大数据信息信用评价、融资授信与信贷交易实现的具体步骤。

再次，构建了农户网贷交易风险管理体系，包括失信惩戒机制构建和贷款风险分担机制构建。提出了“银证保担四位一体”的风险分担体系，强调了政府部门、中国人民银行、商业银行和第三方保险担保机构在降低信贷风险中的作用。

最后，以河南兰考普惠金融“一平台四体系”模式实践为案例，提炼其通过农户线下信息线上化促进银行网贷交易实现并可持续发展的普惠金融服务实践。该模式通过数字普惠金融综合服务平台搭建，整合了金融服务体系、普惠授信体系、信用信息体系和风险防控体系，实现了农户金融服务的全覆盖。特别是“先信贷，再信用”的普惠授信体系，有效积累农户线上信息并授信贷款，解决了农民融资难、融资成本高的问题，促进了农户脱贫致富和农业高效发展。兰考模式的成功不仅在于其创新的服务模式，还在于其深入融合农村产业和乡村治理，成为推动农村经济发展和乡村振兴的重要力量。

3. 银政结合的数治化普惠金融服务模式创新与实践

本部分深入探讨了银政结合的数治化普惠金融服务模式创新，特别是在乡村振兴战略背景下，如何基于融合信任观构建普惠金融与乡村治理协同发展的金融服务生态系统。

首先，提出了数治化普惠金融服务模式的创新思路，即以制度建设为引领，以乡村治理为依托，以数治化信用平台为载体，通过数字化技术赋能，实现乡村治理与农村金融融合发展的数字化金融服务模式。这一模式通过政策法规规范制度信用，乡村治理积累关系信用，数据技术建设数字信用，实现了关系、制度和数字信任的有机融合，构建了场景融合、数治统一、服务全面的金融生态系统。

其次，具体介绍了数治化金融服务平台的搭建和运行机制。强调了金融机构、乡村基层治理部门、农户、小微企业商户和金融科技公司等参与主体的重要性，以及他们在平台运行中的不同角色和作用。乡村基层治理部门和金融机构是平台的主要管理和操控主体，而小微企业商户和农户则是普惠金融服务的重要对象。金融科技公司则通过数字技术的研发和应用，保障数治化金融服务平台的安全运行。此外，进一步阐述了数治化金融服务平台的运行机制，包括乡村基层治理部门通过建立健全法律制度和监管体系，提供政策支持和资源保障，引导和规范金融生态圈的发展；金融机构通过平台和基层治理机构的数据共享和分工协作，实时动态地获取农户的相关信息，精准刻画农户画像并进行诚信评价，从而有针对性地提供金融服务；数字技术的运用最终也需要以信用服务平台为依托，例如，数治化信息平台可以为农户建立大数据信用档案，利用数字技术将农户经济和社会资本信用信息、生活行为数据信息和生产交易数据信息等各类信息进行在线记录，分析和风险评估，为金融机构对农户评估授信提供数据支撑。

再次，详细介绍了银政结合数治化金融服务模式创新实践的路径，提出以制度建设为引领，规范制度信用；以乡村治理为依托，积累关系信用；以信息技术为支撑，建立数字信用的三大策略。

最后，以浙江兰溪马涧镇数字乡村银政服务模式为例，提炼融合信任观下数治化金融服务模式的具体案例实践。马涧镇的数字乡村银政服务模式展示了如何通过数字化手段，提升乡村治理和金融服务效率。通过与中国农业银行合作，马涧镇开发了“数字乡村”金融云平台，通过“智村务”“惠生活”“聚财富”三大板块，“村庄治理线上化”“农村生活商圈”“金融惠农服务”三大服务场景实现了村庄治理线上化、农村生活商圈和金融惠农服务的有机结合。使金融机构的服务融合于不同场景中，获取多维数据，进而实现信息流的场景化、动态化，解决数治化金融服务模式下农户信贷的问题，为金融机构融入乡村治理找到了出发点和结合点，为农村数字化普惠金融改革和实践提供了新的思考和借鉴。

二、政策建议

结合前文研究成果和研究结论，本部分从政府部门、金融机构、农户以及金融科技公司四个方面出发，提出相应的政策和建议。

（一）对政府部门的相关建议

1. 政府应加大普惠金融政策的出台力度，积极推动涉农信贷相配套的法律法规建设

普惠金融在我国发展迅速，这需要相关的制度政策的配套。因此，政府部门应进一步完善有关普惠金融政策法规，建立与其发展状况相适应的法律法规体系，完善普惠金融法律框架。比如出台《中华人民共和国普惠金融促进法》及具体实施细则、《数字普惠金融管理条例》、《普惠金融资金管理及监管办法》等。明确规定普惠金融供需主体的权利和义务以及服务的基本原则，规范各类新型普惠金融业态和组织的行为。针对农户信贷市场法律监管不足问题，应强化政府部门的激励和监督职责，形成良好的普惠金融法治环境，降低不同类型农户信贷风险，增加其信贷可得。尤其是针对普惠金融市场上的互联网金融业务，要加强法律监管，规范其金融服务和行为，确保普惠金融各类服务有法可依、有章可循。

研究发现，在农村信贷市场，信誉作为一项重要的社会资本特征被用来反映农户的信用和守信状况，是衡量农户还款意愿的主要指标，因此应加强以农户信誉特征为主体的农村信用体系法律法规建设，建立一套明晰的农村信用评价体系，评估信用等级和授信额度，并作为金融机构发放信用贷款的依据。在信用评价指标体系的构建上，应结合农户个体信誉特征，除了选择

能够反映家庭收入状况、经营状况和财产状况的“硬”经济资本指标外，还应选择比较“接地气”的“软”社会资本评价指标，如个人良好口碑、孝敬老人的道德模范、邻里关系和谐的五好家庭等，使农户的“软实力”真正获得实惠。

2. 政府应通过政策引导和资金支持，加大农村基础设施投资和农户服务保障

政府应通过政策资金支持，加大对农村地区的移动通信、网络等基建设施的建设和投资，为金融机构相关服务提供基础保障，使广大农村地区农户更多地受益于数字普惠金融，增强普惠金融可触及性。同时，基于农户逐渐向新型农户和兼业农户分化的研究结论，政府应制定有关农户分化以及兼业的政策法规，鼓励和促进普通农户向新型农户、兼业农户转化，鼓励农户自主经营和创新创业，并通过政策引导以及资金支持有效保障新型农户和兼业农户的相关权利。建立职业农民培训机构，使农户掌握现代化的农业发展理念、生产经营技术和管理手段，激发农户的生产创造力，完善兼业农户相关的职业培训和技能培训体系，增强其创业致富竞争力。

3. 政府应加强与金融科技公司的合作，推动数治化金融服务乡村平台和区块链技术在农业供应链普惠金融领域的广泛应用

近年来，以数字技术为核心的数字普惠金融发展迅速，数字技术和生产要素深度融合重塑农业价值链条。因此，政府应加强与金融科技公司的合作。通过减税降费等优惠政策鼓励金融科技公司对数字技术的开发与应用，利用大数据、区块链等先进技术，提高金融科技服务的覆盖面和效率。积极推进金融科技公司与涉农核心龙头企业、金融公司等开展合作，共同开展多场景的金融数字化应用和服务实践。在农户借贷模式创新和实践中发现，金融科技服务平台是提供数字普惠金融服务的基础保障，因此，应鼓励金融科技公司搭建适用多场景的金融科技服务平台，提供多种金融服务场景，为不同类型农户提供更加精准的金融服务。例如，通过农业“区块链+供应链”金融科技服务平台的运行，引导金融机构积极探索区块链技术在农业金融服务中的应用场景，提升农业信贷金融服务的效率和便捷度。

（二）对金融机构的相关建议

1. 制定差异化信贷策略，满足不同类型农户的信贷需求

由于农户的类别存在差异化，其信贷需求也存在多样性。金融机构以往统一的放贷标准难以满足不同类型农户的信贷需求。因此，可以通过建立面向不同类型农户的数字金融服务窗口，制定差异化的信贷供给方案，为农户经营发展提供信贷资金优惠。对于新型农户，由于其对新技术和新的农业生产模式具有较强的接纳能力，金融机构可以提供更多基于技术和产业链合作的信贷产品，鼓励其采用先进技术和参与农业产业链，精准匹配其经营发展模式，以增强风险预防和转移能力。同时，加强对新型农户的社会关系网络和商业信誉的评估，确保信贷资金的安全性。对于兼业农户，由于其从事多种经营活动，收入来源更为复杂，金融机构应提供更多基于分散化、多样化生产的信贷产品，支持其在不同领域的投资和发展，通过兼业等方式增加收入，提高风险应对能力。此外，金融机构应与政府合作，完善农村金融市场的法律惩戒机制，提高违约成本，降低信贷风险。对于普通农户，金融机构可以通过移动支付和互联网技术，扩大金融服务覆盖范围，降低金融服务门槛，为其提供更加便捷和完善的信贷服务，通过数字普惠金融工作的开展带动地区产业发展，增加三类农户的收入来源，提高其信贷偿还能力。

2. 加快数字普惠金融建设，提供符合农村实际的金融服务

在农村金融服务领域，由于传统的风险评估与信贷程序较为单一，严重影响了金融服务在农村地区的发展。因此，金融机构应加快发展数字普惠金融，健全和规范贷款审核流程，在合法合规前提下，充分运用云计算、大数据等数字技术收集农户的风险处置行为、信誉、社会关系等相关信息，进而识别不同农户的经济和社会资本特征状况，提高对不同类型农户还款能力和还款意愿的识别能力，为更多优质借款农户提供信贷资金支持。同时，加速智能化金融设施的优化升级，因地制宜，根据农村经济发展需求、当地产业特色、农户自身特点以及发展需求等开设基于经济和社会资本信号特征，能够客观反映农户实际收入和信用的更加符合农村实际的金融产品和服务，使

金融产品更具特色化，服务对象更加精准化，为农户提供更加便捷的金融服务。

3. 结合数字技术，加强农户信用体系建设，提高农民信用意识

调查研究发现，多数农户对现代征信体系和信用的重要性认识不足，导致增加普惠金融普及以及开展农村数字化金融服务的难度。因此，金融机构不仅要注重农户征信体系建设，更应注重违约惩戒法律后果的宣传，例如失信人会被列入失信“黑名单”和社会信誉丧失等，建立“守信光荣，失信可耻”的信用生态，强化信用意识和行为规范，加强信用数据的共建共享，形成合力，减少信贷违约行为的发生。作为征信监督管理机构的人民银行，要不定期开展征信知识进基层金融网点、进乡村、进农户活动，实时对农户进行互联网知识和技术宣传培训，增强广大农户积累线上信用信息的意识，使其能够认识到拥有良好信誉也能够获得金融机构的信贷支持，进而主动积累自己的信誉，从而使金融机构可以基于农户的良好信用记录开发更多个性化、便捷化的金融产品，满足农村不同层次、不同类型的金融需求，推动农村金融市场的繁荣与可持续发展。

4. 基于融合信任观，建立更加完善的融资信任与信贷机制

当前农村金融信用体系不完善、金融基础设施薄弱、金融产品单一以及风险因素复杂等原因导致金融机构与农户之间信息不对称，难以建立有效的借贷信任。因此，金融机构应构建融合信任观下的融资信任机制，以增强农户与金融机构之间的信任关系，还应利用数字技术，如区块链和大数据，建立数字信任机制，提高信贷评估的准确性和效率。同时，金融机构应与政府合作，建立健全制度信任机制，通过法律法规保障信贷交易的稳定性和可靠性。此外，金融机构应重视关系信任的建立，通过与农户建立长期的合作关系，提高农户的信用意识和还款意愿。

5. 创新农户借贷服务模式，提高农户信贷服务的便捷性和可得性

由于农户是农村基层治理的主要对象，因此，金融机构可以探索基于大数据的数治化普惠金融服务模式创新，通过数字化技术赋能，实现乡村治理

与农村金融融合发展。同时，金融机构应利用区块链技术，创新农业供应链金融服务模式，解决农业产业链融资问题，推动乡村产业振兴战略的实现。此外，金融机构应与政府、农业龙头企业等多方合作，构建多元化的风险分担机制，降低信贷风险，促进农村金融市场的健康发展。

（三）对农户的相关建议

1. 农户应注重自身信用建设，积累信誉资本

信誉是衡量借款人是否有主动偿还贷款的意愿和责任感的关键因素，是农户主要的社会资本特征。农户应重视增强信用意识，养成诚实守信的品质，注重信誉积累以提升信用等级。在现代金融体系中，信誉是金融机构评价借款人风险、决定贷款额度的重要依据。前文研究发现，农户通过提升信用等级，能够获得更多的金融支持和优惠条件，为自身发展创造更多机会。因此，农户应当珍视信誉、维护信誉，将信誉作为自身发展的重要资本。应积极参与农村信用体系建设，如实提供个人信息，建立良好的信用记录，意识到在缺乏抵押品的情况下，拥有良好信誉也能够获得金融机构的信贷支持，通过良好的信用积累，为自身争取更多的金融资源和机会。

2. 农户应注重提升风险管理能力，保障收入增长

农业生产的高风险性决定农户要具备一定的风险管理能力，因此，农户应主动学习农业生产知识，参与专业技术培训，提高农业生产专业技能，以实现农业生产经营稳定，保证农业收入等经济资本增值。同时，农业生产风险的识别与防范是确保农户经济安全的重要保障，农户应了解各类农业生产风险的特性，并制定相应的风险防控措施。农户应认识到风险管理在生产经营中的重要性，不断完善生产经营风险应对管理措施。通过设计多种风险应对方案，农户可以降低风险冲击对农业收入的影响，确保农业收入的稳定增长。

3. 农户应转变就业观念，并利用数字技术提升创新创业意识

在数字普惠金融发展以及农业经济转型升级的背景下，农户应转变传统就业观念，提高创新创业意识，积极参与各类职业技术和专业技能培训，向

新型农户和兼业农户转化。农户应深刻认识到传统就业观念的局限性，主动寻求变革，树立全新的就业观念，不再局限于传统的农业生产，而是积极探索农业与工、商等领域的融合发展。同时，数字普惠金融还为农户提供了更多元化、更丰富的应用场景，降低了金融服务的使用门槛，因此，在获取金融服务方面，农户应充分利用数字普惠金融服务，如手机 App 等，便捷地获取金融服务，提升信贷可得性，合理使用信贷资金进行生产经营和创业增收，确保资金的有效利用和良性循环。

（四）对金融科技公司的相关建议

1. 创新农户信用评估模型，建立智能化农户信贷平台

由于农村金融市场规模庞大且复杂多样。不同农户由于其生产经营活动、社会互动和家庭状况的差异，信贷需求也各不相同。传统的评估方式很难精准把握每个农户的实际需求。因此，金融科技公司应充分利用大数据和人工智能技术，建立农户信用评估模型，精准识别农户信贷需求，降低信贷风险。通过数据分析，实现对农户经济能力、履约记录、社会关系等多维度信息的全面评估，提高农户信贷可得性，并且建立去中心化的农户信贷平台，实现多维度信息评估，通过智能合约，实现贷款申请、审批、放款、还款等流程的自动化和智能化，实现信贷信息的公开透明和不可篡改，提高农户信贷效率。

2. 加强技术的创新和实践，增强金融服务的安全性和可获得性

数字技术的应用是农村发展数字普惠金融的基本保障。如果信贷数字技术的安全性和创新性得不到保障，会影响农户信贷的效率，并增加金融风险。因此，金融科技公司应注重技术创新，利用自身技术优势，不断提升产品和服务的质量，满足农户和小微企业的需求。不仅要开发更加灵敏的风险防控技术，对农户信贷业务进行全流程监控和管理，通过风险评估、风险预警、风险处置等措施，及时发现和应对潜在风险，确保农户信贷业务的稳健发展；还要开发适合农村市场的金融科技产品，如移动支付、在线贷款等，提高金融服务的便捷性和可获得性，并且鼓励新型农户采用先进的农业技术和管理

方法，提高其风险处置能力和违约成本，进而保障履约还贷，降低信贷风险。

3. 开发符合法规的金融产品，推动创新与法律并行发展

农村数字普惠金融服务发展起步较晚，短时间内监管相对匮乏，考虑到前文研究中发现农村金融市场监管较为薄弱的现状，金融科技公司应严格遵守法律法规，通过技术创新，与金融机构合作，开发更加安全和更易监管的金融产品，保障金融交易参与主体的切身利益，并且利用区块链、人工智能和大数据分析，构建透明度更高、操作性更强、风险可控的金融服务平台，拓展金融服务场景的不同应用。同时，还应注重推动金融行业的创新与合规并行发展，保护用户数据安全，维护金融市场的稳定发展。

三、研究不足与展望

本书通过开展相关研究工作，完成了预期的研究目标，但仍存在以下不足：

（1）本书在农户经济资本和社会资本特征选取上，只选择了农业收入和多样化收入作为经济资本代表性特征，信誉、社会互动作为社会资本代表性特征进行研究，未来可借助大数据信息搜索、采集和分析方法，对农户的经济和社会资本多个特征进行全面分析，更加精准地获取农户的信用信息，以解决农村信贷市场上的信息不对称问题，助力农户信贷工作推进和数字普惠金融工作开展。

（2）在研究方法上，本书主要采用文本学习、统计回归和中介效应检验等方法，未来研究可多考虑采用更为前沿的方法，将定性分析方法与定量分析方法结合，充分利用大数据技术、区块链、物联网等新兴技术，采用仿真模拟法、数据挖掘和机器学习的方法，以期获得更具价值的理论研究成果，为现实问题的解决提供精准的理论指导，使研究结论更具时代性、科学性和稳健性。

（3）在数字普惠金融实践案例研究上，本书通过参与实践、深度访谈、现场调研等方式获得河南兰考普惠金融“一平台四体系”模式、浙江兰溪马

涧镇数字乡村银政服务模式和山东曹县区块链赋能肉牛供应链金融模式三个案例，未来的研究可多走访相关企业，运用扎根理论从现实企业实践中提炼理论和学术问题，并以田野调查和实际调研来获取第一手资料，以获得更丰富更有价值的案例素材。

上述局限和不足，我们将通过后续研究加以深化和补充，且随着我国普惠金融工作的推进以及数字信息技术的应用，有关农户借贷模式和数字普惠金融实践的场景会越来越丰富，可以提供进一步研究所需的理论和实证资料，以期做出更有价值的理论和实践学术贡献。

参考文献

[1]Adem M, Tesafa F. Intensity of income diversification among small-holder farmers in Asayita Woreda, A far Region, Ethiopia[J]. Cogent Economics & Finance, 2020(8): 2-15.

[2]Alonso R S, Sittón-Candanedo I, García Ó, et al. An intelligent edge-iot platform for monitoring livestock and crops in a dairy farming scenario[J]. Ad Hoc Networks, 2020(3).

[3]Alonso R S , Sitton-Candanedo I , Garcia O , et al. An intelligent Edge-IoT platform for monitoring livestock and crops in a dairy farming scenario[J]. Ad hoc networks, 2020, 98(3): 1-23.

[4]Amanullah, Lakhan G R, Channa A, et al. Credit constraints and rural farmers' welfare in an agrarian economy[J]. Heliyon, 2020(10).

[5] Baltensperger E. Credit rationing issues and questions [J]. Journal of Money Credit and Banking, 1978, 10(2): 170-183.

[6]Baron R M, Kenny D A. The moderator-mediator variable distinction in social psychological research: Conceptual, strategic, and statistical considerations [J]. Journal of personality and social psychology, 1986, 51(6): 1173.

[7]Beck T, Lu L P, Yang R D. Finance and growth for microenterprises: Evidence from rural China[J]. World Development, 2015, 67(3): 38-56.

[8] Bibhunandini D. ICTs adoption for accessing agricultural information: Evidence from Indian agriculture [J]. Agricultural Economics Research Review, 2014, 27(2): 199-208.

[9]Biggart N W, Castanias R P. Collateralized social relations: The social in economic calculation[J]. American Journal of Economics and Sociology, 2001, 60(2): 471-500.

[10]Biggart, N W, R P Castanias. Collateralized social relations: The social relation in economic calculation[J]. American Journal of Economics and Sociology, 2001, 60(2): 471-500.

[11]Charles F Manski. Economic Analysis of Social Interactions[J]. The Journal of Economic Perspectives, 2000, 14(3): 115-136.

[12] Coleman J S. Commentary: Social institutions and social theory [J]. American sociological review, 1990, 55(3): 333-339.

[13] Deutsch M. Trust and Suspicion [J]. Journal of Conflict Resolution, 1958, 2(4): 265-279.

[14]Francisco K, Swanson D. The supply chain has no clothes: Technology adoption of blockchain for supply chain transparency [J]. Logistics, 2018, 2(1): 2.

[15] Fudenberg D, Maskin E. The folk theorem in repeated games with discounting or with incomplete information [J]. Econometrica, 1986, 54 (3): 533-554.

[16]Gleim M R, Stevens J L. Blockchain: A game changer for marketers[J]. Marketing Letters, 2021(1).

[17] Gleim M R, Stevens J L. Blockchain: a game changer for marketers? [J]. Marketing Letters, 2021, 32: 123-128.

[18] Grootaert C. Social capital, household welfare and poverty in indonesia [J]. Social Science Electronic Publishing, 2004, 32(8): 102-120.

[19]Hart O, Moore J. A theory of debt based on the inalienability of human capital[J]. Social Science Electronic Publishing, 1994, 109(4): 841-879.

[20]Hassija V, Chamola V, Zeadally S. Bit fund: A blockchain-based crowd funding platform for future smart and connected nation[J]. Sustainable Cities and So-

ciety, 2020(4).

[21] Hassija V, Chamola V, Zeadally S. BitFund: A blockchain-based crowd funding platform for future smart and connected nation[J]. Sustainable Cities and Society, 2020, 60: 102145. 有的期刊会采用文章编号的形式来标识论文在期刊中的位置, "60"是卷号, "102145"是文章编号, 等同于传统的页码信息。

[22] Iacobucci D. Mediation analysis and categorical variables: The final frontier[J]. Journal of Consumer Psychology, 2012, 22(4): 582-594.

[23] Janowicz L Marietta, Lyskawa K, Rozumek P. Farm income insurance as an alternative for traditional crop insurance[J]. Procedia Economics and Finance, 2015(33): 439-449.

[24] Janowicz-Lomott M, Łyskawa K, Rozumek P. Farm income insurance as an alternative for traditional crop insurance[J]. Procedia economics and Finance, 2015, 33: 439-449.

[25] Javed S A, Haider A , Nawaz M. How agricultural practices managing market risk get attributed to climate change? Quasi - experiment evidence [J]. Journal of Rural Studies, 2020(73): 46-55.

[26] Johny J, Wichmann B, Swallow B M. Characterizing social networks and their effects on income diversification in rural Kerala, India[J]. World Development, 2017(94): 375-39.

[27] Johny J, Wichmann B, Swallow B M. Characterizing social networks and their effects on income diversification in rural Kerala, India [J]. World Development, 2017, 94: 375-392.

[28] Juanjuan T, Li L. Digital Universal Financial credit risk analysis using particle swarm optimization algorithm with structure decision tree learning-based evaluation model [J]. Wireless Communications and Mobile Computing, 2022 (2022): 1-8.

[29] Karlson K B, Holm A. Decomposing primary and secondary effects: A new decomposition method [J]. Research in Social Stratification and Mobility,

2011, 29(2): 221-237.

[30]Lakhan G R, Channa S A, Magsi H, et al. Credit constraints and rural farmers' welfare in an agrarian economy. Heliyon, 2020, 6(10): e05252.

[31]Lewicki R J, Bunker B B. Trust in relationships: A model of trust development and decline [M]. San Francisco: Bunker B B, Rubin J Z, 1995: 133-174.

[32]Luigi G, Tullio J. Stockholding in Italy [R]. CSEF Working Papers, Centre for Studies in Economics and Finance (CSEF), University of Salerno, Italy, 2002.

[33] MacKinnon, D. P, Cox. M. C. Commentary on "Mediation Analysis and Categorical Variables: The Final Frontier" by Dawn Iacobucci[J]. Journal of Consumer Psychology, 2012(22): 600-602.

[34]Mayer R C, Davis J H, Schoorman F D. An integrative model of organizational trust[J]. Academy of management review, 1995, 20(3): 709-734.

[35]Mistry I, Tanwar S, Tyagi S, et al. Blockchain for 5G-enabled IoT for industrial automation: A systematic review, solutions, and challenges [J]. Mechanical systems and signal processing, 2020(1).

[36]Mistry I, Tanwar S, Tyagi S, et al. Blockchain for 5G-enabled IoT for industrial automation: A systematic review, solutions, and challenges [J]. Mechanical systems and signal processing, 2020, 135: 106382. 有的期刊会采用文章编号的形式来标识论文在期刊中的位置,"135"是卷号,"106382"是文章编号,等同于传统的页码信息。

[37]Putnam R. Making democracy work: Civic traditions in modem Italy [M]. Princeton: Princeton University Press, 1993.

[38]Sako M, Helper S. Determinants of trust in supplier relations: Evidence from the automotive industry in Japan and the United States[J]. Journal of Economic Behavior & Organization, 1998, 34(3): 387-417.

[39]Sako M, Helper S. Determinants of trust in supplier relations: Evidence

from the automotive industry in Japan and United States[J]. Journal of Economic Behavior and Organization, 1998(3): 387-417.

[40] Sako M. Price, quality and trust: Inter-firm relations in Britain and Japan[M]. Cambridge University Press, 1992.

[41] Schurr P H, Ozanne J L. Influences on exchange processes: Buyers' preconceptions of a seller's trustworthiness and bargaining toughness[J]. Journal of consumer research, 1985, 11(4): 939-953.

[42] Swan M. Anticipating the economic benefits of blockchain[J]. Technology innovation management review, 2017, 7(10): 6-13.

[43] Talukdar, Faiyaz, Heltberg, et al. What do household surveys really tell us about risk, shocks, and risk management in the developing world? [J]. The Journal of Development Studies, 2015, 51(3): 209-225.

[44] Udry C. Risk and insurance in a rural credit market: An empirical investigation in Northern Nigeria [J]. Review of Economic Studies, 1994, 61 (3): 495-526.

[45] Ulrich Horst, Jose A Scheinkman. A limit theorem for systems of social interactions[J]. Journal of Mathematical Economics, 2009, 45(9/10): 609-623.

[46] William A Brock, Steven N Durlauf. Adoption Curves And Social Interactions[J]. Journal of the European Economic Association, 2010, 8(1): 232-251.

[47] Williamson O E. Calculativeness, trust, and economic organization[J]. The journal of law and economics, 1993, 36(1): 453-486.

[48] Worchel S, Yohai S M L. The role of attribution in the experience of crowding[J]. Journal of Experimental Social Psychology, 1979, 15(1): 91-104.

[49] Zucker L G . Production of trust: Institutional sources of economic structure, 1840-1920[J]. Research in Organizational Behavior, 1986, 8(2): 53-111.

[50]白永秀，马小勇．农户个体特征对信贷约束的影响：来自陕西的经验证据[J]．中国软科学，2010(9)：148-155.

[51]鲍勇剑，袁文龙，董冬冬．区块链改造组织信任[J]．清华管理评

论，2018(10)：50-63.

[52]贝多广．数字化是推动普惠金融发展的引擎[J]．现代商业银行，2017(11)：59-61.

[53]蔡洁，夏显力．农地流转、兼业程度与农户减贫效应研究[J]．经济经纬，2019，36(1)：41-48.

[54]蔡起华，张艺．金融素养、社会资本与农户信贷行为研究[J]．新疆农垦经济，2022(7)：61-69.

[55]蔡青芸．栖霞市桃村镇农户兼业对家庭收入的影响研究[D]．烟台：烟台大学，2024.

[56]蔡秀，肖诗顺．基于社会资本的农户借贷行为研究[J]．农村经济与科技，2009(7)：84-85.

[57]曹冰雪，李瑾，冯献，等．我国智慧农业的发展现状、路径与对策建议[J]．农业现代化研究，2021，42(5)：785-794.

[58]曹瓅，罗剑朝．社会资本、金融素养与农户创业融资决策[J]．中南财经政法大学学报，2019(3)：3-13，158.

[59]曹燕子，罗剑朝，张颖．家庭农场主贷款满意度影响因素研究——以河南省 305 个家庭农场为例[J]．西北农林科技大学学报(社会科学版)，2018，18(1)：41-49.

[60]常玉栋．信贷减贫及对农户收入的影响研究[D]．北京：中国社会科学院研究生院，2020.

[61]陈阿龙．中东剧变以来非洲萨赫勒地区安全研究[D]．北京：中国社会科学院研究生院，2023.

[62]陈传波．农户多样化选择行为实证分析[J]．农业技术经济，2007(1)：48-54.

[63]陈传波．农户风险与脆弱性：一个分析框架及贫困地区的经验[J]．农业经济问题，2005(8)：47-50.

[64]陈东平，丁力人，张雷．区域法治水平、农户信贷可得性与福利变化[J]．北京理工大学学报(社会科学版)，2022，24(2)：153-162.

[65]陈凡，蔡振东．区块链技术社会化的信任建构与社会调适[J]．科学学研究，2020，38(12)：2124-2130.

[66]陈豪杰．农户有机肥施用意愿差异分解[D]．海口：海南大学，2024.

[67]陈豪杰，徐涛，乔丹．农户有机肥施用意愿差异分解——基于普通农户、农垦农户与职业农户的对比[J]．中国农业资源与区划，2023，44(8)：87-96.

[68]陈加友．基于区块链技术的去中心化自治组织：核心属性、理论解析与应用前景[J]．改革，2021(3)：134-143.

[69]陈盼．我国P2P网络借贷信任机制的理论分析与实证研究[D]．广东财经大学，2017.

[70]陈盛伟，杨柳，杨桐．政府扶持对家庭农场信贷可得性的影响及中介机制研究[J]．农林经济管理学报，2021，20(6)：693-701.

[71]陈熹．我国农户网络借贷信任危机形成原因及解决对策[J]．企业经济，2018(11)：183-187.

[72]陈晓芳，杨建州．数字普惠金融对农户家庭正规信贷获得的影响研究[J]．武汉金融，2021(10)：69-77.

[73]程名望，Jin Yanhong，盖庆恩，等．中国农户收入不平等及其决定因素——基于微观农户数据的回归分解[J]．经济学(季刊)，2016，15(3)：1253-1274.

[74]程名望，史清华，Jin Yanhong．农户收入水平、结构及其影响因素——基于全国农村固定观察点微观数据的实证分析[J]．数量经济技术经济研究，2014，31(5)：3-19.

[75]储小平，李怀祖．信任与家族企业的成长[J]．管理世界，2003(6)：98-104.

[76]褚保金，卢亚娟，张龙耀．农户不同类型借贷的需求影响因素实证研究——以江苏省泗洪县为例[J]．江海学刊，2008(3)：58-62.

[77]崔嵩，刘玥．连片特困地区扶贫到户项目贫困瞄准研究——基于乌

蒙山片区三省六县的调研数据[J]. 中国物价，2015(11)：81-83，87.

[78]戴本忠，李湛. 基于信息差异和故意违约成本模型的信贷市场分析[J]. 南方经济，2009，241(10)：29-39.

[79]戴昕，闵雨晴."区块链+订单式农业"发展路径创新研究——基于徐州市农村经济体融资发展的思考[J]. 商业会计，2020(23)：73-76.

[80]邓爱民，李云凤. 基于区块链的供应链"智能保理"业务模式及博弈分析[J]. 管理评论，2019，31(9)：231-240.

[81]邸玉玺，郑少锋. 社会网络和交易成本对农户生产性正规信贷的影响[J]. 西北农林科技大学学报(社会科学版)，2022，22(1)：151-160.

[82]丁焕强. 基于金融共生理论的农村金融体制研究[J]. 金融理论与实践，2006(10)：59-62.

[83]丁文文，王帅，李娟娟，等. 去中心化自治组织：发展现状、分析框架与未来趋势[J]. 智能科学与技术学报，2019，1(2)：202-213.

[84]丁业震. 农村小额信贷风险及其防范[J]. 农业经济，2006(12)：67-69.

[85]丁昭，蒋远胜，徐光顺. 贫困村互助资金社瞄准贫困户了吗？——来自四川的经验[J]. 农村经济，2014(9)：63-67.

[86]董钇含. 吉林省农村公共产品供给对农民收入的影响研究[D]. 长春：吉林农业大学，2023.

[87]董玉峰，赵晓明. 负责任的数字普惠金融：缘起、内涵与构建[J]. 南方金融，2018(1)：50-56.

[88]杜徽. 中国普惠金融对经济增长的影响研究[D]. 辽宁大学，2022.

[89]杜鹰. 小农生产与农业现代化[J]. 中国农村经济，2018(10)：2-6.

[90]段伟常. 区块链供应链金融[M]. 北京：电子工业出版社，2018.

[91]段伟，刘倩倩，雷硕，等. 收入多样化、森林依赖度和林业可持续发展——以西部四省756户农户数据为例[J]. 农林经济管理学报，2015，14(6)：606-612.

[92]樊俊花，张洁. 区块链技术促进农业供应链融资与价值共创机理研

究[J]. 山西农经，2022(23)：170-172.

[93]樊文翔. 数字普惠金融提高了农户信贷获得吗？[J]. 华中农业大学学报(社会科学版)，2021(1)：109-119，179.

[94]范香梅，张晓云. 社会资本影响农户贷款可得性的理论与实证分析[J]. 管理世界，2012(4)：177-178.

[95]方杰，温忠麟，张敏强. 类别变量的中介效应分析[J]. 心理科学，2017，40(2)：471-477.

[96]方蕊，安毅. 粮食种植大户的农业风险管理策略选择——基于风险感知视角[J]. 农业现代化研究，2020，41(2)：219-228.

[97]封贵敏. 电子商务环境下交易双方信任机制分析[J]. 商业时代，2012，(35)：45-46.

[98]冯文秀. 家庭财富、社会资本与农户正规信贷约束[D]. 长春：吉林财经大学，2023.

[99]付亦丹，何军. 数字普惠金融助推乡村实现共同富裕的机制研究——基于浙江省马涧镇的案例分析[J]. 经济研究导刊，2022(18)：1-5，59.

[100]傅秋子，黄益平. 数字金融对农村金融需求的异质性影响——来自中国家庭金融调查与北京大学数字普惠金融指数的证据[J]. 金融研究，2018(11)：68-84.

[101]高松，焦树培. 河北省农村普惠金融研究[J]. 当代经济管理，2017，39(12)：92-96.

[102]龚强，班铭媛，张一林. 区块链、企业数字化与供应链金融创新[J]. 管理世界，2021，37(2)：3，22-34.

[103]顾雨辰，包思颖. 收入多样化与农村居民消费的动态关系分析[J]. 商业经济研究，2021(13)：56-59.

[104]关喜华."农业供应链金融"模式探索与实践——基于龙江银行农业产业金融创新的调研分析[J]. 银行家，2011(11)：7，110-113.

[105]郭峰，王靖一，王芳，等. 测度中国数字普惠金融发展：指数编制与空间特征[J]. 经济学(季刊)，2020(4)：1401-1418.

[106]郭峰，王瑶佩．传统金融基础、知识门槛与数字金融下乡[J]．财经研究，2020，46(1)：19-33.

[107]郭上铜，王瑞锦，张凤荔．区块链技术原理与应用综述[J]．计算机科学，2021，48(2)：271-281.

[108]郭士祺，梁平汉．社会互动、信息渠道与家庭股市参与——基于2011年中国家庭金融调查的实证研究[J]．经济研究，2014，49(S1)：116-131.

[109]郭岩，聂志平．兼业农户与纯农户的主体特征和生产经营状况考察——基于江西省调查数据[J]．农业经济，2022(12)：78-79.

[110]郝海广，李秀彬，辛良杰，等．农户兼业行为及其原因探析[J]．农业技术经济，2010(3)：14-21.

[111]何婧，李庆海．数字金融使用与农户创业行为[J]．中国农村经济，2019，(01)：112-126.

[112]何军，宁满秀，史清华．农户民间借贷需求及影响因素实证研究——基于江苏省390户农户调查问卷数据分析[J]．南京农业大学学报(社会科学版)，2005(4)：20-24.

[113]何可，张俊飚，张露，等．人际信任、制度信任与农民环境治理参与意愿——以农业废弃物资源化为例[J]．管理世界，2015(5)：75-88.

[114]贺海武，延安，陈泽华．基于区块链的智能合约技术与应用综述[J]．计算机研究与发展，2018，55(11)：2452-2466.

[115]贺书霞．农户分化、风险策略与农业风险治理[J]．社会科学辑刊，2020(2)：103-108.

[116]胡晓峰．农业供应链金融数字化转型的实践及其推进思路[J]．西南金融，2021(4)：52-62.

[117]胡新杰，赵波．我国正规信贷市场农户借贷约束研究——基于双变量Probit模型的实证分析[J]．金融理论与实践，2013，(02)：12-17.

[118]黄星．农户兼业对农户农地流转行为的影响研究[D]．武汉：华中农业大学，2023.

[119]黄益平，邱晗．大科技信贷：一个新的信用风险管理框架[J]．管理世界，2021(2)：12-21，50.

[120]黄祖辉，刘西川，程恩江．贫困地区农户正规信贷市场低参与程度的经验解释[J]．经济研究，2009，44(4)：116-128.

[121]姜美善，米运生．农地确权对小农户信贷可得性的影响——基于双稳健估计方法的平均处理效应分析[J]．中国农业大学学报，2020，25(4)：192-204.

[122]蒋永穆，纪志耿．农户借贷过程中信任机制的构建——一种基于完全信息动态博弈模型的分析[J]．四川大学学报(哲学社会科学版)，2006(1)：5-9.

[123]焦瑾璞．建设中国普惠金融体系——提供全民享受现代金融服务的机会和途径[M]．北京：中国金融出版社，2009.

[124]焦瑾璞．普惠金融基本原理与中国实践[M]．北京：中国金融出版社，2015.

[125]焦云霞．中国数字普惠金融：发展逻辑、时空格局与区域差异[J]．兰州大学学报(社会科学版)，2022，50(3)：52-66.

[126]孔荣，陈传梅，衣明卉．农户正规信贷可得性影响因素的实证分析——以陕西省756户农户的调查为例[J]．农业经济与管理，2010(3)：36-45.

[127]孔祥智，赵昶．论我国农业农村治理现代化[J]．教学与研究，2021(4)：5-14.

[128]寇雪晴．甘肃省农户兼业化对农业种植结构的影响研究[D]．甘肃农业大学，2022.

[129]匡后权，陈缵绪，马丽．基于产业价值链视角的大数据赋能农业生态产品价值实现研究[J]．农村经济，2023(3).

[130]邝劲松，彭文斌．区块链技术驱动数字经济发展：理论逻辑与战略取向[J]．社会科学，2020(9)：64-72.

[131]邝梅，赵柯．我国农村信贷关系的博弈分析[J]．中央财经大学学

报，2008(7)：37-43.

[132]况伟大，余家玮．学历差异与房贷风险——来自违约成本和金融分析能力的证据[J]．吉林大学社会科学学报，2023，63(1)：100-118，237.

[133]兰虹，熊雪朋，胡颖洁．大数据背景下互联网金融发展问题及创新监管研究[J]．西南金融，2019(3)：80-89.

[134]郎佩娟．容错纠错机制的可能风险与管控路径[J]．人民论坛，2016(11)：21-23.

[135]李爱喜，陈晶萍，甄明昊．社会资本如何提升农户信用？——基于网络、信任与规范三维度的实证分析[J]．财经论丛，2017(3)：49-59.

[136]李丹，张兵．社会资本能持续缓解农户信贷约束吗[J]．上海金融，2013(10)：9-13，116.

[137]李丁，丁俊菘，马双．社会互动对家庭商业保险参与的影响——来自中国家庭金融调查(CHFS)数据的实证分析[J]．金融研究，2019(7)：96-114.

[138]李瑾，郭美荣，高亮亮．农业物联网技术应用及创新发展策略[J]．农业工程学报，2015，31(S2)：200-209.

[139]李景波，佟国光．农业保险的信贷支持效应分析[J]．农业经济，2011(9)：42-44.

[140]李敏，陈盛伟．"农业保险+信贷"融资增信模式分析——基于对张家口、蚌埠和奎屯三个典型案例的研究[J]．金融发展评论，2020(1)：96-109.

[141]李明贤，万小萱．金融科技有助于缓解农户信贷配给吗？——基于CHFS2019数据的实证分析[J]．农村经济，2022(6)：79-88.

[142]李斯婕．数字信息技术对传统金融服务业的劳动力替代研究[D]．南京信息工程大学，2022.

[143]李伟，饶锦兴．农村专业合作组织的金融支持模式分析[J]．中国农村金融，2012(12)：27-29.

[144]李宪宝，高强．行为逻辑、分化结果与发展前景——对1978年以

来我国农户分化行为的考察[J]. 农业经济问题，2013，34(2)：56-65，111.

[145]李云新，戴紫芸，丁士军. 农村一二三产业融合的农户增收效应研究——基于对345个农户调查的PSM分析[J]. 华中农业大学学报(社会科学版)，2017(4)：37-44，146-147.

[146]连玉君，廖俊平. 如何检验分组回归后的组间系数差异？[J]. 郑州航空工业管理学院学报，2017，35(6)：97-109.

[147]梁官宵. 区块链何以构建诚信社会：结构条件、实践逻辑与限度[J]. 征信，2022(9)：55-62.

[148]梁双陆，刘培培. 数字普惠金融、教育约束与城乡收入收敛效应[J]. 产经评论，2018，9(2)：128-138.

[149]林力. 论农村信用社信贷风险及其防范措施[J]. 财务与金融，2009，(03)：23-26.

[150]林永民，史孟君，陈琳，等. 信用穿透与多方共赢：基于区块链的供应链金融模式创新研究[J]. 征信，2021(5)：28-34.

[151]刘波，王修华，李明贤. 气候变化冲击下的涉农信用风险——基于2010—2019年256家农村金融机构的实证研究[J]. 金融研究，2021(12)：96-115.

[152]刘超计. 豫西丘陵山区农户兼业行为及其对农业生产效率的影响研究[D]. 重庆：西南大学，2024.

[153]刘金霞，武翠芳. 农业保险对农业信贷保障作用的实证研究[J]. 农村金融研究，2018(12)：46-50.

[154]刘磊. 大数据征信的建设银行小微企业信贷风险控制分析[J]. 经贸实践，2017(19)：94.

[155]刘鹏林，朱俊丰. 乡村治理与农村信用体系建设[J]. 现代金融导刊，2022(3)：17-19.

[156]刘圻，应畅，王春芳. 供应链融资模式在农业企业中的应用研究[J]. 农业经济问题，2011，32(4)：92-98，112.

[157]刘倩. 数字普惠金融、融资约束与中小企业创新[D]. 北京：中国

财政科学研究院，2024.

[158]刘西川，程恩江．中国农业产业链融资模式——典型案例与理论含义[J]．财贸经济，2013(8)：47-57.

[159]刘翔．区块链技术赋能的供应链金融模式研究[J]．会计之友，2021，(23)：148-152.

[160]刘振波．农业供应链金融模式支持现代农业发展现状及对策——以大庆市为例[J]．黑龙江金融，2013(5)：29-30.

[161]柳松，谭卓敏，陈楚娜．数字金融发展对农户金融素养的影响及作用机制[J]．农村经济，2023(8)：88-97.

[162]鹿光耀，袁云云，吴春雅．数字普惠金融有益于丰富农户收入多样性吗？——基于江西“百村千户”的调研数据[J]．江西社会科学，2022，42(6)：65-74.

[163]吕德宏，朱莹．农户小额信贷风险影响因素层次差异性研究[J]．管理评论，2017，29(1)：33-41.

[164]吕家进．发展数字普惠金融的实践与思考[J]．清华金融评论，2016(12)：22-25.

[165]罗宜轩．乡村振兴背景下小农户经营方式转型机制研究[D]．咸阳：西北农林科技大学，2024.

[166]马本江．经济学中信任、信用与信誉的概念界定与区分初探——兼论信任问题与信用问题的一致性[J]．生产力研究，2008(12)：14-16.

[167]马本江，毛蕴诗．政府公信力与市场信用秩序[J]．生产力研究，2006(5)：77-78.

[168]马光荣，杨恩艳．社会网络、非正规金融与创业[J]．经济研究，2011，46(3)：83-94.

[169]马晓青，朱喜，史清华．农户融资偏好顺序及其决定因素——来自五省农户调查的微观证据[J]．社会科学战线，2010(4)：72-80.

[170]马艳艳，刘凯凯．社会资本能否缓解生态移民迁入区农户正规信贷约束？——来自宁夏回族自治区农户调查数据[J]．农村金融研究，2021(8)：

54-61.

[171]马致兴．农户分化对农户土地流转意愿与行为转化的影响[D]．四川农业大学，2022.

[172]孟继民．澄清“农民”概念[J]．中国农村经济，1991(9)：60-61.

[173]穆娜娜，钟真．中国农业社会化服务体系构建的政策演化与发展趋势[J]．政治经济学评论，2022，13(5)：87-112.

[174]牛晓冬，罗剑朝，牛晓琴．农户分化、社会网络资本与信贷配给——基于陕西与山西农户调查数据的验证[J]．农村金融研究，2020(9)：3-10.

[175]牛余斌．中国数字普惠金融发展对贫困减缓的实证研究[D]．山东大学，2018.

[176]欧阳日辉．数字经济时代新型信任体系的构建[J]．人民论坛，2021(19)：74-77.

[177]潘爽，魏建国，胡绍波．互联网金融与家庭正规信贷约束缓解——基于风险偏好异质性的检验[J]．经济评论，2020，(03)：149-162.

[178]彭长生，王全忠，钟钰．确权、农民分化与宅基地处置意愿——基于安徽、湖南两省农户调查数据的实证分析[J]．南京农业大学学报(社会科学版)，2019，19(5)：118-129，158-159.

[179]彭红枫，叶永刚．基于还款能力和还款意愿的贷款定价模型研究[J]．中国管理科学，2011，19(6)：40-47.

[180]彭澎，徐志刚．数字普惠金融能降低农户的脆弱性吗？[J]．经济评论，2021，(01)：82-95.

[181]邱格磊，曹彦，郑开焰．数字普惠金融对共同富裕的影响[J]．福建农林大学学报(哲学社会科学版)，2023，26(6)：49-57.

[182]任乐，王宇，曹方坤．风险处置、违约成本与分类农户信贷可得——基于还款能力和还款意愿的中介效应研究[J]．经济问题探索，2023(1)：176-190.

[183]任雪珂．我国数字普惠金融对乡村振兴的影响研究[D]．沈阳：辽

宁大学，2024.

[184]邵娴. 农业供应链金融模式创新——以马王堆蔬菜批发大市场为例[J]. 农业经济问题，2013，34(8)：62-68，111.

[185]申云，何祥. 农社利益联结与农户信贷满足度[J]. 华南农业大学学报(社会科学版)，2020，19(2)：108-118.

[186]申云，彭小兵. 链式融资模式与精准扶贫效果——基于准实验研究[J]. 财经研究，2016，42(9)：4-15.

[187]石智雷，王佳. 外出务工经历与农村劳动力新技术获得[J]. 中南财经政法大学学报，2013(2)：48-56，159.

[188]时明晔. 基于大数据技术的SF村镇银行小额信贷风险控制研究[D]. 咸阳：西北农林科技大学，2023.

[189]司亚伟. 农户收入多样性及对林地流转意愿的影响[D]. 沈阳：沈阳农业大学，2018.

[190]宋华，韩思齐，刘文诣. 数字技术如何构建供应链金融网络信任关系?[J]. 管理世界，2022，38(3)：182-200.

[191]宋华. 基于产业生态的供应链金融的创新趋势[J]. 中国流通经济，2016，30(12)：85-91.

[192]宋华. 数字平台赋能的供应链金融模式创新[J]. 中国流通经济，2020，34(7)：17-24.

[193]宋伟. 数字普惠金融、融资能力与农户创业研究[D]. 保定：河北农业大学，2022.

[194]宋文君，梁倩."双边联动"提升中小学教育质量的行动模式研究[J]. 教学与管理，2016(34)：12-15.

[195]宋晓玲. 数字普惠金融缩小城乡收入差距的实证检验[J]. 财经科学，2017(6)：14-25.

[196]宋新波，张霖. 金融违约风险的机会成本分析[J]. 经济师，2006(5)：241，244.

[197]宋雅楠，赵文，于茂民. 农业产业链成长与供应链金融服务创新：

机理和案例[J]．农村金融研究，2012(3)：11-18.

[198]粟勤，邓小艳．社会互动对家庭风险金融市场参与的影响研究[J]．现代经济探讨，2021(12)：53-61.

[199]孙芳兰，孟昀，杨安源．论社会信任机制建构中的三重维度[J]．江西农业大学学报(社会科学版)，2012(1)：126-130.

[200]孙立刚，刘献良，李起文．金融支持新型农业经营主体的调查与思考[J]．农村金融研究，2015(5)：20-24.

[201]孙庆文，刘兴勃．大数据背景下商业银行如何实现信贷风险管理创新[J]．今日财富，2021(24)：25-27.

[202]孙若梅．小额信贷对农民收入影响的实证分析[J]．贵州社会科学，2008(9)：65-72.

[203]孙治一，孙大鹏，于滨铜，等．兼业如何影响农户“一家两制”生产行为？——来自全国 5 省 1458 个农户样本的经验证据[J]．中国农村经济，2021(6)：44-59.

[204]谭燕芝，胡万俊，罗午阳．获得贷款证缓解了农户信贷约束吗——基于倾向得分匹配法的实证分析[J]．经济理论与经济管理，2017(3)：61-71.

[205]陶芝兰，王欢．信任模式的历史变迁——从人际信任到制度信任[J]．北京邮电大学学报(社会科学版)，2006(2)：20-23.

[206]田红宇，王嫒名．数字技术、信贷可获得性与农户多维贫困[J]．华南农业大学学报(社会科学版)，2021，20(4)：33-43.

[207]童馨乐，褚保金，杨向阳．社会资本对农户借贷行为影响的实证研究：基于八省 1003 个农户的调查数据[J]．金融研究，2011(12)：34-41.

[208]汪蕙．中粮集团打造农业供应链金融模式[J]．农经，2013(7)：64-65.

[209]汪青松．互联网金融信任机制的现实缺失与建构路径[J]．探索与争鸣，2018(10)：18-20，141.

[210]王保云．物联网技术研究综述[J]．电子测量与仪器学报，2009，

23(12)：1-7.

[211]王宏宇，温红梅．区块链技术在农业供应链金融信息核实中的作用：理论框架与案例分析[J]．农村经济，2021(6)：61-68.

[212]王晶，毕盛，李芸，等．正规信贷约束对农户粮食生产的影响分析[J]．农业技术经济，2018，37(5)：28-39.

[213]王敏俊．影响小规模农户参加政策性农业保险的因素分析——基于浙江省613户小规模农户的调查数据[J]．中国农村经济，2009(3)：38-44.

[214]王群勇，张乃丹．社会网络与收入多样化：非正规借贷和就业的中介作用[J]．农业技术经济，2022(4)：50-66.

[215]王曙光，孔新雅，徐余江．互联网金融的网络信任：形成机制、评估与改进——以P2P网络借贷为例[J]．金融监管研究，2014(5)：67-76.

[216]王新玲．农村信贷可得性影响因素研究——基于Adaptive Logistic Lasso Regression回归方法[J]．金融发展研究，2017(11)：18-23.

[217]王鑫，陈力源．基于区块链技术多层供应链金融体系的优势、价值及构建——信用无损失传递微观视角下的分析[J]．南方金融，2020(1).

[218]王性玉，任乐，赵辉，等．农户信誉特征、还款意愿传递与农户信贷可得性——基于信号传递博弈的理论分析和实证检验[J]．管理评论，2019，31(5)：77-88.

[219]王修华，谭开通．社会网络对农户正规机构贷款可获性的影响研究[J]．湘潭大学学报(哲学社会科学版)，2014(1)：30-34.

[220]王烨斌．小额信贷信任机制构建研究[D]．辽宁大学，2015.

[221]王艺樵．农户分化视角下湄潭县茶农农业科技服务需求差异研究[D]．合肥：安徽农业大学，2024.

[222]王颖．基于供应链金融的农业产业集群模式——以黑龙江省五里明模式为例[J]．商，2016(9)：281.

[223]魏后凯，刘同山．论中国农村全面转型——挑战及应对[J]．政治经济学评论，2017，8(5)：84-116.

[224]吴楠．大数据背景下G商业银行消费信贷业务营销策略优化研究

[D]. 华东师范大学，2024.

[225]吴雨，李晓，李洁，等. 数字金融发展与家庭金融资产组合有效性[J]. 管理世界，2021，37(7)：7，92-104.

[226]武舜臣，胡凌啸，赵策. 分化小农和现代农业发展有机衔接的路径选择[J]. 西北农林科技大学学报(社会科学版)，2023，23(1)：101-109.

[227]谢家智，吴静茹. 数字金融、信贷约束与家庭消费[J]. 中南大学学报(社会科学版)，2020，26(02)：9-20.

[228]谢绚丽，沈艳，张皓星，等. 数字金融能促进创业吗？来自中国的证据[J]. 经济学(季刊)，2018(4)：1557-1580.

[229]熊学萍. 农户金融信用度及其征信制度指向研究——基于湖北省561个农户数据[J]. 农业经济问题，2009，30(8)：64-70.

[230]徐慧贤，张月明，斯琴图雅. 社会网络资本对贫困地区农户信贷可得性影响研究[J]. 河北经贸大学学报，2020，41(2)：100-108.

[231]徐拓远，方达. 商业银行助力数字乡村建设研究——基于“银政”合作的视角[J]. 农村金融研究，2022，(09)：53-60.

[232]徐旭初，朱梅婕，吴彬. 互动、信任与整合：乡村基层数字治理的实践机制——杭州市涝湖村案例研究[J]. 中国农村观察，2023(2)：16-33.

[233]徐璋勇，杨贺. 农户信贷行为倾向及其影响因素分析——基于西部11省(区)1664户农户的调查[J]. 中国软科学，2014(3)：45-56.

[234]薛天山. 人际信任与制度信任[J]. 青年研究，2002(6)：15-19.

[235]杨慧宇，陆岷峰. 中国网络借贷信任机制研究[J]. 金融论坛，2015，20(1)：73-79.

[236]杨军，房姿含. 供应链金融视角下农业中小企业融资模式及信用风险研究[J]. 农业技术经济，2017(9)：95-104.

[237]杨明婉，张乐柱. 互联网金融参与如何影响农户正规借贷行为？——基于CHFS数据实证研究[J]. 云南财经大学学报，2021(2)：42-53.

[238]杨汝岱，陈斌开，朱诗娥. 基于社会网络视角的农户民间借贷需求

行为研究[J]. 经济研究，2011，46(11)：116-129.

[239]杨啸. 区块链自治组织 DAO 法律性质研究[D]. 上海：上海师范大学，2023.

[240]杨兴寿. 电子商务环境下的信用和信任机制研究[D]. 北京：对外经济贸易大学，2017.

[241]姚铮，胡梦婕，叶敏. 社会网络增进小微企业贷款可得性作用机理研究[J]. 管理世界，2013(4)：135-149.

[242]叶明华，朱俊生. 新型农业经营主体与传统小农户农业保险偏好异质性研究——基于 9 个粮食主产省份的田野调查[J]. 经济问题，2018(2)：91-97.

[243]叶谢康，刘碧芳，吴迪. 农村信用体系建设与农户小额贷款问题研究[J]. 征信，2012(3)：64-68.

[244]易福金，燕菲儿，王金霞. 信贷约束下的农业保险需求高估问题：理论解释与经验证据[J]. 管理世界，2023，39(5)：78-97.

[245]易行健，陈俊，周聪，等. 收入风险与家庭风险金融资产投资——基于 CHFS 数据的经验证据[J]. 管理科学学报，2023，26(10)：76-94.

[246]尹振涛，李俊成，杨璐. 金融科技发展能提高农村家庭幸福感吗？——基于幸福经济学的研究视角[J]. 中国农村经济，2021(8)：63-79.

[247]于立勇. 商业银行信用风险评估：一种实证模型的探讨[M]. 北京：北京大学出版社，2007.

[248]余泓波. 变动中的差序：农民人际信任变迁及其影响因素——基于 2002—2015 年江西 40 村五波问卷调查数据的分析[J]. 华中师范大学学报(人文社会科学版)，2017(5)：1-10.

[249]袁纯清. 共生理论及其对小型经济的应用研究[J]. 改革，1998(2)：103.

[250]袁小龙. 我国 P2P 网络借贷平台信任机制研究[D]. 上海：上海师范大学，2015.

[251]袁勇，王飞跃. 区块链技术发展现状与展望[J]. 自动化学报，

2016，42(4)：481-494.

[252]曾光辉．我国社会信用体系高质量发展需破解四大难题[J]．征信，2022(12)：8-15.

[253]曾诗钦，霍如，黄韬，等．区块链技术研究综述：原理、进展与应用[J]．通信学报，2020，41(1)：134-151.

[254]张琛，彭超，孔祥智．农户分化的演化逻辑、历史演变与未来展望[J]．改革，2019(2)：5-16.

[255]张冲．MS 银行基于大数据的小微信贷风险风险防控研究[D]．武汉：中南财经政法大学，2023.

[256]张海燕．数字普惠金融对农户收入结构影响的异质性研究[J]．统计与决策，2021，37(24)：152-156.

[257]张嘉怡，胡志明．中国城市数字普惠金融发展的时空演化特征及影响因素研究[J]．西南民族大学学报(人文社会科学版)，2022，43(4)：108-118.

[258]张建杰，农户社会资本及对其信贷行为的影响——基于河南省 397 户农户调查的实证分析[J]．农业经济问题，2008(9)：28-34.

[259]张立．金融支持新型农业经营主体发展探讨——以淄博市为例[J]．山东理工大学学报(社会科学版)，2014，30(5)：20-23.

[260]张龙耀，徐曼曼，刘俊杰．自然灾害冲击与农户信贷获得水平——基于 CFPS 数据的实证研究[J]．中国农村经济，2019(3)：36-52.

[261]张清，郭胜男．人际信任、法律信任与数字信任：社会信任的谱系及其演进[J]．哈尔滨工业大学学报(社会科学版)，2021，23(6)：51-57.

[262]张嵩，王震，卢宝周．从制度信任到人际信任——共享出行平台信息生态运行机制对策研究[J]．情报科学，2024(5)：1-20.

[263]张维迎，柯荣住．信任及其解释：来自中国的跨省调查分析[J]．经济研究，2002(10)：59-70，96.

[264]张文，杨立功，罗向平．区块链技术在农业供应链金融中的应用研究——以嘉兴市为例[J]．市场周刊，2022，35(4)：125-129.

[265]张西凤．农地转入新型经营主体对农户收益影响研究[D]．贵阳：贵州大学，2023.

[266]张笑．网络借贷中信息不对称的作用机理与缓解机制研究[D]．山东大学，2019.

[267]张璇．四川省X县农户信贷可得性影响因素研究[D]．成都：西南财经大学，2024.

[268]张勋，万广华，张佳佳，等．数字经济、普惠金融与包容性增长[J]．经济研究，2019，54(8)：71-86.

[269]张燕媛，袁斌，陈超．农业经营主体、农业风险与农业保险[J]．江西社会科学，2016，36(2)：38-43.

[270]张义．有关当前我国农民概念界定的几个问题[J]．农业经济问题，1994(8)：12-17.

[271]张应良，高静，张建峰．创业农户正规金融信贷约束研究——基于939份农户创业调查的实证分析[J]．农业技术经济，2015，34(1)：64-74.

[272]张悦．数字普惠金融对居民消费的影响研究[D]．山东大学，2024.

[273]张梓榆，温涛，王小华．"新常态"下中国农贷市场供求关系的重新解读——基于农户分化视角[J]．农业技术经济，2018(4)：54-64.

[274]章梦虹．大数据在商业银行信贷风险防控应用中存在的的问题研究[J]．宁德师范学院学报(哲学社会科学版)，2021(3)：59-65.

[275]赵佳，姜长云．兼业小农抑或家庭农场——中国农业家庭经营组织变迁的路径选择[J]．农业经济问题，2015，36(3)：11-18，110.

[276]赵建伟，何玲．人员素质测评理论与方法[M]．成都：四川大学出版社，2007.

[277]赵岳，谭之博．电子商务、银行信贷与中小企业融资——一个基于信息经济学的理论模型[J]．经济研究，2012，47(7)：99-112.

[278]赵志磊．基于信息不对称理论的P2P网贷平台问题研究[D]．武汉：华中科技大学，2019.

[279]郑也夫．信任论[M]．北京：中国广播电视出版社，2001.

[280]周利，廖婧琳，张浩．数字普惠金融、信贷可得性与居民贫困减缓——来自中国家庭调查的微观证据[J]. 经济科学，2021(1)：145-157.

[281]周茂君，潘宁．赋权与重构：区块链技术对数据孤岛的破解[J]. 新闻与传播评论，2018(5).

[282]周小川．扩展基层金融服务解决小微企业贷款难题[J]. 中国科技产业，2015(4)：18.

[283]周洋，华语音．互联网与农村家庭创业——基于 CFPS 数据的实证分析[J]. 农业技术经济，2017(5)：111-119.

[284]朱红莲．信贷配给视阈下农村贫困代际传递的理论阐释及实证研究[D]. 马鞍山：安徽工业大学，2019.

[285]祝国平，郭连强，李新光．农户产业链参与对信贷获得的影响[J]. 经济与管理研究，2022，43(4)：82-95.

[286]邹伟，王子坤，徐博，等．农户分化对农村宅基地退出行为影响研究——基于江苏省 1456 个农户的调查[J]. 中国土地科学，2017，31(5)：31-37.